地学旅游原理与典型景观欣赏

杨 洪 秦 趣 编著

北京理工大学出版社
BEIJING INSTITUTE OF TECHNOLOGY PRESS

内容简介

本书站在旅游欣赏的角度，介绍了地学旅游景观的基础知识和各类旅游景观的欣赏方法。选择性介绍了喀斯特旅游景观、丹霞旅游景观、火山旅游景观、变质作用旅游景观、地层古生物旅游景观、生物旅游景观、水体旅游景观和气候气象旅游景观的地学成因及类型、旅游价值及景观特征，并结合具体实例介绍了各类景观的特点、主要旅游价值和欣赏的内容。本书每章配有本章概要、关键性词语、思考题和推荐阅读书目，便于读者系统性学习地学旅游景观欣赏有关知识。

本书既可作为高等学校公共基础课程教材，也可作为地理科学和旅游管理类相关专业的选修课教材，同时还可作为旅游从业人员和行政管理部门工作人员的工作参考书。

版权专有 侵权必究

图书在版编目（CIP）数据

地学旅游原理与典型景观欣赏 / 杨洪，秦趣编著. —北京：北京理工大学出版社，2020.9
ISBN 978-7-5682-9036-4

Ⅰ. ①地… Ⅱ. ①杨… ②秦… Ⅲ. ①旅游地学 Ⅳ. ①K901.7

中国版本图书馆 CIP 数据核字（2020）第 173486 号

出版发行 /	北京理工大学出版社有限责任公司
社　　址 /	北京市海淀区中关村南大街 5 号
邮　　编 /	100081
电　　话 /	（010）68914775（总编室）
	（010）82562903（教材售后服务热线）
	（010）68948351（其他图书服务热线）
网　　址 /	http://www.bitpress.com.cn
经　　销 /	全国各地新华书店
印　　刷 /	涿州市新华印刷有限公司
开　　本 /	787 毫米 × 1092 毫米　1/16
印　　张 /	12
字　　数 /	282 千字
版　　次 /	2020 年 9 月第 1 版　2020 年 9 月第 1 次印刷
定　　价 /	52.00 元

责任编辑 / 江　立
文案编辑 / 赵　轩
责任校对 / 刘亚男
责任印制 / 李志强

图书出现印装质量问题，请拨打售后服务热线，本社负责调换

前　言

2017年12月，《开创新时代地学旅游——铜仁倡议书》指出：在新时代，人民对旅游、科学普及、科学素质提升需求的激增已成为"不平衡不充分发展之间矛盾"的主要矛盾，而发展地学旅游，正是解决这一矛盾的最佳途径。

地学旅游是以地学景观为载体，以其所承载的地球科学、历史文化信息为内涵，以寓教于游、提高游客科学素质、使游客身心愉悦为宗旨，以观光游览、研学旅行、科学考察、寻奇探险、养生康体、休闲娱乐为主要形式的益智、益身旅游活动。地学旅游是传播科学知识的重要课堂，有利于提升国民科学素养和促进生态文明建设，有利于激发新时期的爱国主义，有利于带动贫困地区经济发展和城市的发展转型，有利于推动旅游产品丰富与升级，有利于保护自然文化遗产。

本书是编者开设公共基础选修课地学旅游景观欣赏和旅游管理专业课旅游学概论、导游基础等课程多年的教学课件、案例和教案的总结，也是对山地旅游发展的一些思考。编写过程中得到了六盘水师范学院旅游与历史文化学院地理科学系和旅游管理系全体同仁的大力支持，也得到了重庆文理学院王爱忠副教授、重庆理工大学张凤太教授以及凯里学院吴学成博士等人的指导，还得到了一起在菲律宾学习的同窗好友西昌学院刘有为老师的鼓励和帮助，在此一并表示衷心的感谢。

本书出版得到了贵州省教育厅教学内容与课程体系改革项目"应用型背景下旅游管理与服务教育专业实践教学体系构建及实证研究（20175200921）"、贵州省一流课程培育项目《旅游学课程群》以及六盘水师范学院本科教学工程项目"旅游管理与服务教育教学团队（LPSSYjxtd201806）""地理科学专业综合改革试点项目（LPSSYzyzhggsd201702）"和精品视频公开课《地学旅游景观欣赏》（LPSSYjpspgkk201701）等课题的资助。

由于时间仓促，书中难免存在不妥之处，敬请各位同仁及读者提出批评和建议，以便我们将来修正完善。

作　者

2020年1月

目 录

第1章 绪论 ……………………………………………………………………… (1)
    1.1 相关概念 ………………………………………………………………… (1)
    1.2 中国地学旅游的发展简史 ……………………………………………… (4)
    1.3 地学旅游景观的分类 …………………………………………………… (6)
    1.4 地学旅游资源的基本特征 ……………………………………………… (11)
    1.5 地学旅游景观的欣赏方法 ……………………………………………… (14)

第2章 喀斯特旅游景观欣赏 …………………………………………………… (18)
    2.1 喀斯特与喀斯特旅游景观 ……………………………………………… (18)
    2.2 喀斯特旅游景观类型及价值 …………………………………………… (20)
    2.3 典型喀斯特旅游景观欣赏 ……………………………………………… (28)

第3章 丹霞地貌旅游景观欣赏 ………………………………………………… (39)
    3.1 丹霞地貌概述 …………………………………………………………… (39)
    3.2 丹霞地貌旅游景观的类型与价值 ……………………………………… (43)
    3.3 中国丹霞旅游景观欣赏 ………………………………………………… (48)

第4章 火山旅游景观欣赏 ……………………………………………………… (60)
    4.1 火山与火山作用 ………………………………………………………… (60)
    4.2 火山旅游资源概述 ……………………………………………………… (64)
    4.3 典型火山旅游景观欣赏 ………………………………………………… (68)

第5章 变质作用旅游景观 ……………………………………………………… (80)
    5.1 变质作用及变质岩地貌景观 …………………………………………… (80)
    5.2 变质作用典型旅游景观欣赏 …………………………………………… (86)

第 6 章　地层古生物旅游景观欣赏 (98)
6.1　地层与化石概述 (98)
6.2　"金钉子"景观旅游欣赏 (104)
6.3　典型地层古生物景观欣赏 (107)

第 7 章　生物旅游景观欣赏 (120)
7.1　生物旅游景观概述 (120)
7.2　自然保护区的植物旅游 (125)
7.3　自然保护区的动物旅游 (128)
7.4　生物旅游景观实例欣赏 (132)

第 8 章　水体旅游景观欣赏 (139)
8.1　水体及水体旅游 (139)
8.2　河流典型景观欣赏 (143)
8.3　湖泊旅游景观欣赏 (148)
8.4　温泉旅游景观欣赏 (156)
8.5　海洋旅游景观欣赏 (159)

第 9 章　气候气象旅游景观欣赏 (164)
9.1　气候气象旅游景观概述 (164)
9.2　冰雪旅游景观 (169)
9.3　冰川旅游景观 (175)

参考文献 (179)

第 1 章

绪 论

本章概要

本章首先对地学旅游景观的概念及分类进行了梳理；其次介绍了地学旅游发展历史，归纳了地学旅游资源分类体系和基本特征；最后对地学旅游景观欣赏的内容和技巧进行了分析，主要对地学旅游景观欣赏的基本原理、方法、距离、角度和时间等进行了阐述。

关键性词语

地学、景观、旅游景观、自然旅游景观、人文旅游景观、旅游资源、欣赏方法。

1.1 相关概念

中国旅游从简单的观光和游览向科普、环境教育、遗产解说深度转型。中国经济发展到人均 GDP 超过 8 000 美元以后，大众一方面产生了休闲度假的需求，另一方面对旅游的质量、旅游所起的教化作用、户外教育、科技生态环境、遗产传承都越来越重视。从政府到企业，特别是国民自身由于意识提升，对室内的博物馆旅游、室外的环境教育越来越重视。2016 年，教育主管部门提出将户外研学旅行纳入中小学教育教学计划。一系列的社会经济变化，地学旅游将在其中扮演越来越重要的角色。旅游与地学联姻，开拓了地学研究新领域。

1.1.1 地学

地学是地球科学的简称，以地球为研究对象，是探讨地球形成原因、演化规律及探讨自然资源、自然环境与人类生存发展相关关系的一门基础科学。地学有时被当作地质学的同义词,但是这种用法有误,是一种狭义的地学观。广义的地学观由三个部分组成:一是研究地球外部圈层(即大气圈和水圈)的液体地学,包括大气科学、海洋科学和水文学等分支;二是研究地球表面形态及内部圈层(即地壳、地幔、地核)的固体地学,包括地球科学、地质科学、地球物理学、地球化学等分支;三是从整体上研究地球特征及演变规律、生命起源、演化等的地球学与地球系统科学。有学者把研究宇宙陨落物和星体物质组成及结构、演化等也归入地学范畴。所以说地学的范围是十分宽广的,分支学科众多,但是构成地学的主体学科是地理学和地质学。

1.1.2 旅游

旅游来源于拉丁语的 tornare 和希腊语的 tornos,含义是"车床或圆圈围绕一个中心点或轴的运动"。这个含义在现代英语中演变为"顺序"。后缀 ism 被定义为"一个行动或过程,特定行为或特性",而后缀 ist 则是指"从事特定活动的人"。词根 tour 与后缀 ism 和 ist 连在一起,指按照圆形轨迹的移动。旅游是指一种往复的行程,即指离开后再回到起点的活动,完成这个行程的人也就被称为旅游者(Tourist)。大多数国家对旅游的定义都采用了国际通用定义中的三个要素:出游的目的、旅行的距离和逗留的时间。

1963 年,联合国国际旅游大会在罗马召开,提出应采用 Visitor 这个新词汇。游客是指离开其惯常居住地所在国到其他国家去,且主要目的不是在所访问的国家内获取收入的旅行者。游客包括两类不同的旅行者:一类是指在所访问的国家逗留时间超过 24 小时,且以休闲、商务、家事、使命或会议为目的的临时性游客;另一类是指在所访问的目的地停留时间在 24 小时以内,且不过夜的临时性游客(包括游船旅游者)。

1970 年 9 月 27 日,国际官方旅游宣传组织联盟(世界旅游组织的前身)在墨西哥城召开的特别代表大会上通过了成立世界旅游组织的章程。1979 年 9 月,世界旅游组织第三次代表大会正式将 9 月 27 日定为世界旅游日。中国于 1983 年正式成为世界旅游组织成员,自 1985 年起,每年都确定一个省、自治区或直辖市为世界旅游日庆祝活动的主会场。2010 年以来世界旅游日主题如表 1-1 所示。

表 1-1 2010 年以来世界旅游日主题

年份	主题	年份	主题
2010	旅游与生物多样性	2015	十亿名游客,十亿个机会
2011	旅游:连接不同文化的纽带	2016	旅游促进发展,旅游促进扶贫,旅游促进和平
2012	旅游业与可持续能源:为可持续发展提供动力	2017	可持续的旅游业如何促进发展
2013	促进旅游业在保护水资源上的作用	2018	旅游数字化发展
2014	快乐旅游,公益惠民	2019	旅游业和工作:人人享有美好未来

1.1.3 地学旅游

2017年，党的十九大报告指出，我国社会的主要矛盾已经转化为人民日益增长的美好生活需要和不平衡不充分发展之间的矛盾。《开创新时代地学旅游——铜仁倡议书》指出在新时代，人民对旅游、科学普及、科学素质提升需求的激增已成为"不平衡不充分发展之间的矛盾"的主要矛盾。因此，发展新时代地学旅游，是解决社会主要矛盾的最佳途径。

旅游地学是介于地学和旅游学之间的一门边缘学科，也是自然科学与社会科学之间的一门综合性学科，本身还是属于地学的范畴，是地学的一个新的分支。其主要研究对象是地质旅游资源，同时也研究其他旅游资源中的地学问题。对于地学旅游，目前国内尚无一个明确的定义。地学旅游是由地质作用形成的地质遗迹和其他自然景观为主，包含历史文化和古代文明旅游资源，是美学与科学的统一体、自然与文化的统一体。地学旅游既让人们领略和享受大自然的美感，又使人们增加对自然的了解和认识。实际上，地学旅游是指由地质构造产生，具有一定人类历史活动遗迹，能带给非定居人们视觉和身心慰藉的自然与文化的统一景观体。

中国地质学会旅游地学与地质公园研究分会副秘书长张忠慧认为：地学旅游则是"地学+"的概念，是一种科学旅游，是地学通过不断拓展服务领域，最终融入旅游这个大家庭。地学旅游主体和其他旅游主体的区别是旅行者的结构不同。地学旅游主体包括普通游客、地质院校学生（实习）、专家团队（考察）、中小学生（冬夏令营）、自然爱好者（自驾游）等。地学旅游的客体主要包括典型矿产、环境地质、水体景观、地质地貌、地质剖面、地质构造、古生物等地质旅游资源。地学旅游媒介与其他旅游媒介也不尽相同，主要区别在于导游的人员构成不同。地学旅游的导游人员包括导游员、讲解员、地质专家、高校和中小学教师、志愿者和服务人员等。地学旅游的支撑主要有基础地质、矿产地质、煤田地质、石油地质、水文地质、工程地质、环境地质、农业地质、城市地质九个方面。中国地质学会旅游地学与地质公园研究分会副会长陈安泽教授认为：地学旅游主要是指以地质、地貌景观与人文地理景观为载体，以所承载的地球科学、历史文化信息为内涵，以寓教于游、提高游客科学素质、带动贫困地区经济发展为宗旨，以观光游览、研学旅行、科普教育、科学考察、寻奇探险、养生健体为主要形式的益智、健身旅游活动。简单地说，地学旅游是指人们暂时离开居住地，通过体验地质、地理景观，以获得精神享受或满足的旅游活动。

1.1.4 旅游景观

旅游景观概念来自景观概念，是20世纪80年代景观概念被引入旅游科学后而产生的。中国地学旅游联盟首任主席、北京大学旅游研究与规划中心主任吴必虎教授认为：旅游景观是存在于旅游区内的由自然和人文多种要素（岩石、大气、阳光、水分、土壤、植被、生物、建筑、人类和诸文化形态）有规律地组合起来的有形和无形的地域客体。在吴必虎教授提出旅游景观的概念之后，又陆续有宋文涛、张洁、蒋依依等学者从不同的角度提出了旅游景观的概念。汪云、但强等从产品角度对旅游景观的概念进行了界定，认为旅游景观是能直接为旅游业所利用，能够吸引旅游者并使其产生愉悦体验的因素或条件，是旅游者进行旅游活动的客体。方海川则受景观学影响，认为旅游景观是特定区域的概念，指出旅游景观是由一定区域内的自然、经济、文化等要素共同构成的相互联系、相互制约的综合整体。

1.1.5 地学旅游景观与地质旅游景观的关系

地学旅游景观与地质旅游景观既有联系，又有所不同。地质旅游景观是地学旅游景观的一部分，地质旅游景观主要是指在地球漫长的演化过程中，由于地质构造运动、岩浆活动、古地理环境变化、古生物进化等因素而保存在岩层中的化石、岩体、构造形迹、矿床、地貌景观等景象，具有观赏、科学研究和科普教育价值，能够使人产生旅游动机的景观。地学旅游基于地质地理，但又不只是地质地理。

1.2 中国地学旅游的发展简史

工业化时代，学科越来越细，而进入信息化社会，后工业化时代学科越来越综合，没有边界这一点越来越明显。从学术角度来讲，旅游地学和地质公园的研究已经有40多年的积累。旅游地学是在改革开放历史进程中创立的一门新兴学科，在我国旅游资源开发、生态环境保护、脱贫攻坚及地质科学普及等方面发挥着越来越大的作用。依据旅游地学开拓人陈安泽教授的划分，旅游地学可分为孕育、初创、成长和新开拓四个阶段。

1.2.1 旅游地学孕育阶段

改革开放以来，我国经济建设得到迅猛发展，带动了旅游业的空前兴旺，也促使了各专门学科为旅游业发展服务。为了适应旅游业对地学知识的需求，中国地质学会科普委员会组织出版了《探索地球奥秘》丛书，从1980年起先后在北京、新疆、湖南召开了小型旅游地质座谈会，进一步探索地质科学如何为旅游服务。中国地质学会科普委员会把地质学有组织、有计划地引入旅游业，在地质学界是史无前例的。与此同时，地理界开始直接为旅游业服务，编写了旅游地理教材，为旅游区做规划等。在全国兴起的旅游大潮中，地学界走在了为旅游服务的前列。为了整合地学界的两股力量，更好地为旅游业服务，在中国地质学会科普委员会的倡导下，1985年4月，首届全国旅游地学讨论会在北京召开，"旅游地学"一词首次面世，受到出席会议的地质、地理、园林、环保、旅游、文物、考古和博物馆界专家的普遍欢迎。讨论会的召开为旅游地学学科的创立搭建了一个坚实的平台。

1.2.2 旅游地学初创阶段

1985年，在中国地质学会科普委员会的倡导下，首届全国旅游地学讨论会暨中国旅游地学研究会在北京召开，会议通过了陈安泽起草的《关于在发展旅游事业中要加强地学调查研究工作的若干建议》，首次提出建立地学科学公园的建议。研究会确定了从实践入手，走"实践—理论—再实践—提高完善旅游地学理论"的道路，号召会员积极从事为旅游业服务的实践活动，努力参与旅游资源寻找、评价、保护和开发规划等工作。1991年，由陈安泽主编的世界第一部关于旅游地学的著作《旅游地学概论》出版，引起热烈反响，不仅多个院校将其作为教材，更受到学界的广泛关注。时任中国地质科学院副院长、中国地质学会理事长黄汲清在该书序言中写道："是将地球理论和方法运用到旅游事业中去的一个创举"。后来，很多旅游地理的学生也把它作为考研、考博的重要参考书。该著作对我国早期旅游人才培养、从理论和实践上指导我国旅游业初始阶段的发展起了重要作用。《旅游地学概论》的出版标志着旅游地学学科已初步建立。

1.2.3 旅游地学成长阶段

这个阶段，旅游地学活动日益频繁，地学为旅游服务的效果日益显现，在全国旅游界的影响日益扩大，理论和实践迅速成长并走向国际舞台。这个阶段中涌现了一系列旅游地学专题研究，如中国旅游地质（地学）事业发展战略研究、岩溶旅游资源研究、水景旅游资源研究、火山旅游资源研究、海洋景观旅游资源研究、人文景观旅游地学研究、中国西部旅游资源开发战略研究、少数民族地区旅游地学资源开发战略研究、中国旅游地质资源研究、中国地质遗产研究等；出版了一系列旅游地学专著、图集，如《中国旅游地质资源图1∶600万》（地质部环境地质所，1992）、《中国旅游地质资源》（冯天驷，1998）、《丹霞地貌旅游开发论文集》（黄进、彭华主编，从1992年起已连续出版9集）、《旅游地理学》（保继刚，1993）、《区域旅游开发研究》（陈传康、孙文昌主编，1992年起出版多集）等。这个阶段是旅游地学发展的重要阶段，进一步明确旅游地学的研究对象是整个旅游业，建立了系统的旅游地学资源分类体系，提出了自然景观资源与矿产资源有相同属性的论断，用旅游地学理论为指导建立了一套旅游区划方法、旅游景区规划方法和旅游资源保护方法，旅游地学日臻成熟。1996年，第30届国际地质大会在北京召开，作为本届大会地质旅行委员会副主席的陈安泽演讲题目为"旅游地学——地球科学新领域"，首次将旅游地学的内涵及在中国的发展介绍给了与会的120多个国家和地区的7 000多名地学工作者。

1.2.4 旅游地学新开拓阶段

在新世纪曙光照亮中国大地的时候，旅游地学迎来了全新的开拓阶段。地质公园的出现是本阶段的最大标志，它为旅游地学开辟了一个全新的服务领域。中国的第一批国家地质公园是2001年3月颁布的，中国的第一批世界地质公园是2004年2月被联合国教科文组织批准的。截至2019年4月底，中国世界地质公园共有39处，居世界第一。2013年8月，陈安泽主编的《旅游地学大辞典》问世，被称为"开启旅游地学之门的金钥匙"，是从事地质公园规划、旅游规划、风景区规划、世界遗产保护工作、科学解说、展览设计的人员，以及地质地理院校、旅游院校师生，地质公园管理干部、旅行社导游、旅游地学研究人员的必备读物,也是广大游客了解山水景观科学知识的自助游手册。2015年,《旅游地学概论》英文版由德国斯普林格出版社正式出版,引起国外学者的广泛重视,认为其中有很多"创见"。《旅游地学大辞典》英文版于2019年10月由斯普林格出版社正式出版,中国人创立的旅游地学将更深入地走向世界。2016年,陈安泽教授联合地质学界27位院士,发起成立中国地学旅游联盟。2017年1月8日在北京正式成立地学旅游联盟(China National Geotourism Association, CNGA),是中国境内从事地学旅游研究、教育、治理、投资、建设、经营、传播、推广等专业机构集体或专业人士个人自愿组成,旨在推动地学旅游事业健康发展的非政府组织。2017年8月15日,国际山地旅游联盟(International Mountain Tourism Alliance, IMTA)在贵州省兴义市成立,标志着由中国发起、全球第一个以山地旅游为主题定位的国际组织成立,联盟总部和秘书处设在贵州省贵阳市。

总结近年来旅游地学的成果,可以确定其未来主要涉及地学旅游资源分类系统、自然旅游资源时空背景、自然景观形成的过程、人文旅游资源的地学背景、地学旅游资源评价体系、地学旅游资源开发利用、地学旅游目的地分类与规划管理、地学旅游资源保护、地质公园的建立与分类、地学旅游形象设计与管理优化、地学旅游地空间结构、旅游景区发展与研学旅游互动等方面的研究领域。

1.3 地学旅游景观的分类

地学依据所涵盖的分支学科领域、研究目的、侧重点有不同的分类。

1.3.1 按基本属性分类

1. 自然景观旅游资源系统

以四大圈层(岩石圈、水圈、生物圈、大气圈)和近地宇宙星空为对象,即以岩石圈自然生态领域、水圈自然生态领域、生物圈自然生态领域、大气圈自然生态领域和近地宇宙星空作为地学旅游资源环境背景,如高山、峡谷、洞穴、湖泊、动植物、气象、气候、日月星空等。

2. 人文景观旅游资源系统

人类在其发展演化过程即生活、劳动和生存斗争中创造了许多与地学密不可分的人类文明。固态文明包括城市、农村、古建筑、古工程、居住环境等,动态文明包括风俗习惯、宗教、艺术等。

1.3.2 按自然成因分类

1. 按自然旅游资源成因分类

根据《中国旅游资源普查规范》,自然旅游资源按其形态特征和成因归纳为:地貌景观旅游资源，如山地景观、喀斯特景观、丹霞景观、砂岩峰林景观、风成地貌景观、火山景观、冰川景观、海岸景观等；水体景观旅游资源，包括海洋、河流、湖泊、瀑布和各类泉水；生物景观旅游资源，包括森林、草原和各种野生动植物、海洋生物；自然地带性景观旅游资源，如热带景观等；气候旅游资源，如避暑、避寒胜地和四季宜人的温带与副热带游览地；天气气象类旅游资源，如极光、云海等；其他自然旅游资源，如特殊自然现象等。在众多的自然旅游资源中，以水光山色、奇石异洞、流泉飞瀑、阳光海滩、宜人气候和珍禽异兽、琼花瑶草为特色的景象组合，往往形成不同风格的著名风景区，成为人们观光览胜、避暑消夏、度假疗养和开展各种体育活动的旅游胜地。

2. 联合国教科文组织地质遗产工作组地景分类

1993 年，联合国教科文组织地质遗产工作组提出了地景分类，共分为 13 大类，如表 1-2 所示。

表 1-2 联合国教科文组织地质遗产工作组地景分类方案（1993）

类型编号	大类名称	类型名称
A	古生物（Palaeobiology）	动植物、生物痕迹、叠层石
B	地貌（Geomorphic）	洞穴、火山、瀑布、峡谷
C	古环境（Palaeoenvironmental）	古气候、全球沉积变化
D	岩石（Igneous Metamorphic and Sedimentary）	火成岩、沉积岩、变质岩结构与构造
E	地层（Stratigraphic）	地层事件、层序地层、主要地层界线
F	矿物（Mineralogical）	正长石、斜长石、石英、角闪石类矿物、辉石类矿物（主要是普通辉石、橄榄石、方解石等）
G	构造（Structural）	主要区域构造或主要构造现象
H	经济地质（Economic Geology）	所有矿床类型，包括侵入的、喷出的、接触的，如金刚石金伯利岩管、金矿、金属和非金属矿坑或采石场
I	其他（Other）	具有历史意义的地质景点
J	相关关系（Relationship）	板块构造
K	陨石坑（Astrobleme）	地球上被陨石撞击的证据、现代陨石撞击坑
L	大陆、海洋尺度的地质特征（Continental/Oceanic Scalefeature）	构造板块和边界等，如非洲大裂谷、南极裂谷、岛弧系、圣安德烈斯断层
M	海底地貌（Oceanic Geomorphic）	大陆架、海底黑烟囱、深海沟、海山、海底断层

3. 地质景观风景资源综合分类

陈安泽为了风景名胜区建设和申报世界自然遗产的需要，提出了一个综合性的地学景观分类方案，如表 1-3 所示。

表1-3 地质景观风景资源

大类	类	亚类	举例说明
地质构造现象大类	1. 地层类	（1）层型剖面	经国际地层委员会通过的全球性地层界线层型剖面界线点。例如浙江长兴二叠纪与三叠纪界线剖面
		（2）区域标准剖面	国内或亚洲具有代表性的典型参考剖面。如三峡震旦系剖面，天津蓟州区中、上元古界地层剖面等
		（3）典型沉积层序剖面	在层序地层学上有代表性的典型剖面。如四川峨眉山三叠系剖面
		（4）事件地层剖面	具有全球意义、反映地球灾变事件的遗迹。如广西泥盆纪弗拉斯－法门阶含铱异常
	2. 构造类	（5）典型全球性构造	具全球意义的巨型构造。如反映印度板块与欧亚板块碰撞结合部位的西藏雅鲁藏布江缝合带
		（6）典型区域性构造	能反映大洲或国家范围内的典型构造。如中国的郯庐断裂、北美的圣安德列斯断层等
		（7）典型中、小型构造	能反映具体构造形式的典型褶曲、断裂等。如北京西山的折叠层构造、秦岭北缘山前铁炉子沟断裂
	3. 岩石类	（8）典型火成岩（区、体）	在成因、结构构造、类型上有典型意义的岩体或岩区。例如北京周口店白垩纪花岗闪长岩体、北京密云元古宙环斑花岗岩体
		（9）典型沉积岩（区）	在成因、结构构造、类型上有典型意义的岩区或露头。如北京西山丁家滩含微晶丘碳酸盐岩
		（10）典型变质岩（区）	在成因、结构构造上有典型意义的岩石类型或岩区。如甘肃北山清水沟蓝闪石片岩
	4. 矿物类	（11）典型金属矿物（产地）	在结晶、种属上有特殊意义的金属矿物产地。例如湖南、贵州的辰砂晶洞等
		（12）典型非金属矿物（产地）	在结晶、种属上有特殊意义的非金属矿物产地。例如新疆和田白玉产地、缅甸的翡翠产地等
	5. 矿床类	（13）典型金属矿床（坑）	在经济价值上有国际或全国意义的金属矿床或矿坑。如内蒙古白云鄂博铌、稀土超大型矿床，稀土储量占世界的5/6
		（14）典型非金属矿床（坑）	在经济价值上有国际或全国意义的非金属矿床或矿坑。如中国辽宁海城菱镁矿、南非金刚石

续表

大类	类	亚类	举例说明
古生物大类	6. 古人类	(15) 古人类遗址	在人类演化史上有重大价值的古人类遗址。如北京周口店中国猿人遗址、西安半坡古人类遗址等
	7. 古动物	(16) 古脊椎动物埋藏地	有重大科学意义的古脊椎动物埋藏地。如四川自贡大山铺侏罗纪恐龙埋藏地、辽宁北票中生代鸟类化石埋藏地
		(17) 古无脊椎动物埋藏地	有重大科学意义的古无脊椎动物埋藏地。如陕西紫阳志留纪笔石群
	8. 古植物类	(18) 古植物化石埋藏地	有重大科学意义的古植物埋藏地。如新疆准噶尔盆地中生代硅化木群
		(19) 古孑遗植物产出地	曾在地质历史时期生活过而现在仍在活着的植物，亦称为活植物化石。如湖南万峰山银杉、冷杉群
	9. 古生态群落类	(20) 古生物群落埋藏地	种属繁多，保存完整，能反映某地质时代一定地理区生态环境的古生物群体埋藏地。如山东临朐山旺中新世古生物群保护区、云南澄江早寒武世澄江动物群埋藏地
	10. 古生物遗迹或可疑古生物遗迹类	(21) 古生物遗迹埋藏地	具重要科学价值的古生物活动留下的足迹、爪痕、印痕等。如内蒙古恐龙足迹
		(22) 可疑古生物遗迹埋藏地	具重要科学价值的可疑生物遗迹产地。如叠层石及前寒武纪可疑化石产地等
环境地质现象大类	11. 地震类	(23) 古地震遗迹	地质历史上重大的地震遗迹。如辽宁大连金石滩震旦系、寒武系地震遗迹
		(24) 历史地震遗迹	有历史记录以来的重大地震遗迹。如1679年河北三河-平谷8级地震遗迹
	12. 火山类	(25) 古火山遗迹	地质历史上重要的火山遗迹。如黑龙江五大连池火山群、台湾阳明山火山地质公园
		(26) 现代火山	现正在活动的火山。如美国夏威夷现代火山
	13. 冰川类	(27) 古冰川遗迹	地质历史上重要的冰川遗迹。如四川西昌螺髻山第四纪古冰川遗址
		(28) 现代冰川	现在仍在活动的冰川。如四川康定贡嘎山海螺沟现代海洋性冰川群
	14. 陨石坑	(29) 古陨石坑	地质历史上陨石撞击地球留下的遗迹。如爱沙尼亚卡里陨石坑
		(30) 现代陨石坑	有历史记载的陨石撞击地球遗迹。如1976年吉林陨石陨落遗迹
	15. 其他环境地质现象类	(31) 滑坡遗迹	大型或特大型滑坡遗迹。如长江三峡新滩滑坡
		(32) 泥石流遗迹	大型或特大型泥石流遗迹。如贵州东川泥石流遗迹
		(33) 地面沉降遗迹	重要地面沉降地区（点）。如上海外滩地面沉降遗迹
风景地貌大类	16. 山石景类	(34) 花岗岩景区（点）	由花岗岩类岩石组成的重要风景区（点）。如安徽黄山风景区、河南鲁山石人山景区等
		(35) 火山岩景区（点）	由基性或酸性熔岩组成的重要风景区（点）。如浙江雁荡山风景区（以酸性流纹岩为主）、台湾澎湖景区（以基性玄武岩为主）

续表

大类	类	亚类	举例说明
风景地貌大类	16. 山石景类	（36）层状硅铝质岩景区（点）	由于沉积形成的层状硅铝质岩石，如砂、页、砾岩组成的重要风景区。构成本风景区的类型很多，如河北赞皇嶂石岩型景区（元古宙砂岩）、湖南张家界砂岩峰林型景区（泥盆纪砂岩）、广东仁化丹霞地貌型景区（中生代砂岩、砾岩）、云南元谋土林型景区（新生代砂岩、泥岩）、新疆准噶尔乌尔禾"魔鬼城"型景区（中生代砂岩风蚀地貌）、新疆塔里木盆地雅丹地貌型景区（第三纪、第四纪湖相泥岩风蚀地貌）、云南陆良彩色沙林景区（新生代湖相半胶结砂质岩石）
		（37）碳酸盐岩景区（点）	由碳酸盐岩石溶蚀或再沉淀而形成的重要风景区（点），构成本类景区的类型亦较多，主要有峰丛、峰林地形为主的桂林山水型景区；以巨型石牙为主景的云南路南石林型景区；以钙华堆积为主的景观，如云南白水台钙华流景区、四川黄龙钙华流景区
		（38）黄土景区（点）	由黄土状岩石经侵蚀后形成的典型地貌景区（点）。如陕北、陇东黄土构成的景区
		（39）沙积景区（点）	主要由各种沙堆积形成的景区，主要有沙漠型和海滩型两种类型。沙漠型如塔里木盆地沙漠、甘肃敦煌鸣沙山景区；海滩型如秦皇岛的黄金海岸海滩型景区（主要是石英砂）、美国夏威夷海滩型景区（主要是珊瑚沙）
		（40）变质岩景区（点）	主要由变质岩组成的景区（点）。如山东泰山景区等
		（41）其他山石景区（点）	具有登山探险重大价值的高峰、悬崖等。如珠穆朗玛峰
	17. 洞穴类	（42）可溶性岩石洞穴	碳酸盐岩等可溶性岩石溶蚀形成的具有重要观赏价值的洞穴，可再分为充水和非充水溶洞。前者如辽宁本溪水洞景区，后者如北京石花洞景区
		（43）非溶性岩石洞穴	可溶性岩石以外，各种岩石组成的洞穴。如海南岛玄武岩溶洞等
	18. 峡谷类	（44）峡谷景区	河流形成的具有重要观赏价值的峡谷。如西藏南迦巴瓦大峡谷、长江三峡及美国的科罗拉多大峡谷
	19. 水景类	（45）风景河流	具重要观赏价值或漂流价值的河流或河段。如浙江富春江、广西漓江等观赏河流，金沙江的漂流江段等
		（46）风景湖泊	具重要旅游度假价值或重要科考价值的湖泊。如浙江杭州西湖、江苏太湖等
		（47）风景海湾（岸）	水质良好、景色秀丽的海滨地区。如海南岛的亚龙湾度假区等
		（48）瀑布	具有观赏价值的落差或宽度大的跌水。如贵州黄果树瀑布、黄河壶口瀑布等
		（49）泉水	具重要观赏价值的泉水或泉群。如山东济南趵突泉、河南辉县百泉景区等
		（50）温泉	水温在25摄氏度以上具疗养、游乐价值的天然温泉。如陕西临潼骊山温泉
		（51）泥火山与泥泉	与地下水活动有关形成的泥火山与泥泉。如台湾及新疆的泥火山等
		（52）其他水景	以上水景不能包括的水景。如地下河等

1.4 地学旅游资源的基本特征

1.4.1 岩石圈风景域

1. 地质景观风景类

（1）地层景观。

岩层——具有层状结构的岩石。

层型剖面——典型性的岩层模式剖面。

标准剖面——大区域内具有典型性且可作为对比标准的剖面。

古环境景观——岩层面上的古代不同沉积环境条件下遗留下来的痕迹。

（2）古生物景观。

古生物景观包括古植物化石、古动物化石。

（3）内力地质构造景观。

内力地质构造景观是指由构造运动、岩浆作用、地震作用和变质作用等形成的风景景观，如雅鲁藏布江——地缝合线、郯庐大断裂等。

（4）外力地质景观。

外力包括太阳辐射、冰川作用、河流作用。

（5）矿产地质景观（矿田或矿山）

矿产地质景观分为现代矿山、古代矿山。

2. 地貌景观风景类

构造地貌——由构造运动起主导作用形成的地貌形态，有大、中、小等不同的尺度。

剥蚀地貌——岩溶地貌、风蚀地貌、溶蚀地貌等。

风化地貌——风化作用塑造的地形地貌。

溶蚀地貌——岩溶作用形成的岩溶地貌或喀斯特地貌。

堆积地貌——风力堆积、冰碛、流水堆积等形成的地貌，如黄土地貌等。

其他地貌——各种岩石类地貌景观，如河流侵蚀地貌、冰川地貌、海蚀地貌。

3. 洞穴景观风景类

岩溶洞穴景观——岩溶区地下水沿着岩层的层面和裂隙进行溶蚀和机械侵蚀而形成的地下空洞。

火山熔岩洞穴景观——火山喷发时，熔岩在流动过程中形成的熔岩溶洞。

其他洞穴景观——滚石洞、砾石堆积洞、构造潜蚀洞、砂岩潜蚀洞、土洞、人工洞穴。

1.4.2 水圈风景域

1. 海洋景观风景类

滨海海滩景观——淤泥质海滩、砂质海滩、石砾质海滩。

海岛景观——大陆岛、大洋岛、堆积岛。

珊瑚礁景观——由珊瑚虫活体的钙质骨架或珊瑚钙质遗体积聚而成的石灰质礁体。

浅海浪潮景观——潮汐、潮流、风暴潮。

2. 河流景观风景类

三角洲景观——江河在入海口处因泥沙大量淤积形成的三角形平原。

峡谷景观——江河上游地段，河流下切作用显著区。

瀑布跌水景观——岩溶型瀑布、构造成岩层瀑布、火山熔岩型瀑布、山岳型瀑布、山崩-泥石流-冰川型瀑布。

湍急河溪景观——山地河流的上游段。

缓流溪涧景观——丘陵地带的河流小溪。

3. 湖泊景观风景类

构造湖（断陷湖）景观——因地壳运动造成的地表凹陷积水而成。

澙湖（海成湖）景观——海岸地带的沙坝、沙嘴和海堤与海洋隔开而相对封闭的浅水湾。

河迹湖景观——河流改道、截弯取直、淤积等使河道的一部分形成湖盆。

冰川湖景观——冰蚀湖、冰碛湖。

风蚀湖景观——风蚀洼地积水而成。

岩溶湖景观——溶蚀洼地或漏斗积水而成。

堰塞湖景观——因地震、山崩、滑坡、泥石流、火山喷发等使河流受阻，水位抬升而成。

火山口湖景观——死火山口洼地积水而成。

人工湖景观——主要指水库。

4. 冰川景观风景类

大陆冰川（大陆冰流或冰盖）景观——主要分布在两极地区。

山岳冰川（高山冰川）景观——在山区范围内形成、流动和消亡的冰川。

高原冰川景观——高原地面达到雪线以上时形成的连续冰流。

5. 地下水景观风景类

(1) 泉水景观。

泉水按涌出的水动力条件可分为上升泉、下降泉；按涌出的地质环境综合条件可分为侵蚀泉、接触泉、溢出泉、悬挂泉、堤泉、断层泉、岩溶泉等；按涌出的奇异特征和功能可分为间歇泉、多潮泉、喊泉、笑泉、羞泉、鱼泉、冰泉、乳泉、甘泉、苦泉、药泉、矿泉。

(2) 热气泉景观。

热气泉是地球深部地热在特定地质构造和水文地质条件下，以地下热水和热水蒸气喷出地表的现象。

(3) 地下河景观。

由于岩溶作用在大面积石灰岩地区形成溶洞和地下通道，地面河流往往经地面溶洞潜入地下形成地下河。地下河也指直接发育在地下的河流。

（4）泥火山、泥泉景观。

泥泉指在特定地质构造条件下，在地下应力作用下，大量泥沙、岩石碎屑、气体及少量地下水喷出地表的自然现象。

（5）泉华景观。

泉华指溶解有矿物质或矿物盐的地下水和蒸气在岩石洞隙或地表的化学沉积物。泉华类型有：钙华、硫华、硅华、盐华和金属矿华。

（6）龙眼泉景观。

龙眼泉指在滨海、湖泊、河流底部地层中涌出的承压上升泉。

（7）坎儿井景观。

坎儿井是新疆特有的灌溉系统，由直井、地下渠道（地廊道）、地面渠道（明渠）及涝坝（沙坝）组成。

1.4.3　生物圈风景域

1. 植物景观风景类

植物景观风景包括森林景观与森林公园、植物自然保护区、古树名木（树龄长、树种稀而古老的树木）、植物园景观（大型综合性植物园、专科性植物园）、花圃花卉景观（特色植物园，如梅园、桃园、牡丹园等）、生态农业景观（专业性强的特色农业基地，如茶园、橡胶园、荷花园等）、果木园林景观（不同湿度带的水果基地或干果基地）。

2. 动物景观风景类

动物景观风景包括特殊动物群落景观（主要是一些易群居的动物群落）、野生动物（主要指濒危动物）自然保护区、养殖场动物景观、其他动物群落与动物园（专门性的动物参观地和动物园）。

3. 生态景观风景类

自然生态保护区——海洋、湖泊、河流、沼泽、水库、森林、草原等。
海洋生态环境景观——滨海、浅海、深海和大洋生态景观。
草原生态环境景观——草甸草原、稀树草原。
苔原/冻原生态环境景观——极地附近或高山的无林沼泽型植被。
湿地生态景观——沼泽、泥炭地等狭义湿地。

1.4.4　大气圈风景域

1. 气象景观风景类

极光景观——高纬度地区高空中太阳带电粒子进入地球磁场时，由于受地球磁场的影响而形成的一种光电效应。

佛光景观——一种由雾气中的小水滴对光线折射或衍射而产生的大气光学现象，一般出现在太阳相对方向处的动雾层之上，是围绕观测者影子的彩色光环。

海市蜃楼——当空气各层密度有较大差异时，远处的光线通过不同的空气层发生折射或全反射，把远处的景物显示在空中或地面，形成奇异的幻景，在空中或地面以下有远处物体的影像。下现蜃景：幻景位于实物下方，空气层下疏上密。上现蜃景：幻景位于实物上方，空气层上疏下密。

雪雾景观——高空中的水蒸气遇到冷空气凝结成的水冰粒，如雪景、雾凇、雪挂、冰挂。

雾雨景观——弥漫的云气或蒙蒙细雨。

风成景观——海陆风、山谷风、峡谷风、风力发电站或风车景观。

2. 气候景观风景类

避暑型气候——高山气候、高原气候、海滨气候带、森林地带。

避寒型气候——热带、亚热带气候带。

阳光——主要强调阳光的休闲、健身效应和疗养功能。

物候景观——动植物的生长、发育及活动规律对气候的反应。动物物候现象如冬眠、复苏、迁徙；植物物候现象如萌芽、开花、结果、落叶。

非生物物候现象——霜降、解冻。

3. 洁净空气风景类

绝对洁净空气——人烟稀少的高原、极地。

相对洁净空气——人口稀少的高山、海滨。

森林洁净空气——森林公园、原始森林、人类干扰相对较少的次生林。

1.4.5 宇宙风景域

1. 宇宙太空景观风景类

太空景观——近地的宇宙天体和远地的星云。

星体景观——月球、金星、水星、火星等。

2. 天文景观风景类

天文现象景观——日食、月食。

星外来客景观——陨石雨、流星、流星雨、彗星。

星（夜）空景观——中秋赏月、星相。

1.5　地学旅游景观的欣赏方法

旅游景观的美一直在被挖掘，旅游景观的欣赏，只有亲身去领略、体会才能感受到，而每个人的感受也会因个人的阅历、职业、心理、观赏的方式等不同而有所不同。旅游主体对旅游景观欣赏的方法很重要，主要有两种方法：静态观赏和动态观赏。

静态观赏就是旅游者在某个固定的位置对旅游景观的观赏与体验，即在观景台上对景点的欣赏，是面对景观的一种相对静止的方法。旅游者通过视线的移动来欣赏旅游景观，能更好地感受景观中所蕴含的文化内涵,但是对旅游景观的静态观赏需要耗费的时间一般比较长。如对水体旅游景观的欣赏,垂钓是一种方式,通过垂钓可让人的身心得到舒缓,又能看到水体景观。

动态观赏主要是在观赏的过程中不断移动,对景点的欣赏可选择步行的方式,或者乘坐观光车、缆车、船等方式进行视线的移动来达到动态观赏的效果。与静态观赏相比,动态观赏能使旅游者看到更多的景观,另一方面也可节省旅游者的时间。如在欣赏桂林山水时,一般选择乘坐竹筏或游轮来回穿梭于桂林山水之中,才能看清山与水的全貌,可体验到大自然的无限美妙,又可享受到竹筏或游轮在水中飘荡的无限乐趣。

在旅游过程中,若能将两种方法结合起来进行观光旅游,会感受到无穷的乐趣,但也有不少游客会变动态观赏为静态观赏,仔细体会景观带来的无限妙处。

1.5.1 欣赏的距离

在旅游者进行旅游活动时,旅游者与景观之间要有一个适当的距离。旅游者对景观的欣赏距离有空间距离、时间距离和心理距离。如山中的峡谷、幽洞、"一线天"之类的景观,要置身其中,近而观之,才能知其妙。

1. 空间距离

旅游者在欣赏过程中,要对旅游景观保持一定的空间距离,才能欣赏到旅游景观最美的一面。欣赏旅游资源可选择远观和近看,这两种欣赏方式是让旅游者与观察的对象产生一定的距离,以达到最好的效果。例如,在对桂林山水景观进行旅游观光时,只有划着竹筏在漓江上欣赏桂林的山水,才能体会山水辉映的自然之美;云南滇池一直有睡美人的故事,在滇池的岸边,游客只能看到一座座山,不能看到睡美人山的形象,只有乘坐小型轮船泛游于滇池之中,一直到湖中央才能看到睡美人的整体形象。

2. 时间距离

一些拥有文化底蕴的景观所包含的文化经过了历史的沉淀,产生的时间距游客较远,因而产生了游客与旅游景观时间上的距离。对于这样的景观,游客只能通过自身的感受来面对过往的历史,特定的场景也容易唤起游客的共鸣。例如,当游客登上万里长城时,不禁会感叹我国古代建筑的优秀成果,会产生思古的情怀。因时间上的差异,游客会产生不同的心理,审美感受的差异会影响到游客对整个游客观的情感,因此在进行旅游活动之前,要注意时间上的距离,对距离我们较远的景观要有一个大概的了解,以达到最好的体验效果。

3. 心理距离

心理距离是指游客在欣赏景观时的心理活动以及对旅游景观的态度。游客在进行旅游活动时有一个旅游目的,应在旅游目的的指引下欣赏旅游景观,做到不虚此行。每个人在社会中的定位都不一样,因此对同一个景观,不同的人就不同。但若是把生活中的不顺心带到旅游景观的审美之中,一般不利于对旅游景观的欣赏。因此,对旅游景观的欣赏要全身心投入,这样才能体验到其中蕴含的美。例如,一个地质学家到涠洲岛,如果只是对涠洲岛火山地貌进行研究,自然不把其作为一个审美对象,只有适当欣赏景观,才会进入对景观的审美状态。游客在进行旅游活动时应与现实生活或工作保持一定的距离。瑞士心理学家爱德华·布洛曾指出：心理距离也是一条审美原理。

1.5.2 欣赏的角度

"横看成岭侧成峰，远近高低各不同。"苏轼的诗句正面写出了对旅游景观的欣赏从不同的角度看是不一样的。旅游景观的角度可分为正视、平视、仰视和俯视等。如观赏瀑布，宜在适当距离仰视，以兼收其形、色、声、动之美。

1.5.3 欣赏的时间

随着欣赏的朝暮、晴雨和季节等时间因素的变化，旅游者的心情和审美感受也会随之变化。因四季的变化使得一处景观在不同的季节有不同的状貌，就会带给人不一样的体验。因此，选择适当的时间出游很重要。

自然景观受朝暮、晴雨、季节等的影响非常大，对于不同的旅游景观要选择不同的旅游时间才能体验到。朝暮的影响产生了白天和晚上两种不同的景观，在晚上能欣赏到日月星辰，要观赏日出，只能在日出之前进行等待。且对于日出的欣赏，只有天气晴朗的时候在高山和滨海才能看到日出的壮丽过程，日落亦是如此。这就受到了朝暮和晴雨的影响，虽然它与季节的关系不大，但也不是完全没有关系。夏季日出的时间较早，冬季日出的时间较晚，旅游者可根据这个规律确定观赏日出的最佳时间。

天气阴晴的变化可以间接影响旅游者的心情。在阴雨绵绵的天气中，云雾缭绕，给旅行者一种朦胧、神秘的感觉，犹如江南的烟雨霏霏、细雨飘落，给人一种忧郁柔情美。在晴朗的天气下，旅游者的心情会更加的豁达，精神也更加饱满，对景观的欣赏能获得更多的美感。都说天气可以影响人的心情，晴天使人感到神清气爽，阴雨天则会让人感到郁闷。因此，晴雨对旅游者进行旅游活动十分重要，相同的景观在不同的天气下会带给旅游者不一样的体验。

每个地方的旅游景观都有它最佳的观赏季节。我国南北差异大，有些地方四季分明，旅游者能分别体验到不同季节的景观。如杭州西湖，春季时桃花盛开，冬季又有著名的杭州十景之一的断桥残雪；雪景、冰雕、滑雪等都是冬季的旅游点，著名的冰城哈尔滨每年都会有冰雕展，而到了夏季，凉爽的天气使其又成了人们避暑的胜地。

1.5.4 抓住景观特色

不同的景观有不同的特色，在欣赏景观前通过查阅有关资料全面了解景观特色，能做到有的放矢。如赵州桥非常雄伟，桥的设计完全合乎科学原理，施工技术更是巧妙绝伦，唐朝的张嘉贞说它"制造奇特，人不知其所以为"。这座桥的特点是：全桥只有一个大拱，长达37.4米，在当时可算是世界上最长的石拱；桥洞不是普通半圆形，而是像一张弓，因而大拱上面的道路没有陡坡，便于车马上下；大拱的两肩上各有两个小拱，大拱由28个道拱圈拼成，就像这么多同样形状的弓合拢在一起，做成一个弧形的桥洞；全桥结构匀称，和四周景色配合得十分和谐；桥上的石栏石板也雕刻得古朴美观。

1.5.5 领悟自然与人文的和谐

自然风景中的寺庙多建在山麓、山谷、山间小盆地的茂林之中,造成深山藏古寺的意境。在湖光山色的低山丘陵地区,常在小山岗的脊线上或山麓湖边修建宝塔,用挺立的塔的形象突破地貌平缓的曲线,从而使塔成为景观中重要的构景。江南私家园林规模较小,布局精巧,建筑色彩素淡,以黑白为主色调,既迎合园主追求闲适宁静的心理需要,又与水乡风光、湿润的气候特点融为一体。北方的皇家园林规模宏大,建筑色彩浓重,以红黄为主色调,既显示出尊荣富贵,又与宽阔整齐的地形、多蓝天白云的气候特点相辉映。

1.5.6 以情观景

我国人民有寄情于山水的传统,用丰富的内心情感去"人化自然",或者"将自然人化",并形成了在世界文化中独树一帜的山水画和山水诗。只有以情观景,才能深入感悟自然的美。除了视觉观赏外,还应通过听觉、嗅觉、味觉、触觉等综合感受。许多景区都建有听泉亭、松涛亭等,就是便于游人感受大自然的声音美。温泉被称为黄山风景的一绝,游人游山归来,于温泉中沐浴解乏,才会有"嵩阳若与黄山并,犹欠灵砂一道泉"的感慨。呼吸芬芳清新的空气,渴饮甘泉,扶石倚松等,都能从不同的侧面体会自然美。然而景观的形象美,例如山的雄、奇、险、秀等都是抽象的概念,需要通过想象才能感知。观赏地貌的造型,只有与想象中的事物或者情景合二为一,才会顿觉天工之巧妙绝伦。

身在自然,志在自然。欣赏自然景观的同时,神思游于自然之间,心随景化,情景交融,以致陶醉于自然美的王国之中。"大江东去,浪淘尽,千古风流人物"就是景观与情感相融而产生的审美境界。

思考题

1. 如何理解地学旅游景观的概念?
2. 地学旅游景观资源的分类有哪些?
3. 举例说明地学旅游景观的欣赏方法。

推荐阅读书目

[1] 陈安泽. 旅游地学概论 [M]. 北京:北京大学出版社,1991.
[2] 陈传康,刘振礼. 旅游资源鉴赏与开发 [M]. 上海:同济大学出版社,1990.
[3] 陈茂勋. 旅游地学与旅游发展新论 [M]. 成都:四川科学技术出版社,2006.
[4] 沙润. 旅游景观审美 [M]. 南京:南京师范大学出版社,2005.
[5] 辛建荣. 旅游地学原理 [M]. 武汉:中国地质大学出版社,2006.

第 2 章

喀斯特旅游景观欣赏

本章概要

本章首先对喀斯特的概念、形态、类型、形成机制及旅游景观进行了梳理；其次结合实例分析了喀斯特山石景观、洞穴景观、峡谷景观和水体景观的类型、成因与价值；最后选择世界自然遗产地荔波、世界地质公园云南石林、黄果树瀑布群和广西乐业大石围天坑群为喀斯特旅游景观的典型代表进行欣赏。

关键性词语

喀斯特、喀斯特旅游景观、山石景观、洞穴景观、峡谷景观、水体景观、石林、天坑、景观美学价值。

2.1 喀斯特与喀斯特旅游景观

2.1.1 喀斯特的一般形态

喀斯特原是斯洛文尼亚境内伊斯特里亚半岛上的一个地名，那里石灰岩广布，形成了一种独特的奇峰异洞地貌景观。1893 年，南斯拉夫学者斯维奇（J. CvijiÃ）对该区地质地貌景观进行了较详细的研究，并以这个地方的名称 Karst 作为本区石灰岩溶蚀作用与现象的总称。之后，Karst 便成为对石灰岩地区溶蚀作用和其形成地貌的世界性通用术语。我国学者把 Karst 音译成"喀斯特"，喀斯特随之成为中国地质学界的通用术语。1966 年，中国首届岩溶学术会议建议将"喀斯特"用"岩溶"一词代替。这是因为喀斯特形成的奇峰异洞景观主要是因岩石被水溶解而形成。"岩溶"一词既反映了这一地质作用的本质，在中文意义上也容易理解。随后,"岩溶"被我国学者较为普遍地使用,但仍有部分学者继续使用"喀斯特",因为"岩溶"在译为外文时,仍然译成 Karst。两个专业术语虽有相通之处,但"岩溶"一词的涵盖面似乎更广些,因为它包含了所有可溶性岩石,如碳酸盐岩(石灰岩、白云岩等)、硫酸盐岩(石膏等)及卤化物(岩盐等)形成的地貌和作用的总和,而"喀斯特"的原意主要指石灰岩地貌及其溶蚀作用,涵盖面较窄。

喀斯特的地表形态主要有喀斯特洼地、盆地、槽谷、干谷、悬谷、盲谷、峰谷、溶帽、丘陵、天坑、天井、天窗、天生桥、地缝、漏斗、石林、石柱、溶痕、溶沟、溶蚀裂隙、石芽、落水洞、峰林、峰丛、孤峰、石丘、溶蚀平原、溶蚀准平原、高原、湖泊、断头河、穿洞、消磁水洞、雷公洞、边石坝(钙华沉积)等;地下形态主要有喀斯特溶孔、晶孔、洞穴、岩屋、脚洞、边槽、流痕、悬吊岩、洞穴网、地下廊道、倒虹吸管等。

喀斯特的组合形态主要有喀斯特溶沟田、丘陵—洼地、峰丛—洼地、峰林—平原、峰林—谷地、孤峰—平原、断陷盆地、断崖天坑。

2.1.2 喀斯特的一般类型

我国喀斯特地貌分布非常广泛,尤其是在南方地区发育最为壮观,在国内外都有非常重要的位置。喀斯特的一般类型如表 2-1 所示。

表 2-1 喀斯特的一般类型

序号	划分标准	类型
1	气候条件	冰川喀斯特、寒带喀斯特、温带喀斯特、中欧型喀斯特、亚热带喀斯特、地中海型喀斯特、热带喀斯特、干旱区喀斯特
2	海拔高度或地貌	高山喀斯特、中山喀斯特、低山喀斯特、高原喀斯特、丘陵喀斯特、平原喀斯特、滨海喀斯特
3	出露条件	裸露喀斯特、覆盖喀斯特、埋藏喀斯特、悬挂喀斯特、半裸露喀斯特
4	埋藏深度	地表喀斯特、地下喀斯特、浅层喀斯特、深部喀斯特
5	形成时期	化石喀斯特、现代喀斯特、古代喀斯特
6	可溶岩性	石灰岩喀斯特、白云岩喀斯特、石膏喀斯特、岩盐喀斯特、岩湖喀斯特、假喀斯特、红层喀斯特、半喀斯特、全喀斯特
7	水文地质	包气带喀斯特、饱水带喀斯特、深部缓流带喀斯特

2.1.3 喀斯特形态的形成机制

首先,岩石具有一定的孔隙和裂隙,孔隙和裂隙是流动水下渗的主要渠道。岩石裂隙越大,岩石的透水性越强,岩溶作用越显著。在溶洞中,岩溶作用越强烈,溶洞越大,地下管道越多,喀斯特地貌发育越完整,并且形成一个不断扩大的循环网。

其次,流水的溶蚀作用。水的溶蚀能力来源于二氧化碳与水结合形成的碳酸,而石灰岩的主要成分是碳酸钙,再与水和二氧化碳发生化学反应生成碳酸氢钙并溶于水,于是空洞形成,并逐渐扩大。在整个过程中,二氧化碳是喀斯特地貌形成的功臣。水中的二氧化碳主要来自大气流动以及有机物在水中的腐蚀和矿物气化。

最后，流水的流动作用。水中的二氧化碳需要得到及时补充，水的溶蚀作用才能顺利进行，并得到巩固和加强。流动的水带动河底的沙砾，对岩石进行机械侵蚀，这样更有利于岩溶作用的加强。这些反应看似简单，实际上在大自然间是十分复杂的过程，因为温度、气压、生物、土壤等许多自然条件影响并制约着反应的进行。

2.1.4 喀斯特旅游景观

喀斯特地貌形成的景观多样，同时也是我国重要的旅游资源。岩溶地貌大多分布于我国南方，其景观神奇秀美，洞景迷人。

根据旅游景观形态，喀斯特旅游景观可分为地表性旅游景观和地下性旅游景观。喀斯特旅游景观是由水的溶蚀作用形成的，是地表水和地下水共同作用的结果。地表喀斯特旅游景观主要有峰林峰丛、孤峰、石林、天生桥、漏斗、坡立谷、盲谷等；地下喀斯特景观有溶洞、地下暗河、钟乳石、石笋、石帷幕等。

2.1.5 喀斯特景观的发育演化

地表水沿灰岩内的节理面或裂隙面等发生溶蚀，形成溶沟（或溶槽），原先成层分布的石灰岩被溶沟分开成石柱或石笋。地表水沿灰岩裂缝向下渗流和溶蚀，超过100米深后形成落水洞，从落水洞下落的地下水到含水层后发生横向流动，形成溶洞。随着地下洞穴的形成地表发生塌陷，塌陷的深度大、面积小，称坍陷漏斗；深度小、面积大，则称陷塘。地下水的溶蚀与塌陷作用长期结合的作用，形成坡立谷和天生桥。地面上升，原溶洞和地下河等被抬出地表成干谷和石林。云南路南的石林是溶沟阶段的产物，桂林的象鼻山则是原地下河道出露地表形成。在广西境内，经常可看到这种抬升到地表以上的溶洞，俗称"神女镜"或"仙女镜"。

2.2 喀斯特旅游景观类型及价值

喀斯特地貌景观的形成原因十分复杂，表现形态也是多种多样，具有重大的科学价值，是地理学、环境科学与景观地貌学研究的重要对象。同时，喀斯特地貌也是见证大自然历经沧海桑田的"博物馆"。喀斯特地貌的神奇往往使人们不禁发出感叹，如桂林漓江、四川黄龙、昆明石林等都展现出一定的艺术性，能将山水景色融为一体，营造出一个真实、美妙的世界，观赏价值极高。

喀斯特景观是在长期稳定的地质环境下形成的，通常都具备多样性、配套性良好等特点。地下溶洞变化万千的岩溶堆积物、多姿多彩的地表形态，不单单体现了空间层次的多样性，还使不同类型的景观交相辉映，大大丰富了景观的可看性，体现了集美学、生态、经济等为一体的景观属性，具有观赏、科普、旅游等多种功能。

根据地质成因和开发原则，喀斯特旅游景观可分为山石景观类、洞穴景观类、峡谷景观类和水体景观类。

2.2.1 喀斯特山石景观

我国西南各省喀斯特覆盖广，山石景观类型多样，成因复杂，很多景观是全国旅游景观中的典型代表。喀斯特山石景观类型及成因如表2-2所示。

表2-2 喀斯特山石景观类型及成因

类型	成因	代表
孤峰	峰体四壁峭立，坡度多大于60°，高为30~100米，呈塔形、锥形、田螺形等，孤立在喀斯特平原上，是喀斯特地貌发育到晚期的产物	桂林独秀峰
峰林	相互独立的塔状、锥状碳酸盐岩石峰，林立在喀斯特平原上、谷地中或峰丛边缘地带，按其所处位置可分为平原峰林型和谷地峰林型	贵州兴义万峰林
峰丛	联座的锥状碳酸盐岩石峰丛生在山体的基岩上，并与峰间洼地共生，除了各峰体的基座相连外，峰体的形态以锥状为主，且较高大并具有正常的斜坡	桂林阳朔
石林	由5米以上的碳酸盐岩柱状体（剑状、针状、塔状）成群组合出现，远望如林，石林的单体大多是高度为5~50米的石柱	云南石林
天生桥	由碳酸盐岩经溶蚀、冲蚀作用形成的拱桥形地貌，桥下往往有溪流经过	贵州水城金盆天生桥
钙华堆积	喀斯特泉水沉淀形成的钙华流、边石坝、钙华堤及钙华堤堰塞池（湖）	四川黄龙沟钙华堆积

1. 峰林峰丛之秀美与壮美

喀斯特峰林有广义和狭义之分。1954年，陈述彭首先将华南的喀斯特地形定名为峰林，即广义的喀斯特峰林。1957年，曾昭璇将其中的联座峰林命名为峰丛，相当于国外一些学者称为的锥状喀斯特。那些基座不相连的石峰在国外称为塔状喀斯特，即为狭义的喀斯特峰林。万峰林是贵州省著名的旅游景点，不仅是中国最美的峰林之一，在形式上和审美活动中极具典型性，还是中国古典审美传统所推崇的自然形式，使用"秀美"与"壮美"来概括万峰林的美学特征较为合适。

秀美是峰林的外在特征，表现为体积上的小巧。万峰林是中国西南三大喀斯特地貌之一，因其典型的地质结构，形成了一座座独立秀美的山峰。这些山峰土层较薄，构造多为石灰岩等沉积岩，再加上贵州地区多雨，石漠化和流水侵蚀的现象日益严重，山体也日益变矮，海拔高度在780~1600米，同我国其他地区的山峰相比，万峰林这里的峰林、峰丛以小巧为显著特征。万峰林被誉为"中国锥状喀斯特博物馆"，从形态上来看，主要有金字塔状、倒丛状和丛聚状三种。一般的山峰因其广阔、雄壮而不便于造型，而这里的山峰因其体积小而造型奇特，形态万千。进入万峰林景区入口，放眼西望，便可观赏到昂首挺立的"将军峰"，它是群峰环绕着的一座最矮小的岩溶孤峰；"仙女峰"和"秀女峰"宛如当地淳朴的布依族少女，温婉秀气。在群峰中有一座孤峰被众山环绕着，像一个峰林盆景，因其精致小巧秀美而让人怦然心动，大家称它为"众星捧月"。这些典型奇特的山峰代表着石峰林造型秀丽的特征。此外，万峰林的峰体还有流畅的特点。每一位漫步峰林之中的游客，无不赞叹峰林的秀美之姿，丝毫没有压抑之感，而是任性、自由地走着，欣赏着沿途千姿百态的山峰。

壮美是峰林的内在神韵。被誉为"天下奇观"的万峰林以其规模宏大、辽阔壮美的风景博得世人的眼球和赞叹。明代著名的旅行家徐霞客曾留下"天下山峰何其多，唯有此处峰成林"的佳句，现代的文人墨客更是创作了无数佳作赞美它。万峰林面积超过2 000平方千米，分为东峰林和西峰林。东峰林以峰丛见长，保留了较为原始的自然风貌；西峰林是主要的风景观赏区，满眼的山峰多得数不清，游客往往会用成千上万座山峰来感叹这里山峰之多与壮观。

如果说身处万峰林之中，看到的是秀美、奇特的峰林之景，那么当坐上游览车，站在半山腰的观峰道上，放眼望去，看到的则是绵延千里的峰林群，气势壮阔、蔚为壮观。在南方地区的峰林地貌中，这里的山峰最为密集，不仅在整体上构成了雄奇浩瀚的岩溶景观，而且在峰林的形态上也表现出壮美之景。

2. 喀斯特石林的美学价值

中国碳酸盐类岩石的分布面积大约有130万平方千米，约占全国总面积的15%，但石林形态在中国大约只发育超过45片。另外，巴西、波多黎各、澳大利亚、巴布亚新几内亚、印度尼西亚、马来西亚等有零星分布。

参差林立的石柱、千奇百怪的石柱以及千变万化的空间结构，是石林景观独具特色的美学属性，长久以来就是中国园林及绘画艺术的创作源泉。从中国传统的山水审美文化上看，自然景观具有的雄、奇、险、秀、幽、旷、野等美学形态，在贵州各石林景区均有不同程度的体现。由于地质地貌条件及自然生态环境的差异，各石林景区的石林形态及审美情趣各具特色，因而使贵州的石林景观呈现出异彩纷呈的美学形象。

3. 喀斯特天生桥的价值特征

从世界范围看，除法国、美国和澳大利亚有较大的喀斯特天生桥外，其他地方出现甚少喀斯特天生桥，因此国外喀斯特地貌著作中一般都未提及天生桥。

（1）天生桥的形态性。

《岩溶学词典》中，天生桥的定义为：地下河与溶洞的顶板崩塌后，横跨河谷的残留顶板，其两端与地面连接，中间悬空而呈桥状。法国的Bous deli Bel天生桥桥高100米，拱孔高70米，拱孔跨度60米，桥面厚度30米，被誉为欧洲最大的天生桥。美国亚利桑那州Tonto天生桥高55.8米，桥的跨度为122米，被认为是世界上最大的石灰华天生桥。贵州水城县金盘乡天生桥高136米，拱孔高度112米，桥厚15米，拱孔跨度55米，桥面宽度35米。

（2）天生桥的自然性。

国内外的天生桥都是基本保持自然状态，基本未受到人工干扰破坏的地质遗迹，都发育自坚硬的碳酸盐岩地层之中。这些地层成岩程度高，抗压性强，从而为其保持自然状态提供了有利的物质条件。加上构成天生桥的地层不仅坚硬，而且产状平缓，不易崩塌，桥面厚度达百米以上，这些都是保持其自然性的有利条件。天生桥本身抗自然风化能力较强，只要注意保护，这些地质遗迹可以在很长时期为当今人类及其子孙后代服务。

（3）天生桥的完整性。

重庆武隆天生桥群一带所保留在地表和地下洞穴中的岩溶特征说明它具有复杂的形成、演化历史。其上游的复式河谷、消泄上游水流的多期落水洞、上部宽谷谷壁和下部峡谷谷壁的洞穴所显示的不同时期的水流的不同流向、天生桥底部近似干谷的现状、下游白果伏流的形成和对地表水系的袭夺、岩溶地下水流路上多个天坑的形成、乌江边泉水的出现等，组成了一个完整的由岩溶地貌系统和岩溶水文系统共同组成的复杂的演化系统，它们之间既有很好的空间分布规律，又有时间上先后生成、发展的序列可以追寻。正是地层、构造、水系变迁、崩塌等多种因子和作用过程在时间和空间上的协同作用，才形成三座天生桥的集中出现并得以保留的地质奇观。

（4）天生桥的优美性。

重庆武隆天生桥的美，一是来自大自然本身的形状和色彩，二是来自它们的组合。其优美性主要体现在：天生桥高度最高达280米，构成桥面的岩层的厚度全都在百米以上，显示出天生桥高大厚重与磅礴的气势，给人以雄浑、崇高的感受；天生桥顶部为弯形拱顶，弧形曲线则使人在刚劲中感受到柔和，洞下的小溪流和洞外满目的翠绿给人清秀之感；作为桥拱的洞穴通道的横断面高而窄，从洞顶至洞底高度平均为百米，但整个天生桥桥体横跨峡谷两岸陡壁，桥拱之上的岩层产状近于水平，在雄伟中给人以平稳之感。雄伟与平稳在这里形成和谐的对立统一。武隆三座天生桥沿谷地的连续分布，能使人多次产生"山重水复疑无路，柳暗花明又一村"的美妙体验。

（5）天生桥的科普性。

对武隆天生桥群的研究及从中得到的科学认识，将成为认识其他天生桥的基础，可以将其作为世界上所有天生桥的标准对照物。它的形成与岩溶水文地质过程及岩溶含水层的演化存在特别密切的相互关系，对其形成机制和演化规律的研究，可能会引领对岩溶含水层性质及演化过程认识的飞跃性发展。它们的规模特别大，总高度达到200多米，对确定地壳上升运动的性质和速率有重大意义。

2.2.2 喀斯特洞穴景观

喀斯特洞穴是喀斯特地貌的地下世界，是可溶岩（主要为碳酸盐岩）因水的运移、溶蚀、侵蚀和重力崩塌作用而形成的。

1. 喀斯特洞穴景观的形成

喀斯特洞穴内玲珑剔透、千姿百态的钟乳石类沉积景观是吸引旅游者游览的主要因素，这些沉积景观自然也就成为学术界研究最多的问题。洞穴景观形成过程包括地表碳酸盐岩的溶解和洞穴次生碳酸钙的沉积作用。表层喀斯特带的溶解作用为洞穴景观的形成提供了大量物质基础。喀斯特洞穴的空间形态千变万化、大小悬殊，大的往往形成广阔的地下厅堂。厅堂状洞穴是溶蚀作用、侵蚀作用和重力作用在空间（不同的水动力带）和时间上（不同的发育阶段）互相叠置的结果。

钙华洞穴是由钙华或钙华与碳酸盐岩共同形成的封闭或半封闭的空间，从成因上可分为沉淀型（建造型）和岩溶型（改造型）两种类型。沉淀型钙华洞穴是钙华瀑布发育过程中的产物，是由于水量的分异和流态的变化造成不同位置上碳酸钙沉积量的差异而出现洞穴空间雏形并经进一步发展而形成的；岩溶型钙华洞穴则是钙华体在溶蚀过程中伴有不同程度的塌陷和再造而形成的。

钟乳石主要是过饱和的碳酸钙水的脱气而形成的，只有当方解石的饱和指数小于0.3时才能够发生沉淀。

卷曲石是毛细水沉积、结晶轴偏转、静电、石管堵塞、石管破裂与水表面张力、气流影响和生物作用等共同作用的结果。

2. 喀斯特旅游洞穴的类型

喀斯特洞穴类型多样，为了更好地开发利用喀斯特洞穴旅游资源，需对其进行科学的分类。由于研究目的不同，分类的角度不同，所以形成了许多不同的分类方案，如表2-3所示。

表2-3 喀斯特旅游洞穴类型划分

划分标准		类型	代表学者
洞穴形成的水动力条件		流带洞穴、地下水位洞穴、潜流带洞穴和深潜流带洞穴	D. C. Ford (1988)
洞穴分布		准平原区洞穴、岩溶山区洞穴	袁道先（1993）
洞穴理论性	形成性质	天然洞穴和人工洞穴	贵旋（2001）
	形成过程	原生（一次）洞穴和次生（二次）洞穴	
	洞穴成因	火山洞穴、侵蚀洞穴、溶蚀洞穴、冰川洞穴	
	洞穴形态	垂直洞穴、倾斜洞穴、水平洞穴	
	洞穴充水程度	充水洞穴（洞穴三分之二以上空间充水）、部分充水洞穴（洞穴三分之二以下空间充水）、干洞、混合洞穴（一段充水，一段干枯）	
洞穴应用性	洞穴区位	广域洞穴、交通沿线洞穴、经济发达区洞穴、景区热线洞穴、分布在大中城市郊区的洞穴	
	洞穴功能	观光类洞穴、科考类洞穴、文化类洞穴、探险类洞穴、娱乐类洞穴、保健类洞穴、避暑类洞穴、组景类洞穴	
	景观特色	区界类洞穴、古悠类洞穴、观赏类洞穴、丰度类洞穴、组合类洞穴、珍稀类洞穴、知名类洞穴	

3. 喀斯特洞穴的价值

（1）历史文化价值。

洞穴是早期人类的居住地，也是人类最早的文化艺术的摇篮。要研究人类的起源和发展，人类文化、艺术的产生和早期的发展，必须研究洞穴。如洞穴化石，主要是古动物和古人类化石，以此可推断洞穴形成的上限或相对年代、当时的地理环境。世界上已发现的主要古人类化石地点大多数是在洞穴内，如北京猿人、山顶洞人。

（2）科研、教育与科普价值。

洞穴系统和洞穴沉积物，这些地质遗迹对地质作用过程、古环境变化的研究具有重要的科学价值。洞穴内岩溶地貌形态、发育层位，河流发育，水道变迁遗迹，有利于大学生野外实习和中小学研学旅行，对提高学生认识岩溶发育的多代性、继承性、辨别自然界异因同形、同因异形等现象具有重要的实用价值。洞穴堆积、生物、气候以及极为丰富的生物化石都具有很高的科学价值,如亚洲第一长洞绥阳双河洞中发现了熊猫化石和一种新的洞穴生物。

(3) 艺术观赏价值。

洞穴堆积物具有极高的艺术观赏价值,主要有化学堆积、流水堆积、生物堆积、崩坍堆积等。这些堆积物雄伟、旷阔、秀丽、险峻、幽深、奇特,汇萃了大自然的形态美、动态美、色彩美和朦胧美。其中尤以化学堆积最引人注目,它姿态多变,琳琅满目,不仅是科学研究的对象,也是欣赏价值极高的艺术品。如织金洞有四十多种堆积物,平均高度为40米左右,最高的达70米,囊括了全世界溶洞堆积物类别的四十多种堆积形态。

(4) 娱乐探险价值。

探洞是从登山运动逐渐发展而来的。日常中的探洞一般可以分为水洞探险和干洞探险。探洞对技术要求比较高,可以说是户外运动中最为刺激惊险的项目之一,是极具挑战性的一项户外运动。探洞的魅力就在于永远不知道下一步会看见什么、会发现什么,能满足人无限的想象和不断探索的欲望。黑暗和丧失方向感是绝大多数人从未体验过的,探洞正是这样一种极具挑战性的心理对抗运动。

(5) 医疗保健价值。

洞穴微气候终年保持恒定,接近于地表年平均温度,无论春夏秋冬,在洞内都感到非常舒适。洞内湿度高,气象活动和缓,有益于人的呼吸;空气清新,无有害气体、飘尘、微生物、污染物等过敏物质含量非常低。洞穴气体具有特殊的物理化学性质,能够加速黏液纤毛清洁作用,增加呼吸量,提高机体系统的免疫功能。此外,洞穴环境宁静,没有外界人为干扰和刺激,有利于提高人的环境心理功能,促进身体康复。所以不少国家建立了"洞穴治疗",目前主要治疗支气管哮喘、风湿和高血压等。现在,国际洞穴学联合会设立了一个专门的"洞穴养生委员会",协调并组织国际间的学术交流、业务咨询和讲学等活动。

(6) 其他利用价值。

洞穴内储有丰富的矿产资源,主要有锡、铝土矿、压电石英、冰洲石、芒硝等。汞、铀、镭等稀有元素也在洞穴内有发现。有的洞穴内还有石油和天然气。

2.2.3 喀斯特峡谷景观

喀斯特峡谷景观常常能集山、水、石、景于一处,惊、奇、险、秀、幽于一身,从而构成了地貌景观旅游的高品位资源。

喀斯特峡谷是一个物质、能量作用的特定地域系统,表现为三种地貌营力过程——下切侵蚀作用、溶蚀作用和崩塌作用(包括塌陷)在特定空间尺度上的耦合。而且在喀斯特峡谷不同发育阶段,三种作用的强度对比会发生变化,并导致不同的峡谷形态。喀斯特峡谷区不仅能形成沿河道造型景观各异的隙谷("一线天")、嶂谷、箱形谷、峡谷及其分布在谷岸两侧的中、小形态,如柱峰、天生桥、悬瀑、半边山、陡崖壁画,还会形成一定长度的伏流、地下河、溶洞,有的伏流又形成地下峡谷。峡谷两侧的溶洞由于常呈层楼状结构,上层是多层水平通道的干洞,并常有旅游价值极高的洞穴钙质沉积形态和溶蚀形态,最下层是通向峡谷的排水暗河水洞,大都常能由峡谷乘船入内观赏又一地下世界。这种在一景区景观地表、地下共存，水景、旱景交融，使旅游景观内涵丰富多彩，也是喀斯特峡谷景观的又一重要特色。例如，世界级风景名胜区山水甲天下的桂林漓江风景区，草坪至兴坪30千米的峡谷段是漓江风景最集中的精彩地段。漓江此段不仅峡谷水清、河道多滩、水流急缓相间，而且状如碧玉簪式峰林、柱峰连绵耸峙两岸，时有山峰其壁如削直逼江中，崖壁上常显黄、白、灰、黑等色，浓淡相间，形成天然崖壁画卷，"九马画山"即其代表。

喀斯特峡谷地貌景观资源型与条件型交错分布、功能互补。由于塑造喀斯特峡谷地貌景观的营力综合过程及强度对比在峡谷不同发育阶段有所不同，特别是在地貌界面处，例如河流裂点带，是地貌作用过程最复杂、物质能量交换传输最强烈的地貌转换地带，因而也最易形成不同尺度地貌景观的聚合。因此，喀斯特峡谷地貌景观资源并不是沿河均匀配置的，一些地段山、水、石、景类型丰富，组合奇特，一些地段（也包括非喀斯特峡谷出露地段）景观则平淡无奇，从而形成峡谷有景的资源型与乏景的条件型地段交错分布。资源型地段构成了喀斯特峡谷景观高品位旅游资源，是成景和开发的主体；而条件型地段则只构成联系的天然通道或登岸码头，或观光旅游过程中赏景高度兴奋后的一段间歇放松休息时段，二者的不同功能可互补。许多喀斯特峡谷形成串珠状长廊式旅游地模式，使游人在景观心理感应上跌宕起伏，追踪览胜，就是由喀斯特峡谷景观资源这种排布规律所决定的。

喀斯特峡谷区景观结构及造型具有惊、奇、险、秀、幽的旅游心理感应吸引力。喀斯特峡谷区不仅有地表景观和地下景观的组配，水景和旱景的相互衬托，而且有侵蚀、溶蚀形态和各种钙质沉积形态构成的不同尺度的宏观与微观地貌景观的集合，使喀斯特峡谷地貌景观具有导致旅游行为上惊、奇、险、秀、幽的高心理感应。桂林漓江风景区自古以来就是人们追求的旅游胜地，而且长盛不衰，近年来每年接待海内外游客达160多万人次，就是因为其景观质量上具有这种高心理感应。

由于喀斯特峡谷地貌景观结构的复杂多样，景观内涵的丰富多彩，以及生态环境的自然纯朴，因而能开展观光旅游、生态旅游、休闲旅游、体育攀登、洞穴探险和漂流等多种功能的活动。景观内容丰富多样，且水、旱景兼有，形成旅游区的黄金地段而成为人们旅游的首选对象。例如桂林阳朔游，漓江峡谷就是"阳朔山水甲桂林"的核心。

2.2.4 喀斯特水体景观

1. 河流景观

喀斯特地区河流上游河谷深而陡，河流落差大，河流下蚀严重，往往出现"一线天"或天生桥的自然奇观。受侵蚀的溶洞水、地下暗河有时会与地表径流汇合，形成河流的源头。喀斯特地区河流易受侵蚀，当形成较大坡降时便有可能形成瀑布。久旱遇雨时，受风化的岩石会坍塌，进而被水冲走，从而带走大量泥沙，造成河流下游淤积，增加水库集沙蓄水的压力。

2. 喀斯特瀑布景观

瀑布是从山壁上或河床突然降落的地方流下的水，远看好像挂着的白布，在地质学上叫跌水，即河水在流经断层、凹陷等地区时垂直地从高空跌落的现象。在河流存在的时段内，瀑布是一种暂时性的特征，它最终会消失。一座典型的或者说发育完善的喀斯特瀑布包括瀑崖、瀑潭、溯源台阶和瀑布石灰华及水帘洞。

喀斯特瀑布成因主要有两种：第一种是在主要河流上因地壳抬升、河流溯源侵蚀所造成的裂点上形成的瀑布；第二种是由于主支流下切速度不协调，或地下河下切落于地表河形成的瀑布。此外还有在洞中形成的瀑布。

3. 喀斯特湖泊景观

湖泊是由湖盆、湖水及水中所含的物质、有机质和生物等组成的，作为风景旅游资源的湖泊以不同的地貌类型为存在背景。喀斯特湖又称"岩溶湖"，在石灰岩地区分布较广，是由喀斯特作用（岩溶作用）所形成的洼地积水而成的湖泊，是侵蚀湖的一种。它可以是由具有溶蚀性的水对可溶岩进行溶蚀作用后形成了洼地积水，也可以是由地下水溶解土壤中的盐类引起塌陷而生成塌陷湖。

岩溶湖分地表岩溶湖和地下岩溶湖两种类型。地表岩溶湖又有长期性湖泊和暂时性湖泊两种。前者形成于岩溶发育晚期，在溶蚀平原上处于经常性稳定水位以下的湖泊，这种湖泊终年积水；后者形成于溶蚀洼地上，由于黏土质淤塞而成的湖泊，或者是岩溶泉水充溢于漏斗凹地中而形成。地下岩溶湖见于较大的溶洞中，这种溶洞主要是处于经常性稳定水位以下的。

湖泊旅游景观开发有综合开发、观光游览开发、休闲度假及康体疗养开发、体育训练及水上运动开发和科普探险开发等模式。

（1）综合开发模式是指充分挖掘湖泊的各类旅游资源，通过旅游规划使之成为集观光、休闲、度假、运动、疗养等功能为一体的旅游目的地。该类开发模式一般要求湖泊水域面积较大，水体自净能力较强，周围地形多样，生态环境良好，且地处经济发达地区，具备近邻客源市场的区位优势，交通进入性良好，附近有较理想的城镇作游客接待的依托。

（2）观光游览开发模式。有些湖泊由于水体及周边环境的生态敏感性等原因，不适宜开发直接侵入水体和环境的参与性旅游项目，但这些湖泊具有较高的风光观赏价值，山水相映、环境优美，或有奇特的自然景观相支撑，或有深厚的历史文化相映称，适合开展观光旅游，如云南洱海、内蒙古乌梁素海、西藏纳木错、长白山天池等。

（3）休闲度假及康体疗养开发模式。在湖的周围气候条件适合，水面开阔、水质优良或附近拥有特殊的有益物质，如温泉、冷泉等，对某些疾病有特殊疗效的湖泊，常常被用于开展休闲度假和各类康体疗养项目。世界上最著名的旅游度假区基本上都在海滨和湖泊区域。例如，日本箱根的芦湖，周围温泉资源丰富，成为休疗胜地；坐落在讷谟尔河畔的五大连池是火山喷发时阻塞形成的堰塞湖，其区域内有世界三大冷泉之一的药泉，具有很高的疗养价值，目前，在湖泊的周边已建成数十家疗养院，成为许多病员寻回健康的福地。

（4）体育训练及水上运动开发模式。当湖泊具有水体自净能力较强、不易受到污染，且水面开阔、深度适合的特点时，能够开展各种水上运动和岸上运动。这时，湖泊的主要旅游功能就是吸引水上运动的爱好者。这一类型的湖泊，既包括自然形成的湖泊，也包括为了蓄水发电、防洪、养殖、水上游乐等而挖掘的人工湖泊。

（5）科普探险开发模式。某些湖泊由于奇特的成因形成了特殊的湖底构造，或有特殊的水生物，或有异常的现象发生，或有特殊的研究价值，对于探险者和科学考察者具有不可抗拒的诱惑力，因而是开展探险考察旅游的难得之地。

2.3 典型喀斯特旅游景观欣赏

2.3.1 世界遗产地、地球绿宝石——荔波

1. 简介

曾被中国《国家地理杂志》评为"中国最美的地方"之一的荔波位于贵州省最南端，其南部与广西接壤。荔波山川秀丽，气候宜人，生态良好，属于中亚热带季风湿润气候区，是地球同纬度喀斯特地貌原生态植被保存最完好的地方，被誉为"地球腰带上的绿宝石"和"全球最美喀斯特"同时，它还拥有"中国南方喀斯特世界自然遗产地"和"国际生物圈保护区"两张世界名片。2007年6月24日，第31届世界遗产大会在新西兰基督城开幕，对由贵州荔波、云南石林、重庆武隆捆绑申报的"中国南方喀斯特"世界自然遗产项目进行表决。2007年6月27日，"中国南方喀斯特"申报世界自然遗产项目在大会上获得全票通过，从此，荔波跻身于世界自然遗产大家庭。

2. 世界遗产委员会评价

"中国南方喀斯特"在喀斯特特征和地貌景观方面的多样性是无与伦比的，代表了世界上湿润热带到亚热带喀斯特景观最壮观的范例，因而具有突出普遍价值。荔波、石林、武隆所展示的喀斯特特征和景观都是全球的参照地。荔波的锥状和塔状喀斯特被认为是世界上同类喀斯特的参照地，形成了特殊而美丽的地貌景观。荔波喀斯特包含了众多高耸的锥峰和深陷漏斗，以及陷落河流和悠长的河流洞穴。

3. 荔波旅游景观特征

荔波喀斯特世界遗产地发育了丰富而完整的锥状喀斯特，其中最典型的是峰丛喀斯特和峰林喀斯特，它们是由两坡对称、平均呈45度角、相对高度为十余米到百余米的锥状石峰组成。在峰丛之间发育了数以千计的洼地和漏斗，多边形的洼地大而浅，底部等齐、平坦、开阔，边沿还有泉点和地下河出口；峰丛之间窄而通畅的谷地长达数百米至数千米，谷底相对平坦，边沿常发育斗淋或落水洞；也有大型、平坦的封闭洼地或盆状地形，即坡立谷，有1 000~2 000米宽，常有孤峰和一条过境河，在谷地的一端于地下流出，而在另一端通过落水洞又流入地下；宽缓开畅、边缘井泉广布的盆地也较为发育；樟江、打帮河塑造了深切的峡谷，谷窄水急，比降大，冲积物不发育，谷坡陡直，深切呈"V"形、箱形甚至裂谷形，周围的洼地因回春发育成深洼。

荔波喀斯特世界遗产地丰富的个体形态在空间上相互组合，形成了典型的峰丛洼地、峰丛谷地、峰丛漏斗、峰丛峡谷等峰丛喀斯特及峰林喀斯特系列组合形态。遗产地内有着丰富而优美的水体景观，如瀑布、湖泊、地表湖、地下湖、河流、地下河、跌水等。其中，河流有大、小七孔和樟江、水春河等干流和支流。喀斯特湖泊体量较小，但因水色和湖泊形态优美，为人喜爱，如鸳鸯湖、卧龙湖等。由于地形落差较大，遗产地内还发育大量的瀑布和跌水，最多的河流上发育多达68级。

荔波喀斯特世界遗产地生物多样性高度丰富，已知有高等植物1 500种，动物物种

1 900多种。列入《世界自然保护联盟濒危物种红色名录》和《中国物种红色名录》的植物种类有121种,动物种类有45种,是中国喀斯特地区国家保护物种和濒危物种最丰富、集中的地区之一,具有极高的保护价值。至今在遗产地发现地方特有物种41种,国家重点保护的植物112种,约占贵州省保护植物总数的43%。

在荔波喀斯特世界遗产地的茂兰自然保护区,从峰顶到洼地广泛分布着几十种兰花。兰花的叶、香味、花瓣、花色、花舌等各不相同,秀丽、高贵、端庄、飘逸的气质在幽谷间展现。在荔波喀斯特世界遗产地不同条件的洞穴内,还繁衍了不同的生物群落。在洞口、洞内生活着丰富、齐全的植物及兽类、鸟类、爬行类、两栖类、鱼类、昆虫和蜘蛛等洞穴生物。为适应无光、恒温、湿度高的洞穴环境,动物无眼(盲目)、无色,不能调节体温,生活步调慢,但嗅觉、触觉器官特别发达,颇为奇特。遗产地优越的地理环境和独特的小生境繁殖了1 200多种昆虫,蝴蝶就是其中的一个类别,目前中国的蝶类有11科,荔波已发现9科。

4. 荔波旅游景观美学

(1) 形式美。

在荔波喀斯特世界遗产地内,数千峰林比肩接踵、气势磅礴,有人将它比喻成"巨大城池的城垛",如森林般的山峰具有磅礴数千里之势。锥峰绵延起伏、层峦叠嶂,勾勒出动感的、极富层次的天际线,众多山峰统一、联系、分隔;符合比例尺度、节奏韵律等"构图美法则";锥峰底部却变化万千,与洼地、谷地、峡谷组成不同的空间,极富层次美感;锥峰的组合形态丰富、多变,基座相连,千沟万壑,加上繁茂的植被,幽静而深远。山腰与山脚发育的洞穴丰富了喀斯特景观层次,神秘、惊奇、极富美感的沉积景观融为一体。

(2) 组合美。

荔波喀斯特世界遗产地发育了完整的峰丛洼地、峰丛谷地、峰丛峡谷、峰林槽谷等形态,在湿热带的喀斯特发育中非常典型,较少受到人类活动的干扰,保存完整。洼地形态为圆筒状、漏斗状或盆状,大小不一,而谷地底部平坦,与周围的峰丛和峰林组合,形成或幽深或开阔的空间,给人丰富的视觉感受。

(3) 层次美。

荔波喀斯特世界遗产地内的喀斯特水体景观在形态、声音、色泽上具有无穷的魅力。丰富的河流、瀑布、湖泊、地下河成因与形态各异。68级瀑布在高度、宽度、形状上不断变换,有如珠帘悬挂的瀑布,也有被岩石分开成多股的分流瀑布,其多变的形态可以让人产生无限遐想。喀斯特水的运动空间在地表和地下不断变换,河水发源于茂密的森林,水流清澈,水质好。春、夏、秋、冬,喀斯特湖泊的颜色从宝蓝、翠蓝、深蓝到蔚蓝不断变化。湖泊的美还在于湖岸对它不遗余力地装饰,曲折的湖岸,岸边的草木、森林,远处的山峰,极富层次美感。

(4) 奇异美。

喀斯特贫瘠的土壤、干旱的地表,让人很难想象在这没有土壤的石山上却生长着茂密的森林。树木的根系穿透岩石,从缝隙中吸取营养,以惊人的毅力获得生命的繁衍,形成了独特的喀斯特石上森林景观:有树根将石盘绕的"树抱石",有树根将石劈开的"树穿石",也有树根经过宽大的岩体表面再深入地下的"石面悬根"。它们形态奇特,别有韵味,不禁让人联想到生命是如此脆弱而又如此顽强,是生之意志的切实反映。喀斯特森林彰显着生命的艰辛、忍耐却又不断向上的意志力,荔波喀斯特世界遗产地是一个极具生命力的喀斯特世界。

5. 荔波典型景观欣赏

(1) 卧龙潭与鸳鸯湖。

卧龙潭原名翁龙潭,是喀斯特暗河——卧龙河的出口处。从地表看,它只是卧龙河的源头,近年又从这里筑坝引水发电后流入响水河,成了两河的总水源。暗河从崖底涌出,潭面上不见踪影,只有坝上雪崩似的滚水瀑布,潭外流不息的渠水,才感到卧龙河在潭底翻动,潭边怪石奇树林立,古木森森,潭外水声轰鸣,雾雨蒙蒙,四周高山紧锁,犹如地底深渊,即便是发洪水时,潭面也犹如镜子般平静。在秋季的时候,卧龙潭水湛蓝清澈,岸上的江枫叶、绿树、竹林倒映湖中,色彩斑斓绚丽,可与九寨沟"七彩湖"媲美。

鸳鸯湖学名喀斯特潭。喀斯特森林的绿树清流,在这里倾注出一大一小两个湖泊,静静地躺在森林的怀抱中。这两个湖泊最深处达 80 米。在喀斯特地貌中,最缺乏的是水和土,这里能够储水形成湖泊,本身就是一个奇迹。所以,荔波人不叫它潭,而叫"湖"。登舟入湖,摇桨漫游美丽湖泊中,细心人会发现湖水的颜色浓淡不一,竟有赤、橙、黄、绿、青、蓝、紫七种颜色。环视湖边,葱苍的树林都向湖中披拂倾斜,相偎相依的鸳鸯树,多彩的色调映入水中,经过湖水的吸收、反射和折射,就呈现出不同的色彩浮现在水面上,如同一幅印象派作品。初春时节,春来湖水绿如蓝,湖色与春光争辉,绿水与青天斗碧,偶尔有几对鸳鸯游过,在湖面上留下双双倩影,更是一派清丽明朗。到了夏天,湖水在阳光的照射下,泛起层层涟漪,仿佛千万条金色的鱼儿在跳动。入秋以后,秋水伊人,秋色连波,波上烟寒色翠。隆冬季节,由于地下水水温转高,出露地表后在水面上形成一片薄雪,隐隐约约、似动不动,给人一种宁静、朦胧、飘逸的美感。

(2) 天钟洞。

天钟洞因洞内有一个非常逼真的天钟而得名,这个天钟是倒扣于地的。洞口的天钟就是按照洞内的天钟复制的。洞穴长 828.5 米,深 38.2 米,最宽处 38.6 米,最窄处仅 1.3 米,最高处 53.4 米,最低处 1.5 米。整个洞体海拔在 762~800 米之间。洞穴横剖面大部分洞道呈三角形,洞底覆盖有碳酸钙沉积和泥沙沉积物。碳酸钙沉积形态有石钟乳、石笋、石柱、石盾、穴珠、流石等。天钟洞发育于石炭系中上统(距今约 3 亿年)的灰岩和白云岩中。洞穴最初形成于新近纪(距今 23.3 百万年),早期为地下河下游通道,洞道内处于充水状态;中期由于构造抬升,河流下切,洞穴成为鸳鸯湖坡立谷的地下河通道,转为半充水状态;晚期随着构造的进一步抬升,河流继续下切,地下水转入下层而成为旱洞。荔波地处喀斯特山区,溶洞很多,可以说是乡乡有洞、村村有洞、寨寨有洞。

(3) 石上森林。

在水上森林的下游,河流再度流入地下河道,由于地表岩石与植被覆盖相同,只是没有流水的冲刷,岩石表现的棱角分明,岩石表面也覆盖了一层风化沉积物。石上森林的树木长在岩石缝隙中,一方面,树木穿过岩石,根基产生化学物质,插进石头;另一方面,正是植物的根劈作用,即生长在岩石裂隙中的植物,随着根系不断地长大,对裂隙壁产生挤压,使岩石裂隙扩大,从而引起岩石破坏。

(4) 水上森林。

水上森林亦名瑶池，长约 600 米，分上下两段。河谷里丛生着茂密的乔木和灌木，形成一道翡翠屏障，当地群众称之为"合欢树"，学名叫"溪畔冬青"。清澈的河水从河床的杂木林中穿涌而下，年复一年、日复一日地冲刷，河床已没有了一粒泥沙，连磐石也被激流磨光了棱角而变得"圆滑"起来，但树木却像多情的汉子，死死扎根在河床妻子的怀抱里，纹丝不动。美丽的爱情之树四季常青，这种"水在石上淌，树在水中长"的奇景，人见人叹。水上森林中，石上盘根错节，枝间古藤缠绕，游人手攀拽藤、足踏盘根，沿河穿行，踩瀑践浪，有惊无险而趣味无穷。

(5) 飞云瀑布。

飞云瀑布高近 40 米，宽 20 余米。驻足仰视，水量大时，眼前浪花飞舞，脚下龙潭生烟，洪波怒号；水量小时，银练凌空，高山流水，心旷神怡。到此游览能体验旅游点的风情万种，感受大自然的鬼斧神工，倍感人生美好，生命充满激情。

(6) 拉雅瀑布。

拉雅瀑布出露于半山腰，跌入拉雅湖。拉雅瀑布是由于受地表变化的影响造成地下暗河突然中断并出露于半山腰，垂直或近乎垂直地倾泻而下，从而形成的。拉雅瀑布形成的另一个重要因素是当地植被茂盛、覆盖率好，保水性能好，使得河流水丰富。"盘空舞雪飞泉落，扑面银花细雨来。"大自然的造化是如此的神奇，横空出世的拉雅瀑布含笑迎接远方来客。正常水量的时候，她虽然没有雷霆万钧、声闻十里般的恢宏，却是如此的晶莹剔透，如此亲切可人，一伸手就能触摸到她沁人心脾的清凉。她仿佛一个在森林中穿行千万年的精灵，着意要为游客洗去尘世的喧嚣与浮华，让游客的心灵归于宁静与安详。拉雅瀑布宽 10 米，落差 30 米，逼近仰视，但见瀑首悬蓝天，旁缀白云，几疑天河自空而降。水量较大的时候，瀑势如山倒，吼声状雷，颇为壮观。瀑布腾空喷泻，横向坠落，同响水河纵向错落的 68 级跌水瀑布构成一幅绝妙的立体交叉瀑布群景观。瀑在路侧，人在瀑下，倍觉酣畅和亲切。瀑布溅喷的水雾飘飘洒洒，纷纷扬扬，给游客以扑面凉爽和美的享受，可一洗征尘的暑热和劳乏，顿觉轻松和振奋。

(7) 68 级跌水瀑布。

跌水瀑布，是指河流或溪水经过河床纵断面的显著陡坡或悬崖处时，成垂直或近乎垂直地倾泻而下的水流，在地质学上，是由断层或凹陷等地表变化造成河流的突然中断。另外，流水对岩石的侵蚀和溶蚀也可以造成很大的地势差，从而形成瀑布。68 级跌水瀑布位于涵碧潭上游长 1.6 千米的狭窄山谷里，流经山谷狭窄而陡峭，因此河床高低不一，从而形成了大小不同的跌水，68 级跌水瀑布由 68 级跌水组成而得名。68 级跌水瀑布的形成是由于地壳抬升，形成断层。地壳不是一直都处于抬升状态，而是抬升一段时间后就停息一段时间，过一段时间后地壳运动又使其抬升，经过这样反反复复的过程，最后就形成了现在这样的景象。专家考证，如此众多而密集的瀑布、跌水，实属全国罕见。

(8) 小七孔桥。

小七孔桥位于景区之首，景区之名由桥而得。这是一座小巧玲珑的七孔古石桥，桥长 25 米，桥面宽 4 米，拱高 4 米，建于清道光十五年（1835），昔日为沟通荔波至广西的重要桥梁。桥由麻石条砌成，桥身爬满藤蔓和蕨类，古色古香的桥下是绿得令人心醉的涵碧潭。

两岸古木参天,巨大的虬枝沿着桥伸臂,宛如巨伞撑在桥上。这座漂亮的古石桥有四个美丽的神话故事。其中一个故事说,远古时候有一个名叫阿吉的瑶族小伙子,他的右手只有一个指头,但是这个独指却有神奇的威力,能把坚硬如钢的岩石戳成烂泥一般绵软,更神奇的是,过上一夜,岩石又能恢复其坚硬本性。阿吉的寨子有七位天仙一般美丽的姑娘。阿吉和七位姑娘看见乡亲们为涵碧潭所阻,不能到对岸去赶场和耕种,便决心在涵碧潭上合力修建一座石桥。他们来到板崤山下,阿吉用独指把石头戳软,姑娘们便用变软的石头捏砌成桥,一个姑娘负责砌一孔,七七四十九天后,终于捏砌成了一座七孔石桥。因五里之外另有一座大七孔石桥,本桥遂名小七孔桥。又因这座桥是由七位姑娘捏砌成的,所以它还有一个别称叫"七姑桥"。此桥看似单薄,但几百年来它经过多次洪水冲击却泰然屹立,迄今完好无损,可见其建筑工艺的精妙。在桥的东岸立有一块"万古奥桥"碑,有一副对联为"群山岩浪千千岁,响水河桥万万年"。

2.3.2 世界地质公园——云南石林

1. 简介

云南石林世界地质公园位于中国云南省路南彝族自治县境内,海拔1 700~2 300米,面积35 000公顷,分别由大小石林、乃古石林、芝云洞、长湖、月湖、大叠水、奇风洞等景区组成。石林地区属亚热带低纬度高原山地季风气候,四季如春,干湿分明。

2. 世界遗产委员会评价

"石林是世界上同类喀斯特中最美的自然景物,是同类喀斯特的世界范例;石林的剑状喀斯特形态多于世界任何有剑状喀斯特的地区,具有不同天气和光照条件下令人着迷的色彩。石林地区出露的石林喀斯特主要发育阶段跨越二叠纪到现在的亿年,保存和展示了各个发育演化阶段的主要特征。"

3. 云南石林旅游景观组成

石林景观是以剑状喀斯特景观为主,辅以植被景观、水体景观、气象景观、人文景观而构成的综合景观。

(1)喀斯特景观。

喀斯特景观是大小石林景区的主体景观,主要分布在景区中部,深灰色区域为剑状喀斯特发育最为典型的密林区,是整个景区的精华区域,淡灰色是疏林区,石峰石柱散落在花草林木之间。

大小石林景区出露的岩石主要是形成于2.7亿年前的石灰岩(二叠系茅口组)。在岩性上,这些石灰岩又主要是厚层状纯灰岩和生物碎屑灰岩。这些石灰岩形成后,经历了漫长而复杂的地质演化,在有利的地质、水文、气候、生物等条件下,石灰岩经过水的土下溶蚀,形成了大小不同、形态各异的石峰石柱,在石峰石柱出露地表后经过水和藻类等生物的溶蚀和侵蚀,形成了丰富的溶痕、溶窝、溶蚀凹槽等表面形态,并使石峰石柱呈现出白色变为灰白为主的色彩特征。

(2)植被景观。

植被是大小石林景区重要的景观构成要素,石林景区的原生植被在历史上由于砍伐等原因大部分已消失，目前大小石林景区的植被主要是20世纪50年代以来自然恢复的次生林和人工种植形成的人工林草地及灌丛。人工林主要分布在大石林景区的狮子亭北侧、石林胜景西侧、松树亭四周，以及小石林景区的北部、西部和南部边缘；人工草地和灌丛主要分布在环林路四周以及小石林景区中部和东部；次生林主要分布在大石林景区人工草地和灌丛的内侧。不同类型的植被成为石林景观不可或缺的自然要素。乔木、灌木、藤本植物、草本植物、地衣均有发育，景区内共有亚热带、暖温带科级区系成分。不同种类的植物以其丰富的形态和色彩装点着石林，石景与植被相辅相成，形成了独特的石林综合景观。

(3) 水体景观。

大小石林景区出露的水体主要是溶蚀湖和暗河露头，面积较大的主要有剑峰池、狮子池、莲花池、玉鸟池、幽池等。此外，景区内的水体在空间上呈串珠状排列。湖池等水体的存在不仅增添了石林景观的秀美和灵动，而且形成了山水组合的景观特征，符合山水风光的审美理念。

(4) 气象景观。

气象景观是石林景观的重要组成部分，它对石林景观的影响表现在春夏秋冬季节变化和阴晴雨雪天气变化，为石林提供了不同的自然背景。同时，气象变化也影响着植被的色彩。

(5) 人文景观。

大小石林景区的人文景观主要包括摩崖石刻和景亭，其中，摩崖石刻有30余处，集中分布于大石林景区中部；景亭有望峰亭、狮子亭、松树亭、莲花亭、馨香亭五处，散落分布在景区的不同地点。大小石林景区的摩崖石刻大都形成于20世纪三四十年代，内容或写景或寓意，其中，1931年龙云题写的"石林"二字被刻于石林胜景的一座高大石柱上，已成为石林景区标志性的景点。景亭造型上均为中式角亭，主要用于观景、休憩和景观点缀。总体而言，景区中的景亭设置符合自然景观中人文景观"点缀得宜，不掩其胜"的原则，与景观协调。

4. 云南石林景观价值

(1) 科学价值。

复杂的岩溶形态，包括石林、溶丘洼地、石芽原野、夷平面、溶蚀湖、峰丛洼地、洞穴与洞穴沉积物、暗河伏流和天生桥、侵蚀丘陵以及构造侵蚀中低山。石林是中国西南地区地质地貌演化的标准景观，其发育演化机理代表了自早二叠纪晚期以来，中国滇东喀斯特高原地貌中的特殊发育与保存类型，在大域地貌演化机制研究中有不可替代的作用。与中国（湖南洛塔、四川兴文等）和世界其他剑状石林岩溶比较，其形态复杂、类型多样，发育历史久远，经历了多样的古环境，保存与发育机制较独特，得到了国内外学者和普通民众的关注和热爱。

(2) 生态价值。

石林地区包括土壤、石山、湖泊三种自然植被生态系统，具有良好的多样性，顶级植被为半湿润常绿阔叶林和常绿落叶阔叶混交林，既有区域上的植物种属，又有自身独特的植物种属。动物种类也非常丰富，有二级保护动物的兽类种、鸟类种，是云南优良的羊品种——云南奶山羊的生产基地。公园能有效将地质遗迹保护利用与水源林、地带性植被、乡土物种的保护与恢复重建相结合，在区域生态环境恢复与生态重建上发挥着重要作用。石林地区煤储量巨大,煤质好,硫、磷含量低,并且有铜、铁、铅、锌、磷、石灰石、石英砂、大理石等矿产分布,石灰石储量在亿吨以上,是石林世界地质公园旅游资源的主体。

(3) 文化价值。

撒尼人传颂的《阿诗玛》长诗记载了阿诗玛为追求自由,与阿黑哥一同用智慧和勇气与邪恶势力顽强斗争的故事。阿诗玛是勤劳善良、能歌善舞、不畏强权、崇尚自由的撒尼精神的化身,是石林文化的凝结。现在,阿诗玛与阿黑哥已分别成为彝族女子和男子的代称,阿诗玛石峰亦成为石林世界地质公园最有代表性的景观之一。大石林外的李子箐石林的一座石峰上,保留有不同历史时期的崖画。崖画相互重叠,有近1 700年的历史,内容有人头图、杂耍图、祭祀图、舞蹈图、佩剑人图、持棍人图、女阴图、狩猎图、战争图等,是石林彝族历史的见证。

(4) 经济价值。

石林世界地质公园高品位的旅游资源吸引了大批前来观光、度假的国内外旅游者,公园开园以来累计接待游客超过2.8亿人次。紧接着,石林世界地质公园的五棵树是参与旅游开发程度较高的乡村旅游社区,已改制为属于石林管理局的石林农工贸总公司,农户参与旅游的方式有导游、环境卫生、出租服装、照相、旅游产品商店、绿化、餐饮、客运、民族工艺品制作、宾馆服务等。同时,促进了公园内开展利用公园资源的科学研究,通过对物种的人工驯养、繁殖,以及对生物、医学等高科技产品的改良和创新等方式,以达到改变现有的生活生产方式,并带来正面的经济效应的目的。石林世界地质公园主要的功能是保护地质遗迹,其良好的自然、生态条件也为人们提供了动植物产品。石灰石和大理石是石林地区主要的矿产资源,储量大、品位较高,是良好的建筑、工艺装饰材料。河谷区还分布有石英砂,也是重要的建筑材料。

5. 云南石林典型旅游景观欣赏

(1) 大石林。

大石林面积约8平方千米,为主要游览区。在石林入口处有石林湖,湖中一尊石峰突出水面,故称"出水观音"。在石门右侧石峰上镌刻着"石林"两个隶书大字,与拔地而起的石柱、石峰交相辉映,引人入胜。游人至此,美景目不暇接,那差错密布的灰褐色怪石奇峰平地拔起,冲入云霄,许多石峰恰似各种动物,形象逼真,栩栩如生。

(2) 小石林。

小石林与大石林紧密相连而又自成格局。在小石林景区有两个圆形碧池,一个是幽池,柳树丛中有一组石峰被称为"幽池恋人";另一个是玉鸟池,池旁有一座石峰,当地人民亲切地称之为"阿诗玛"。

(3) 月湖。

月湖位于石林东北侧的跃宝山村,距石林12千米,石林县城至西街口镇的公路从湖的北边通过。月湖海拔1 906米,宽1 500米,平均深度18米,水面4 500亩(1亩=666.67平方米),是路南石林高原断陷湖中最大的一个湖泊。月湖呈新月形,水面宽广又不太深,因而盛产鱼,在月湖垂钓一般都收获颇丰。湖岸的石岩里藏有许多珊瑚、螺蛳、蛤蜊等海生化石。月湖的南岸是石灰岩质的石山,刚露土的石芽石笋让人叹为奇观;北岸是绿色的草坪。

(4) 长湖。

长湖位于石林县城东南,距大石林 18 千米。长湖是东西向狭长的天然溶蚀湖,由地下水汇集而成,湖中生长有云南喀斯特高原特有的水生植物——路南海菜花。长湖也是美丽的彝族少女阿诗玛梳妆和洗麻的地方,电影《阿诗玛》便在这里拍摄。长湖湖水由地下水供给,周长 5 千米,宽 300 米,平均深度 24 米,无污染,四面青山环抱,植被覆盖率达 95%以上,湖中有小岛,湖岸是以云南松为主的森林,地势平缓,分为众多小湖。

(5) 蓑衣山—文笔山。

蓑衣山—文笔山石林位于石林公园南部。文笔山是公园内最高的山峰,海拔 2 200 米,山上林木茂密。这里石林或分布于岭脊,或掩映于密林,反映了典型的山地石林地貌和石林生态环境。蓑衣山石林是石林公园内唯一由泥盆纪灰岩形成的石林,由于层理发育,因此石峰和石柱的分层性极好。另外,由于主要受北西方向的节理分割,这里还多发育脊状石芽、溶沟和石墙。

(6) 大叠水。

大叠水瀑布被誉为"珠江第一瀑",距石林县城 23 千米。瀑布高 87.8 米,最宽可达 60 米,洪水季节每秒流量 140 立方米。巴江是石林地区的主干河流,在盆地蜿蜒流淌约 30 千米并穿越一段峡谷后,在这里冲下悬崖,形成壮观的瀑布。大叠水瀑布在地质上属地貌裂点,即一条东西向的断裂从这里通过,使北面相对抬升,南面相对下降,形成悬崖,阻止了下游河流的溯源侵蚀,从而使路南盆地的水文格局和石林地貌得以保持。

(7) 黑松岩(乃古石林)。

黑松岩位于石林景区以北 8 千米处,最早叫石门,因俯视时像一片苍翠的松林而得名"黑松岩",又因"黑"在当地彝语中称"乃古",所以又叫乃古石林。

黑松岩景区面积约 10 平方千米,高等级公路由石林直通黑松岩东区,距石林火车站约 5 千米。黑松岩的石林大多呈城堡状、塔状、蘑菇状,除了与石林景区相似的刃脊状与剑状石柱外,还有很多的尖顶状石柱。在上端它们彼此分离,根基部却都连在一起,组成石墙、石城和石阵。景区由石林景观、白云湖、白云洞、石峰山、幽谷仙瀑组成,一般分布在东、西、北三个区域;铺设的石板游路总长约 6 千米,贯穿西区和东区。

2.3.3 黄果树瀑布群

1. 简介

黄果树瀑布群,是以著名的黄果树瀑布为中心的一个瀑布群体,由姿态各异的十几个地面瀑布和地下瀑布组成,集中分布在 450 平方千米区域内的贵州北盘江支流打邦河、白水河、灞陵河和工二河上。黄果树瀑布群形成于典型的亚热带岩溶地区,统称"岩溶瀑布"。科学工作者经过考察把它们分为两种类型,即经黄果树瀑布为代表的河流袭夺型瀑布,以及经关脚峡瀑布为代表的断裂切割型瀑布。黄果树瀑布群被称为"岩溶瀑布博物馆"。以黄果树瀑布为中心,采用全球卫星定位系统等科学手段,测得黄果树瀑布的实际高度为 77.8 米,其中主瀑高 67 米;瀑布宽 101 米,其中主瀑顶宽 83.3 米。

2. 黄果树瀑布群景观分区

黄果树瀑布群按地理位置和河流体系可划分为五个片区,即黄果树中心区、灞陵河区、天星景区、关脚峡区和龙潭暗湖区。

(1) 黄果树中心区。

以黄果树瀑布为主体,包括陡坡塘、螺丝滩等瀑布,位于镇宁、关岭两自治县交界处的白水河上。瀑布河水的流量,小时只有几个流量,最大时达到1 000多个流量。水大时,瀑布溅珠飞洒到100余米远的黄果树街上,150米外能听到雷鸣般的响声。水小时河水仍然分成四支,铺展在整个岩壁上,不失其阔而大的气势。瀑布后有一长达143米的水帘洞拦腰横穿瀑布而过,由六个洞窗、五个洞厅、三股洞泉和六个通道组成,从水帘洞内观看瀑布,令人惊心动魄。这样壮观的瀑布下的水帘洞,在世界各地瀑布中也是很罕见的。

(2) 灞陵河区。

灞陵河上的关索岭大山深处,有一组兼高、大、多、美、奇诸特点的瀑布,叫滴水滩多层瀑布,位于黄果树瀑布以西8千米,关岭自治县城北5千米。上半段属大桥乡鸡窝田,下半段属白水乡蛮寨。高度达410米,为黄果树瀑布的6倍,其中冲坑瀑布高140米。

(3) 天星景区。

天星景区是黄果树风景名胜区新开发的一个富有特色的景区,位于黄果树瀑布下游6千米,包括天然盆景区、天星洞景区和水上石林区。

天然盆景区也就是天星景区较大的一片天生桥上石林。这里有大大小小的水盆和漫水坝,以及一个个大大小小的天然山石、水石盆景。弯弯曲曲的石板小道穿行于石壁、石壕、石缝中,透迤于盆景边石之上。沿小道游览,抬头是景,低头是景,前后左右处处皆成景,仿佛到了天上的仙境、地下的迷宫。其著名的景观有:数生步、响水洞、天水一线、空灵、仙鹰回巢、八面景、天星照影、长青峡、歪梳石、寻根岩、鸳鸯藤、美女榕、天星湖等。

在天星景区中段,主要景观天星洞位于冒水潭旁的河岸上。洞内形成若干大厅和侧厅,各厅自有特色。最大一厅高50米,直径150米,面积约1.8万平方米。在五光十色、变幻无穷的奇峰异石之中,四根雕花大柱直抵天穹,每根石柱高度都在20米以上,柱上石花丛生,如雕龙刻凤,色泽艳丽。洞中的许多奇景是在别的溶洞中无法看到的。其他主要景观还有:天星亭、天星桥、"一线天"、冒水潭、回望石等。

水上石林区在天星景区的下段,沿天星洞景区往下走1千米的石板石梯小路即可到达。小路沿河而建,有栈道和跌水可欣赏。小路两旁假苹婆树很多,所以叫苹婆小道,也有许多天然的榕树盆景,盆景边有石条、石凳供游人休息。石林间也长着大片的仙人掌和小灌木丛以及各种花草,终年点缀着绿荫。所谓"石上流水,水上有石,石上又长树",若不是亲眼所见,是难以置信的。主要景观有:藤条奇观、"三树一身"、群榕聚会、根王、天星桥石芽林、水上石林等。其中一处景观是游客必到之处,那就是美女榕。美女榕乃一棵榕树的分枝缠绕而成,乍一看,就像一个倒立着的裸女刚刚出浴,为了躲避游人的目光,害羞地用手遮住脸,不让别人看到她的真面目。

(4) 关脚峡区。

关脚峡区在黄果树下游打邦河上,与黄果树瀑布相距40余千米,山势在此陡然升高,峭壁对出,直插云霄,地势强烈深切700余米,河水骤然跌落,形成总落差达120米的三级瀑布。打邦河将白水河、王二河、灞陵河、断桥河等纳入关脚峡瀑布,使其成为黄果树瀑布群中水量最大的瀑布。

(5) 龙潭暗湖区。

龙潭暗湖区（安顺龙宫）的龙门飞瀑，高34米，声如雷鸣，气势磅礴，堪称地下瀑布之冠。它和龙宫的天池、暗湖三位一体，组成龙宫的绝好景观。

3. 黄果树瀑布群地学美学特征

瀑布景观的美学价值在于其本身的造型及组合形态，以及四周的山川草木、文化古迹等。观赏一个瀑布，或为之水落深潭、飞花碎玉、奔腾翻涌之壮观而魂魄激荡，或为之周围绿草如茵、林木葱茏、泉水清冽之秀色而留恋迷醉，或为之白练千丈、从天飞落、气象万千之奇景而心驰神往。

(1) 幽秀。

以幽深秀丽论，黄果树瀑布群中，以银练坠潭瀑布最为出色。其四周树木茂盛，绿草成茵，水流清澈，景色秀丽。其次为黄果树瀑布和绿湄潭瀑布。黄果树瀑布下边，树竹花草，较为茂密；绿湄潭瀑布位于蜘蛛洞瀑布下游，四周野草丛生，高且繁茂，瀑下有黄葛树数棵，为瀑布增添秀色。

(2) 奇特。

以奇特论，黄果树瀑布和银练坠潭瀑布居首。奇特之处，各有千秋。居于第二的是蜘蛛洞瀑布，其瀑布从巨大崖壁中央的溶洞突然冲出，声吼如雷，景象奇特。

2.3.4 广西乐业大石围天坑群国家地质公园

1. 简介

广西乐业大石围天坑群国家地质公园是我国唯一的以天坑群为主体的国家地质公园，主要地质遗迹景观为岩溶天坑、溶洞、地下暗河、岩溶峡谷、天生桥、岩溶夷平面、古生物化石、重要地层剖面及珍稀动植物。乐业大石围天坑群国家地质公园集宏伟壮观的坑体、雄险的悬崖峭壁、珍稀的动植物、幽深旷远的洞穴和地下暗河等旅游景观于一体，包含了自然景观所具有的雄、奇、险、秀、幽、旷、野七种审美风格类型，美学欣赏价值突出，是一种观赏价值极高的复合型旅游地。

2. 天坑群地学景观特征

乐业大石围垂直深度、容积、口部面积均居世界第二位，底部森林面积9.6万平方米，居世界第一；四壁垂直奇险，集大型岩溶漏斗、独特奇绝的溶洞、原始森林与珍贵动植物及冷热交汇的地下暗河于一体。从西峰看，大石围雄伟挺拔；从东峰看，可感受峰丛的旷远、天坑绝壁的深邃；从马蜂洞和中洞看，大石围底部绿树被覆、暗河大窗入目，热河水云雾升腾，瑰丽壮观，气象万千。可见大石围丰姿独特，不愧有"天然绝壁地宫""世界岩溶圣地""地下原始森林公园"之美誉。

以大石围为中心，东西长15千米、南北宽4千米、面积约60平方千米的峰丛山区集中分布有白洞、神木、穿洞、苏家坑、邓家坨等17个天坑，按照宽度和深度超过200米为世界级（或超级）规模天坑的标准，大石围天坑群中有6个入围世界级规模，形成世界特级的、独一无二的巨大天坑群。在整个天坑群中，大石围以其深、峭、险、奇而最具震撼力。

白洞天坑周边森林茂密，深度适中，边壁陡直，适宜开展攀岩之类的活动，且有地下河与相距约500米的冒气洞相连。冒气洞大厅面积3.06万平方米，距洞口垂直高度260米。在冒气洞底部，听地下河的滔滔不息，观阳光透射洞口的绚丽，仰视洞口的高远及天坑形成的雏形。若适逢相宜天气，可欣赏壮观的"冒气"景象：晴天洞口吹出冽冽凉风，阴雨天则浓厚白岚滚腾。此等景色的壮观与神秘，使白洞—冒气洞独具旅游特色。穿洞天坑呈多边形展布，顶峰树木众多，造型奇特，且可通过穿洞进入天坑的近底部，使游人亲自感受底部森林的幽静与顶部的开阔。大曹天坑离县城最近，周边河卵石堆积，约2万平方米千姿百态的石芽，以及坑底埋藏的地下建筑与旖旎秀丽的泥林景观，颇有观赏价值。

天坑群周边展布有30多个溶洞，以多层性、方向性为特征。其中，马峰洞、中洞、新路上洞及瓦厂田边洞与大石围相距不超过1千米，可谓是大石围的"配洞"而与之构成一个整体。罗妹洞内莲花盆造型奇特，数量超过200个，最大的直径超过9米，且与石钟乳珠联璧合其数量之多，个体之大，形态之多样，居国内外之首。大曹溶洞中段发现的巨大厅堂，底部面积5万平方米，高约200米，与上述的冒气洞大厅，在我国目前已经探测的洞穴大厅中分属第一、第二位，在世界分属第二、第三位，同时也是尚未塌到地面的隐形天坑。这两处巨型地下大厅均与现代地下河连接。其他各洞景致亦各具风采，且多与相邻天坑或溶洞相连，从而构成相邻区域内规模、数量均极为罕见的天坑溶洞群。这一巨大的天坑溶洞群同时与秀丽、奇异的布柳河及其上的岩溶天桥、百朗大峡谷、古建筑、古朴的造纸作坊以及淳厚的壮族民俗风情等相配套，使整个区域具有更高的旅游价值。

思考题

1. 举例说明喀斯特旅游景观的类型与特点。
2. 简述西南地区喀斯特旅游发展的优势与不足。
3. 分析黄果树瀑布旅游景观的成因。
4. 简述广西乐业天坑的地学旅游价值。

推荐阅读书目

[1] 陈安泽. 中国喀斯特石林景观研究 [M]. 北京：科学出版社，2011.
[2] 黄楚兴，杨世瑜. 岩溶旅游地质 [M]. 北京：冶金工业出版社，2008.
[3] 何宇彬. 中国喀斯特水研究 [M]. 上海：同济大学出版社，1997.
[4] 卢耀如. 岩溶：奇峰异洞的世界 [M]. 北京：清华大学出版社，2000.
[5] 孙克勤. 世界文化与自然遗产概论 [M]. 武汉：中国地质大学出版社，2016.
[6] 宋林华. 喀斯特与洞穴风景旅游资源研究 [M]. 北京：地震出版社，1994.
[7] 覃建雄. 地质公园与可持续发展 [M]. 成都：四川科学技术出版社，2006.
[8] 朱学稳. 桂林岩溶 [M]. 上海：上海科学技术出版社，1988.

第 3 章

丹霞地貌旅游景观欣赏

本章概要

本章首先对丹霞地貌的定义、分布、发育与演化阶段进行阐述；其次介绍丹霞地貌旅游的形态分类、景观特征和空间美学；最后选择了世界自然遗产中国丹霞（贵州赤水、福建泰宁、湖南崀山、广东丹霞山、江西龙虎山以及浙江江郎山）和张掖丹霞进行了典型景观的欣赏。

关键性词语

丹霞地貌、丹霞地貌旅游景观、景观特征、景观美学、中国丹霞、张掖丹霞。

3.1 丹霞地貌概述

3.1.1 丹霞地貌的定义

1938年，陈国达首次提出地貌名词"丹霞地形"。此后，学术界对丹霞地貌的定义存在众多看法，不同学者都从自身学科出发试图给丹霞地貌定义，导致了丹霞地貌这一概念应用上的混乱。1961年，中山大学黄进教授首次提出"丹霞地貌"这一定义。随后，相近的定义不断涌现，主要在丹霞地貌的物质成分、颜色、景观形态、内外地质营力条件等方面界定了丹霞地貌的概念。丹霞地貌一词的内涵应包含丹崖、石峰、石墙、额状洞、天生桥等基本形态，是红色砂砾岩经长期风化剥蚀和流水侵蚀形成的孤立的山峰和陡峭的奇岩怪石，是巨厚的红色砂岩、砂砾岩、砾岩垂直节理发育的各种丹霞奇峰的总称，主要发育于侏罗纪至第三纪的水平或倾角较缓的红色地层中，红层形成的年代不早于中生代，以白垩纪最多，形成丹霞地貌最老的红层为三叠系。20 世纪末，"由红色陆相碎屑岩发育而成的以赤壁丹崖为特征的地貌"的定义具有代表性，被广泛认可。

3.1.2 丹霞地貌的分布

世界上丹霞地貌主要分布在中国、美国西部、中欧和澳大利亚等地，而以我国分布最广，类型最齐全，以广东的丹霞山最为典型。

中国丹霞地貌主要分布在中生代红色盆地的边缘地区。因为盆地边缘的大量冲洪积物多成为较坚硬的红色砾岩或砂砾岩，经抬升、侵蚀后常形成丹霞地貌。而盆地中心的砂砾岩，因不够坚硬，故不能形成丹霞地貌。如广东南雄盆地北缘的四脚寨、弹棉寨、红山、苍石寨、杨历岩、西坑寨，南缘的莲塘寨、崖婆山等都分布在盆地边缘。江西信江盆地南缘的龙虎山、挂榜山、圭峰，北缘的月岩山、横峰东侧等丹霞地貌也都分布在盆地边缘。最明显的是四川盆地西北缘的剑门山、吊水岩、马耳山、金子山、窦固山、鹰咀岩、岩山、青城山、峡口山、多功峡，南缘的宜宾北面丹霞地貌、丹岩山（叙永）、四洞沟、华坪沟、十丈洞、金沙沟、长嵌沟、习水峡（主要在赤水市）、四面山（江津）、七跃山（石柱），北缘旺苍、巴中、南江、通江等地的丹霞地貌，都按上述规律分布在盆地边缘地带。但也有一些较小的红盆地或原盆地四周的山地较高，水流带来的粗颗粒物质一直可以沉积到盆地中部，使整个盆地形成较坚硬的砾岩或砂砾岩，这样，整个盆地都有可能形成丹霞地貌，如广东丹霞山、福建桃源洞等。干旱区、半干旱区、半湿润区及湿润区都有丹霞地貌分布。不同气候带的外力作用组合不同及地表组成物质不同（如半干旱区的黄土、湿热区的红土），使丹霞地貌的微地貌有所不同，这是丹霞地貌的气候地貌问题。

欧阳杰、黄进利用 Google Earth 4 软件研究后得出：中国丹霞地貌主要集中分布在浙江中西部—闽、赣交界—粤北，四川中—东部，青海东部—甘肃；其他各省区如山西、湖南、贵州、云南和广西的丹霞地貌分布分散；而东北、华北各省区以及内蒙古、新疆、西藏等地的丹霞地貌数量较少。从丹霞地貌分布与地形的关系来看，也有三个密集区域：一是沿着我国地势第一和第二阶梯分界线的东北部—东南部—四川盆地西部一带；二是东北—西南走向的武夷山和东西走向的南岭；三是沿着我国地势第二和第三阶梯分界线的南段，太行山—巫山—雪峰山一带。以上三个区域是丹霞地貌发育的密集区域，而在广袤的青藏高原、新疆内陆盆地、内蒙古高原以及东北和华北平原上，丹霞地貌相对较少。从丹霞地貌分布与气候的关系来看，丹霞地貌最集中分布在我国亚热带湿润气候区，这里夏季高温多雨，河网发育，河流对山地的侵蚀以及岩石差异分化会形成凹槽和岩穴，并在此基础上不断受外力的"雕塑"，形成绚丽多姿的丹霞地貌，我国申遗成功的六个丹霞世界自然遗产地全部位于亚热带湿润气候区。此外，位于温带大陆性气候、温带季风气候与青藏高原高气候三种气候的过渡地带，也是丹霞地貌密集地带，这里气温、降水和风等要素变率很大，红层在剧变的外力作用下，形成的丹霞地貌与湿润地区有所不同。

3.1.3 丹霞地貌的发育条件

丹霞地貌景观的形成不仅与红层的岩性有关，也与红层中节理的发育和表生条件有关，是这些条件共同作用的产物，这些条件构成了丹霞地貌景观的成景系统。

1. 岩性条件

丹霞地貌形成的首要条件是红层岩性,岩石的组成、结构、构造及其组合特征,特别是岩石碎屑的分选性、胶结物性质和可溶性碳酸盐含量等对丹霞地貌的形成具有非常重要的影响。不同岩性的红层发育的丹霞地貌景观有所不同,较硬的砾岩、砂砾岩层是形成高峻陡峭崖壁的主要层位,而较软的砂岩、泥岩层常常被风化剥蚀形成千奇百态的造型景观。世界地质公园龙虎山—龟峰地质公园的老人峰就是主要由岩性条件控制形成的景观地貌,其中上部较软砂岩层抗风化能力较弱,被剥蚀风化,抗风化能力较强的砾岩被保留下来,最终形成神态肃穆的老人形象造型石。除此之外,龟峰景区和石城景区都有发育的龟裂凸包,大小也受红层岩性的控制,典型的龟裂凸包主要发育于细砂、粉砂及泥质粉砂岩中,且岩石碎屑物分选性较好。野外调查分析得出,红层中岩石碎屑物颗粒越小,形成的龟裂凸包越小;反之,龟裂凸包越大。

2. 构造条件

边界断层和垂直节理对红层的控制是构造活动对丹霞地貌类型控制的主要体现。边界断层活动对丹霞地貌景观类型的控制,主要通过断层活动产生的派生节理和差异隆升导致地层产状变化实现。江西石城丹霞地貌区主要发育北北东向和近东西向两组断裂构造,其中,北北东向断裂构造与寻乌—瑞金断裂带延展方向一致,硅化破碎带发育,是盆地东缘的控盆断裂;近东西向断裂在构造演化过程中主要起块体平移和构造应力调整、释放作用。在红盆地层中,这两组构造随处可见,平面上相互切割形成网格状构造,垂直向上发育密集的陡立节理带。这两组断裂为石城丹霞地貌的形成提供了良好的构造条件。

3. 表生条件

除岩性条件和构造条件外,丹霞地貌景观的最终成型少不了表生作用的参与。首先,丹霞地貌的颜色普遍为紫红色,这是由于红层中富含的铁质在强氧化环境条件下被氧化形成红色的氧化铁,使丹霞地貌具备了这特有的色彩特征。其次,地表水、地下水的侵蚀下切和强烈的物理化学风化作用是丹霞地貌形成的重要表生条件。

3.1.4 丹霞地貌的演化

丹霞地貌的形成发育是物质发展的过程,与其他地貌的形成与发展具有共性。不同地区丹霞地貌发育的阶段不同,其地貌特征可能存在差异。不同学者根据不同的标准和侧重点,将丹霞地貌演化发育划分为不同阶段,如表3-1所示。

表3-1 丹霞地貌的演化发育阶段划分

发育阶段	代表学者
幼年期、壮年期、老年期	W. J. Dvias
幼年期、壮年期、老年期	黄进(1992)
红层堆积阶段、红层盆地抬升阶段,丹霞地貌发育幼年期、壮年期、老年期、衰退期	彭华(1999)
丹霞盆地的形成,地壳的间歇性抬升、继续抬升,方山、峰墙形成阶段,峰丛形成阶段,孤峰形成阶段	潘江(1999)

本书在借鉴有关学者研究成果的基础上,根据物质的来源、内外动力的表现状况和地貌形态将丹霞地貌的演化划分为七个时期。

1. 红色盆地形成期

这是丹霞地貌的初期,其特点是区域构造的控制。中国东西部的红色盆地所受到的构造控制不同,东部主要受到北北东、北东、北东东向的断裂控制,盆地的性质表现为拉张型裂谷—断陷盆地,相当于李四光所划分的新华夏系和华夏式构造。按板块学说的观点,中生代以来中国东部进入了太平洋板块和欧亚板块相互碰撞的阶段,发育了一系列的北东东向大断裂,形成了一系列坳陷—断陷盆地。西部地区受北西或北北西断裂的控制,盆地的性质表现为挤压性断盆。相当于李四光所划分的西域系。按板块学说的观点,新生代时,中国西部地区处于印度洋板块和欧亚板块相互碰撞的阶段,发育了一系列北西向、北北西向的断裂,形成了一系列断陷盆地,在地貌上,形成了一些山间盆地,四周形成了一系列高山,为红层物质的堆积奠定了基础。

2. 红层物质堆积期

盆地和高山形成以后,中国东部的断裂盆地具有大量酸性火山喷发,并沉积了一套巨厚层状的沉积凝灰岩,如新昌盆地的大爽组和高坞组。盆地周围地势高耸,山体起伏大,气候干燥,形成冲积—洪积扇堆积,陈国达称其为类磨拉石建造。洪冲积扇包括冲积锥、冲积扇、扇形三角洲。整个岩层中,岩石成分以砾岩、砂砾岩为主,同时含有少量的砂岩、粉砂岩。从扇顶到扇尾,沉积相的特征变化明显,扇源相为一套厚层状的粗砾岩,岩层变化较大,岩层中夹砂岩和粉砂岩的薄层。扇中为含砾砂岩和砾石互层,是构成丹霞地貌发育的物质基础。扇尾为一套砂岩建造,岩层中交错层理发育。中国西部的盆地中发育了河流沉积的砂岩和砂砾岩地层。红层的沉积受盆地的演化和气候条件的控制,盆地边缘至中心,水平方向上沉积层的分布为洪积、冲积为主的扇形体—河流冲积平原—湖积平原。气候干燥的条件下形成蒸发岩相;在气候湿润条件下,盆地中心可以形成泥岩、灰岩和生物碎屑岩。如四川盆地(坳陷盆地)四周为一套山麓堆积的砾岩、砂砾岩,丹霞地貌主要发育在这套岩性分布区域。大部分地区的沉积砂岩、粉砂岩、泥岩常含铜,岩石发育有较好的交错层理和韵律层。由于气候干燥,沉积有紫红色的砂岩,并且发育有膏盐层。

3. 幼年期丹霞地貌

红色盆地沉积的碎屑物为丹霞地貌的形成准备了必要的物质条件。本阶段主要是红盆堆积的岩石在构造应力的作用下,地壳开始抬升,岩石垂直节理或断层的破裂面开始产生,为外力作用在红色砂岩、砂砾岩层上雕塑提供了前提条件。流水侵蚀作用是丹霞地貌形成的最直接的原因。地壳抬升,为侵蚀作用和搬运作用提供了外营力。本阶段的特征指标是峡谷地貌开始发育,构造形成的丹崖开始形成,山顶保持连续的原始顶面或古剥蚀面(约占60%)。地貌形态特征为高山峡谷型地貌组合,地壳抬升和流水下切形成较多的巷谷和峡谷,山顶保持大面积的原始堆积顶面、古剥蚀面或侵蚀平台,以贵州赤水的丹霞地貌较为典型。

4. 青年期丹霞地貌

这一时期,红色盆地整体抬升,整个盆地形成一个侵蚀区。流水的下切作用和侧蚀作用进一步加强,侧蚀作用形成的负地貌的面积不断扩大,峡谷中有常年流水的河流,山顶的面积继续减小。本阶段的特征指标是山顶逐渐分离,出现各自分离的山顶,原始顶面(正地貌)的面积占总面积的 30%~60%,沟谷面积(负地貌)占总面积的 40%~70%。地貌形态特征为高山峡谷型,流水切割进一步加深,山顶呈山原面,负地貌以河谷、峡谷、巷谷为主。丹霞地貌的发育特征是丹霞方山、丹霞峰墙,局部地段形成峰丛。浙江新昌台头山的丹霞方山较为典型。台头山为面积 5 000 平方米的古剥蚀面,周围被数条沟谷深切,形成方山,陡崖坡基有少量的崩塌物堆积。

5. 壮年期丹霞地貌

红色盆地抬升后,长期处于稳定的侵蚀区。流水作用下切到一定的深度,遇到下伏坚硬的岩层或接近局部的侵蚀基准面,水流以侧向侵蚀为主对谷壁基部进行破坏,巷谷的谷壁沿垂直节理逐步崩塌而使巷谷加宽形成大峡谷。本阶段的特征指标是:峰丛—峰林组合地貌的面积占总面积的 50%~90%。地貌形态特征为峡谷中的主要河流进一步加宽,河谷接近区域的侵蚀基准面。近河谷地带形成丹霞峰林,远河谷地带发育成丹霞峰丛。本阶段丹霞地貌坡面发育特征为顶平、身陡、麓缓。广东丹霞山即属此类,峰林的石柱造型细长,多呈圆柱状,四壁不具棱角。

6. 老年期丹霞地貌

红色盆地长期处于稳定的侵蚀区。峡谷中的河流远离陡崖基部,陡崖坡基因为流水侵蚀作用的减弱或稍有流水作用,其崩塌作用主要在风化作用和重力作用下缓慢进行。在陡崖坡基崩塌后退过程中,崖麓下方造成崩塌堆积,形成缓坡面。本阶段的特征指标是:河谷—丘陵—孤峰组合地貌的面积占总面积的 50%~90%。地貌形态特征为主河谷和主要支谷接近侵蚀基准面,河谷平原、红层丘陵、孤峰相间排列分布,发育有天生桥、石门等,局部保留峰林。江西龙虎山的丹霞丘陵即属此类。

7. 衰亡期丹霞地貌

红色盆地长期处于稳定的侵蚀区。陡崖坡的崩塌主要是在风化作用和重力作用下继续进行,陡崖坡崩塌后退。崩塌堆积物不断加宽加高,其下伏岩石缓坡面不断增宽加高。山顶的平缓坡面被切割,面积逐渐减小,同时,山麓缓坡逐渐扩大,形成面积较大的缓坡丘陵。原来的山块退缩成为残峰或孤立的石柱。本阶段的特征指标是:无峰丛、峰林,红层丘陵面积占总面积的 80%~90%。地貌形态特征为波状起伏的准夷平面,个别地段保留孤峰或孤岩,至此完成一个侵蚀旋回。江西北部的三清山红色低丘台地即属此类。

3.2 丹霞地貌旅游景观的类型与价值

3.2.1 丹霞地貌景观的类型

地貌一直有构造地貌和岩石地貌的划分。丹霞地貌的发育受构造的控制,但在地貌的发育过程中岩性对地貌发育的影响较大。从岩石地貌学角度看,丹霞地貌应属岩石地貌,类似于喀斯特地貌。

1. 按形态分类

丹霞地貌可按形态的组合特征分为地貌基本形态和地貌组合形态。

（1）地貌基本形态。

丹霞地貌的基本形态可分为正地貌和负地貌两类，如表3-2所示。

表3-2 丹霞地貌的基本形态

大类	小类	特征	分布
正地貌	丹霞崖壁	坡度大于60度、高度大于10米的陡崖，多为直立陡崖	坚硬岩石的绝大部分边坡或河流侵蚀部位
	丹霞方山	近平顶，四面陡坡，长宽比为2∶1。岩层水平，山顶平缓，四壁陡立，呈城堡状	水平岩层分布区，构造盆地中部
	丹霞石墙	长度大于2倍宽度，高度大于宽度。顺断裂延伸，呈薄墙状，低缓者可称石梁	垂直断裂切割成条块状的地带
	丹霞石柱	方形或圆形孤立石柱	盆地中部，垂直断裂切割地段
	丹霞尖峰	四面陡坡，局部有陡崖，山顶呈锥状山峰	幼年、青年丹霞地貌
	丹霞低山	可能有1~2个面呈陡崖坡，大部分陡缓坡（坡度30度~60度）相间构成山峰	老年丹霞地貌
	丹霞丘陵	局部陡崖，山顶为浑圆化的低缓山丘	老年丹霞地貌
	丹霞石球	浑圆状风化、蚀余球状。由坚硬岩石风化的球状石	老年丹霞地貌
	崩积堆	陡崖下不规则锥状崩积体	陡崖坡的下部
负地貌	沟谷	主河谷多为宽谷，支谷多为峡谷，源头多为巷谷	主要顺构造破裂带发育
	顺层凹槽	软岩层风化成凹槽	有软岩层崖壁
	竖向洞穴	高度大于宽度，顺垂直裂隙发育的垂向洞	节理交叉部位的下水通道
	丹霞穿洞	洞顶厚度小于跨度者石拱；拱跨在河谷者称天生桥	丹霞石墙软岩地带，流水侵蚀部位

（2）地貌组合形态。

地貌组合形态分类是一个多因素分类，本文分类的依据是地貌组合的形态特征，如表3-3所示。

表3-3 丹霞地貌组合形态

地貌景观组合	区域地貌特征	单体景观特征	发育阶段
台地型丹霞地貌	红层堆积成岩，受构造抬升	台地	地壳抬升期
方山型丹霞地貌	以较大起伏形态的方形山峰为主的红层地貌	丹霞方山—峰墙—丹崖—沟谷	幼年期丹霞地貌
峰丛型丹霞地貌	以直立形态为主，但基座相连的丹霞地貌区	峰丛—丹崖（发育顺层凹槽）—丹霞洞穴—峡谷—崩积堆	青年期丹霞地貌

续表

地貌景观组合	区域地貌特征	单体景观特征	发育阶段
峰林型丹霞地貌	基座分离,以直立形态为主的丹霞地貌区	峰林—竖向洞穴—丹崖—陡崖—崩积堆	壮年期丹霞地貌
孤峰型丹霞地貌	山峰孤立,山峰之间的距离较大,有缓丘存在	石柱—天生桥—丹崖—孤峰	老年期丹霞地貌
丘陵型丹霞地貌	无丹霞石峰,山峰浑圆,局部有陡崖的丹霞地貌分布区	丹霞丘陵—丹霞石球	衰亡期丹霞地貌

2. 按岩性分类

丹霞地貌是一种岩石地貌,岩石特征是决定地貌发育的重要因素。在定义丹霞地貌发育的物质基础时,对岩石的粒度构成进行了较严格的框定:砂级—砾级。红层岩石中砾石成分在一定程度上影响地貌形态的发育。丹霞地貌依据岩石特征可分砾岩—砂砾岩丹霞地貌、砂岩—砾石岩层丹霞地貌、砂岩丹霞地貌、砂泥岩丹霞地貌、岩石共生丹霞地貌。

3. 按成因分类

我国多数学者研究丹霞地貌的主要领域集中在景观地貌。根据单因素地貌分类,每个营力形成的地貌形态都具有剥蚀和堆积形态。例如,流水的侵蚀形态和堆积形态在理论上是同时存在的,因为丹霞地貌的发育区多数在河流源头,流水的堆积作用不明显,堆积下来的物质没有形成较好的景观。丹霞地貌基本形态分类依据内营力和外营力可分为构造地貌、丹霞海蚀地貌等,如表3-4所示。

表3-4 丹霞地貌按成因分类

营力类型	地貌类型	依据	特征	分布
内营力	丹霞构造地貌	构造因素,如岩层产状、断裂、节理形成的因素	断层形成的断层崖、"一线天"、峡谷等	断裂、节理发育的区域
外营力	丹霞流水地貌	水动力	流水侧蚀、下蚀等形成的沟谷、岩洞	沟谷两侧
	丹霞风化地貌	化学、物理和生物风化	球状风化、岩洞	崖壁上部或顶部
	丹霞重力地貌	斜坡的岩体直接重力作用	崩塌岩壁、崩塌堆积、岩块、碎屑堆	沟谷、河谷
	丹霞风蚀地貌	由风力作用形成的地貌	壁龛状微地貌	干旱区
	丹霞海蚀地貌	海浪冲蚀、溶蚀	海蚀凹槽	波浪打击部位
	丹霞溶蚀地貌	红层中碳酸钙含量达30%,溶蚀作用较强	凹穴、岩洞	物源区为碳酸盐岩
人工	人工丹霞地貌	人工堆积和改造的地貌	人工陡壁等	一般为衰亡阶段的丹霞地貌区

3.2.2 丹霞地貌景观

丹霞地貌旅游景观是指可以在当前和未来的旅游开发利用中产生经济效益、社会效益、环境生态效益，发育于红色陆相碎屑岩层中，具有赤壁丹崖特征，并具有观赏性、科考性的地貌景观。

1. 景观地学特征

丹霞地貌旅游资源是红色砂岩系组成的特殊地貌景观，与其他类型的旅游资源相比，它具有一般旅游资源的共性，也具有特性。

(1) 广泛分布，区域性强。

区域性是丹霞地貌旅游资源的基本特性，它是使人们以旅游的形式达到审美和愉悦的根本原因。由于资源的区域性差异才形成旅游者的空间流动。

世界上，丹霞地貌主要分布在我国和美洲西部、欧洲中部、澳大利亚、巴西、阿富汗等地。我国和东南亚的中新代红色盆地之中，丹霞地貌景观比较发育。其中以南雄盆地、信江盆地、赣州盆地等地的丹霞地貌发育较为典型。丹霞景观普遍发育在盆地边缘的山麓洪冲积扇层，岩性多为较坚硬的红色砾岩、砂砾岩。在构造活动比较稳定的盆地，整个盆地都发育较坚硬的砂岩、砂砾岩、砾岩，整个盆地都可以形成丹霞地貌，如广东的丹霞山、福建的武夷山、浙江的东西岩、湖南的万佛山等。

(2) 空间完美，观赏性强。

丹霞地貌景观作为一种山水风光，有着与众不同的风格。赤壁丹崖的鲜明色彩是丹霞地貌景观的特色，以红色为基调，并以褐色、白色、黄色点缀赤壁丹崖，绿色的植被覆盖在形态万千的峰林峰丛上，与蓝天白云、碧水红花构成了一幅幅多彩的画面。丹霞地貌景观具有动静结合、幽奇多变的特点，往往与险峭如影随形，动态感寓于其中而表于其外，主要体现在险寨为崖的动势，红色岩层在构造断裂和外力的作用下，形成峭壁悬崖的寨、墙、峰、柱等。一景多姿，景随地移，大多数景点可以从不同角度和不同空间观赏，获得不同的视觉效果。在夕阳照耀下，形态万千，象形景观栩栩如生。静，主要指丹霞地貌景观的雄、奇、险、秀、幽。雄，指雄伟之美、阳刚之美。丹霞地貌景观发育的山势不高，但雄踞群顶，可览众山。奇，指山奇、石奇、洞奇、崖奇、桥奇、谷奇、峰奇。险，指险峻之美。丹霞地貌景观以赤壁丹崖为特征，崖壁高达百米，如一道天障置于田园农家之前。秀，指丹霞景观发育的地区植被保护比较完好，绿色的植被披挂在红色的山石上，显得格外秀美，如武夷山、丹霞山的亚热带常绿林，四季郁郁葱葱，翠竹碧水，奇石倒影。幽，指丹霞景观崖高谷深，林木葱郁，清泉长流。在林间小道和小溪边漫游，会产生一种超脱、修身养性、回归自然之感。

(3) 品位较高，价值丰富。

丹霞地貌以其赤壁丹崖造型奇特、自然奇景与人文景观水乳交融而成为大众旅游的热点，其旅游资源具有较高的科学价值和美学价值。不同区域受气候条件、地层岩性、构造作用、外动力条件等的影响，形成了差异不同的丹霞地貌，造就了丰富的旅游资源。我国现阶段发现的丹霞地貌点有1 000余处，全国119处国家级风景名胜区（2001年）中，全部和部分有丹霞地貌的共有22处，占18.5%。世界遗产中至少有11处在丹霞地貌分布区。

(4) 与人文旅游资源深度融合发展。

丹霞地貌发育区具有良好的生存环境，人类在较多丹霞地貌发育区留下了文明的足迹。丹霞地貌的岩层产状较稳定，岩性为红色、紫红色的砂岩、砂砾岩，岩石有一定的固结度，整体性好，钙质和泥质胶结，质地不坚硬，易开凿保存。佛教石窟石刻源于古印度，中国开凿石窟石刻开始于公元3世纪，盛行于公元5~8世纪。《中国宗教名胜》收入石窟石刻160余处，与丹霞地貌景点分布基本一致。丝绸之路上的敦煌莫高窟是人类文化艺术的宝库，甘肃的麦积山石窟群被称为"东方的雕塑馆"，四川的乐山大佛、重庆的大足石刻、江西赣州的通天岩石窟都产生于丹霞地貌的分布区。与石窟一样，红色的砂岩质地均匀，易于雕刻，所以在绝大部分丹霞地貌景区有书法艺术石刻。如丹霞山的"赤城千仞""丹霞"，武夷山的"水光石"，青城山的"降魔"等。丹霞地貌发育的地区在数十米的悬崖峭壁上，由于岩石中含钙较多，易发生溶蚀作用，导致岩层中间分化，产生出较大的洞穴，容易建悬棺，江西龙虎山白塔河西岸的悬棺群、武夷山九曲溪右岸大藏峰峭壁上的悬棺成为举世瞩目的奇观。

2. 景观的空间美学

丹霞地貌景观具有幽、险、奥、奇、秀、雄的特点。游客沿着线路观光的过程中，眼睛根据兴趣中心产生视觉中心对每个丹霞地貌图景进行摄像，在视觉神经中进行记忆的取舍。游览一段距离后，眼睛连续对丹霞地貌图景摄影，形成一个连续的图景的叠加，我们把它称为景层。旅游者不断对丹霞图景进行优化，是对景层产生虚幻的空间的再造。

(1) 陡崖高。

陡崖作为丹霞地貌景观的主要特征之一，其高度直接影响到游客的审美效果。在视觉的空间对比过程中，陡崖的视觉效果与游客的观赏位置关系较密切。

(2) 线条美。

丹霞地貌的线条具有刚性和柔性的美，在不同的线条组合中，它可以组成优美生动的画面。

(3) 和谐美。

艺术是统一的整体，罗丹说"美即和谐"。丹霞地貌中，图景的和谐是自然界在地质历史时期，对红色岩层的雕琢而形成的各种形态互存的统一状态。自然界中，内营力和外营力相互作用最终的趋势就是和谐。

(4) 节奏美。

节奏是人们生存世界的基本规律。节奏美搭起了艺术世界和欣赏者之间的心灵桥梁，是视觉中产生的定向力，能产生情感的共鸣。丹霞地貌的节奏美是通过山峰的层次性、分布的均匀性组成的有序的排列和展布。

(5) 色彩美。

色彩是客观世界华丽的外衣，是物质对不同波长的光线进行吸收、反射形成的，是视觉色素细胞感应的外在表现。丹霞地貌景观以红色为基色，赋以活力、生命、温暖的情感内涵。丹霞地貌的顶会被绿色的植被遮盖，丹崖壁上有白色的钙质团块点缀。丹霞地貌景观的红色和周围环境的颜色形成鲜明的对比，视觉的震撼力较强。

(6) 意境美。

意境是指情景交融的艺术境界，它是虚幻空间的再造，是各种形式的优秀艺术所共有的。丹霞地貌意境美是游客经过思维加工、提炼后的丹霞地貌景观，它和游客的本人层次、意识层次、社会文化层次形成的审美偏好、情趣理想密切相关。

(7) 形态美。

丹霞地貌景观形态万千，造型惟妙惟肖，栩栩如生，如阳元石、双乳石、天生桥、"一线天"、蜡烛石等，从不同的视角，象形变化较大。象形景观是丹霞地貌图景中的视觉中心和兴趣中心。

3.3 中国丹霞旅游景观欣赏

丹霞地貌以其鲜明的红色和奇特造型已成为一种宝贵的旅游资源。2010年8月，由贵州赤水、福建泰宁、湖南崀山、广东丹霞山、江西龙虎山以及浙江江郎山6地区捆绑组成的"中国丹霞"项目成功通过世界遗产大会的审议，经联合国教科文组织世界遗产委员会的批准后列入世界自然遗产名录，成为中国第40项世界遗产。

3.3.1 世界遗产委员会评价

中国丹霞是中国境内由陆相红色砂砾岩在内生力量（包括隆起）和外来力量（包括风化和侵蚀）共同作用下形成的各种地貌景观的总称。这一遗产包括中国西南部亚热带地区的6处景观。它们的共同特点是壮观的红色悬崖以及一系列侵蚀地貌，包括雄伟的天然岩柱、岩塔、沟壑、峡谷和瀑布等。这里跌宕起伏的地貌，对保护包括约400种稀有或受威胁物种在内的亚热带常绿阔叶林和许多动植物物种起到了重要作用。

3.3.2 中国丹霞景观欣赏

1. 贵州赤水

(1) 简介。

赤水丹霞是中国丹霞系列世界自然遗产的重要组成部分。赤水丹霞旅游区位于贵州省赤水市南部，总面积36.3平方千米，包括西区和东区两个核心片区，主要包括赤水国家级风景名胜区十丈洞瀑布景区、丙安楠竹竹海景区、赤水桫椤国家级自然保护区、赤水竹海国家森林公园和习水中亚热带常绿阔叶林国家级自然保护区的一部分，西片区与赤水国家级风景名胜区范围大致吻合。

(2) 观赏地学价值。

走进赤水丹霞旅游区，艳丽鲜红的丹霞赤壁，拔地而起的孤峰窄脊，仪态万千的奇山异石，巨大的岩廊洞穴和优美的丹霞峡谷与绿色森林、飞瀑流泉相映成趣，具有极高的观赏价值，令人倾倒。

赤水丹霞不是单一的丹霞地貌，而是结合了瀑布、湿地、翠林等其他大自然的美景，以丹霞地貌、瀑布群、竹海、桫椤、原始森林为主要特色，是山-水-林配置最好的丹霞地貌区，是世界上最典型、最优美、生态环境多样、景观配置最佳的丹霞景观代表。丹霞地貌与

2 359 种动植物、珍稀濒危动植物共存，是赤水丹霞最独有的特征。点缀在原始森林、竹海、桫椤之间的丹霞地貌，犹如红宝石镶嵌在绿洲之中，是世界罕见的绿色丹霞景观。

赤水丹霞是青年早期丹霞地貌的代表，其面积达 1 300 多平方千米，是全国面积最大、发育最美丽壮观的丹霞地貌，有"赤水丹霞冠华夏"之美誉。赤水丹霞核心区面积 273.64 平方千米，也是"中国丹霞"项目中面积最大的丹霞景观。

叠瀑成群，千瀑奇观。区内多条急流飞瀑深切河谷，形成了中国最大的丹霞瀑布景观群，是名副其实的"千瀑之地"。加之丹崖赤壁发育的高度、宽度和体量之大，具有很强的视觉冲击力。

树形优美多姿、苍劲挺拔。桫椤，又名树蕨，是一种起源古老的冰川前子遗植物。桫椤植株高大，一般株高 3～5 米，最高近 10 米。一般主干不分枝，形如巨伞，状若华盖，树形优美，四季常青，享有"蕨类植物之王"的美誉。桫椤早在距今约 1 亿 8 千万年前的中生代侏罗纪时期就十分繁茂。它和恐龙同生共荣，成为生物界在远古时代地球上的重要标志。经过第四纪冰川的侵袭，桫椤仅在一些低纬度的适宜生态环境里残存并繁衍至今，被国家确定为二级珍稀濒危保护植物。

浩瀚无垠的竹海世界。赤水是中国竹子之乡，拥有 12 属 40 多种的竹子。赤水丹霞旅游区内拥有十余万亩的连绵竹海，层层叠叠，浩瀚无垠。漫步于丹霞竹径之中，可享自然之清新，吸山野之芬芳。

赤水丹霞旅游区的建设发展，为我国生态旅游区建设提供了示范，成为人与自然和谐发展的典范，深受海内外各界知名人士、专家的关注，得到了各级领导、各级政府的重视和一致好评，并荣获多个国家级品牌荣誉。

（3）主要旅游景观。

1）佛光岩。贵州赤水丹霞地貌区峡谷深切，两岸陡立，白垩系厚层块状红色砂岩垂直节理发育，岩体沿节理整体崩塌，多形成高宽数十米甚至数百米的绝壁。佛光岩是巨型丹霞崖壁的典型代表，呈马蹄形水平展布，相对高度近 385 米，弧长 1 117 米。崖壁中央有一柱状瀑布，高 269 米，宽 42 米，形似"佛"字，倾流而下的瀑布水声如雷，蔚为壮观。佛光岩在阳光照射下红光四射，如同一幅精美绝伦的山水画，极具视觉震撼力，堪称丹霞一绝。

2）五柱峰。五柱峰由五根与母岩半分离的高大丹霞石柱并排组成，石柱高数十米，远望宛若巨掌，惟妙惟肖。五柱峰的形成是岩石沿节理强烈崩塌的结果。由于岩层平缓，质地坚硬，不同规模的垂直节理十分发育，加之五柱峰恰好处于一深切沟谷的一侧，由于河流的强烈切割，沟谷两侧的岩石因压力释放而大量崩塌，形成初步发育的丹霞石峰。重力崩塌使得节理之间的岩体凸出成为柱状景观，造型别致，赤红的石柱绚烂夺目如云霞，而青翠的森林又浓得化不开，这两大自然色的组合，呈现出一片生机，似大自然的脉搏在有力地跳动，极富美学价值。

3）"生命之源"。该景观由数十米高的丹霞巨石组成。这一景观形如圣女灵物，常年满布苔藓植物，晶莹剔透的涓涓水流似玉似珠，一年四季滴淌不停。这是大自然鬼斧神工的杰作，是生命繁衍不息的象征。许多人观览后称此景为"生命之源""神州绝景"。

4）赤水大瀑布。瀑布高 76 米，宽 80 米，是世界丹霞地貌第一瀑、长江水系第一瀑。画坛泰斗刘海粟老先生题誉为"空谷佳人"，中科院专家评价为"神州丹霞瀑布奇观"。

5）美人梳瀑布，又名中洞瀑布，高 18.5 米，宽 75.6 米。溪水如银链坠入潭底，酷似悬挂"门楣"上的银色珠帘,又像倒置梳针的银梳,当地人形象地称它为"美人梳",中科院考察团的专家称它为"中国帘状瀑布最典型的代表"。

6)燕子岩瀑布。溪流从燕子岩悬崖顶端飞流而下,瀑布高87米,宽50米,两股瀑布呈一大一小燕尾形,形态修长,被赞誉为赤水千瀑之市之"瀑布王子"。

2. 福建泰宁

(1)简介。

泰宁丹霞位于福建省著名旅游县——泰宁县境内,由金湖和上清溪南北两大片区组成,总面积234.88平方千米,其中核心区面积110.87平方千米,缓冲区面积124.01平方千米。泰宁丹霞是中国亚热带湿润区青年期低海拔山原－峡谷型丹霞的唯一代表,是中国丹霞从青年期—壮年期—老年期地貌演化过程中不可或缺的重要一环,被国内外地学界称为"中国丹霞故事开始的地方"。

(2)景观地学特征。

泰宁丹霞由典型的丹霞地貌区及其自然地理要素组成,在地貌岩性、地貌形态、演化阶段等方面独具一格,有别于其他地区的丹霞地貌,因而被称为"泰宁式"丹霞地貌。泰宁盆地是在华夏古板块武夷山隆起的背景上发育的白垩纪红色断陷盆地,由朱口和梅口两个北东向的小红色盆地构成,形成丹霞的岩石为白垩纪中晚期的崇安组砾岩、砂砾岩,总体地势由西北向东南倾斜,西部、北部高,东南缓,中部低。最高处为记子顶,海拔674米,地形最大高差可达400米。

泰宁丹霞拥有举世罕见的"水上丹霞""峡谷大观园"和"洞穴博物馆"奇观,是我国东南沿海面积最大、地貌类型最全、地貌景观价值最高的丹霞地貌,成因以风化、水蚀、重力为主,岩溶作用为辅。

泰宁丹霞地貌包括上清溪、金湖、龙王岩及八仙崖4个丹霞地貌区,合计面积为166平方千米,以峡谷群落、洞穴奇观、水上丹霞、原始生态、地质文化为主要特点,是我国少有的尚处于地貌发展演化旋回阶段的青年期丹霞地貌的典型代表,也是研究我国东南大陆中生代以来地质构造演化的典型地区。这些丹霞地貌区原为4个大小不一的白垩纪红色碎屑岩盆地,盆地的西北缘和西缘都发育有大断层,盆地中还发育有走向不同的一系列断层。盆地中的红色岩层除向盆地中心倾斜以外,还向大断层的一侧倾斜,形成不少单斜及近水平的丹霞地貌,构成了秀美、奇特、壮丽的风景。

泰宁丹霞地貌区的自然景观以幽深的峡谷、神奇的洞穴、灵秀的山水和原始的生态为特色,保持了海拔约450米的古夷平面,形成了400多条深切峡谷,构成了独具一格的网状谷地和红色山块,其中的线谷、巷谷、峡谷、赤壁、丹霞岩槽、洞穴不计其数,负地貌特征极其突出。峡谷是由70余条线谷、130余条巷谷、220余条峡谷构成的丹霞峡谷群,它以崖壁高耸、生态优良、洞穴众多为特色,极具观赏性。它们有的纵横交错,有的并行排列,有的则九曲回肠,形成深切曲流的奇观。峡谷大都曲折幽深,峡中树竹葱茏,藤萝密布,溪水清清,鸟韵依依。若乘竹筏在曲流中漂游,犹如在欣赏一幅美妙的山水长卷,给人以动态的美感。

洞穴是泰宁丹霞地貌的奇观。据不完全统计,泰宁地区有大型单体洞60余处,其洞长在10余米至400余米不等,洞穴群则多达上百处。在泰宁丹崖赤壁上分布的千姿百态的丹霞洞穴，独具特色，大者可容千人，小的状若蜂巢。洞穴组合或特立独行，或成群聚集，或层层套叠。洞穴的造型若人、若禽、若兽、若物，变化万千。洞穴装点着赤壁丹崖，为赤壁丹崖增添了许多奇异的色彩。泰宁丹霞洞穴不仅极具观赏性，而且还是研究丹霞洞穴的理想场所。一些规模较大的洞穴内还保留有寺、庙、观、庵等建筑物，使得丹霞洞穴散发出一种神秘而厚重的文化气息。

泰宁丹霞山水景观集中表现在山峰的千姿百态和秀美。这些群山中的峰林、峰丛、石柱、石城，形象各异，它们赤壁倒悬、危崖劲露，或雄风大气，或灵秀雅致。山峰的造型怡秀清丽，众多水体点缀其间，山峰的赤壁丹崖与绿树碧水相依相映，色彩瑰丽。金湖水深色碧，岛湖相连，群峰竞秀，展现在人们眼前的是一幅幅浓淡相宜、富有诗情画意的泼墨山水画，置身其中，不禁使人流连忘返。

泰宁丹霞生态景观的特点在于古人对林木的精心保护，致使泰宁丹霞地貌区生态环境优良。在核心地带，沟壑纵横，人迹罕至，生态系统保持完整，林木生机盎然，藤萝攀岩附树。行走其中，稀有树种、珍贵野禽随处可见。

(3) 主要旅游景观。

1) 九龙潭。九龙潭风景区位于福建省泰宁县世界自然遗产、世界地质公园北部核心区，因四周有九条蜿蜒如龙的山涧泉水汇聚潭中而得名。九龙潭是"中国丹霞"项目中组成密度和复杂度最高的一片峡谷群，是泰宁青年期的丹霞地貌发育的典型地区，融湖、溪、山、谷、岩、峰、沟多样变化，号称"泰宁丹霞山水微缩明珠"。泛舟潭中，望着如画般的山谷、溪涧、草木、碧水，穿过美丽、狭窄、雄奇的"水上一线天"和幽深的水中龙洞，展现的是一弯一景、一程一貌，清、静、奇、野的完美融合，有种天地间亲密的情致乐在其间。区内生长着红豆杉、楠木、樟树等多种名贵树种，还有何首乌、砂仁、杜仲、黄柏等各种名贵药材，以及穿山甲、白鹇、山鸡等飞禽走兽，使人发出"美在自然、妙在原始"的绝妙感叹。

2) 寨下大峡谷。该景区处在福建邵武至广东河源的地质断裂带上，是在距今约6 500万年的裂陷盆地的背景下形成、发展起来的青年时期的丹霞地貌峡谷景观，其深邃幽长，丹崖斑斓，奇险峻秀，谷内植物茂密，藤萝攀岩附树，流水潺潺，恍若世外桃源。主要地质景观有丹霞洞穴、巷谷、线谷、赤壁、石墙、孤峰、石柱、崩塌堆积、堰塞湖、穿洞、板状交错层理、漂砾、石钟乳等，主要景点有问天岩、三仙岩、祈天峡、倚天剑、佛足岩、金龟爬壁、天穹岩、翠竹湖、云崖岭、金龙线谷群、金龟寺叠瀑、线瀑、华夏第一藤、千年柳杉王、千藤壁等。

3) 金溪新湖。金溪新湖位于武夷山脉南端泰宁县境内。金溪是闽江上游富屯溪的一大支流，因河床沙里含金沙而得名。1980年，装机容量10千瓦的池潭水电站建成投产，而高78米、长253米的电站大坝则将金溪拦腰截断，在上游形成了一个全长60余千米、湖面5万余亩、库容8.7亿立方米的人工湖。

4) 泰宁大金湖。大金湖地质公园以丹霞地貌景观为主体，同时还有花岗岩地貌景观和人文景观等点缀其中。丹霞地貌北起龙湖镇的天成岩，往西南经上清溪、泰宁城关至读书山、记子顶，后向南转至猫儿山、龙王岩、八仙崖（大牙顶）至龙安乡，依次分布有上清溪、金湖、龙王岩、八仙岩四个红色盆地。平面上构成近似"人"形的分布格局，北东长34千米，南北长29千米，总面积215.2平方千米，地势总体由东北往西南逐渐升高，以记子顶、龙王岩、八仙崖（大牙顶）一线为最高地带，其中以八仙崖（大牙顶）为最高峰，海拔为907.6米，该地带是峰、柱地貌发育最好最典型的地区，也是景点最集中的地带。在丹霞地貌的西南侧还有花岗岩地貌景观，中部有人文景观。地质公园划分为5个风景区（即上清溪风景区、泰宁古城游览区、金湖风景区、龙王岩——八仙崖风景区、金铙山风景区）、11个景区、13个景群、160个景点。

5) 世界地质公园。泰宁地质公园内丹霞洞穴数量之多、规模之大、造型和组合之奇特、可观赏性之罕见，堪称"丹霞洞穴博物馆"。洞穴大者可容千人，小者不足寸余，拟人拟物、拟兽拟禽、造型奇绝。无数奇洞镶嵌于赤壁之中，或层层套叠，或成群聚集，蔚为壮观。宽窄不一、动静不同的水体景观与丹霞地貌及良好的生态环境相互融合，造就了"水上丹霞"奇观：湖面宽阔，碧波粼粼，湖中有山，山中有湖；溪水在峡谷中蜿蜒曲折，漂流其中如在画中游；潭水平静，丹霞矗立，仿若世外桃源。

6) 上清溪。上清溪位于泰宁东北部、金湖的上游，从县城到上清溪大约22千米。"上清"是道教"三清境"（太清、上清、玉清）之一，后来被广泛用于指"仙境"，漂游上清溪最大的感受就是如同进入了人间仙境，让人飘然欲仙。上清溪深藏于群山幽谷之间，融桂林漓江的水、武夷山的山、张家界的景、九寨沟的色彩、三峡的险峻于一身。顺筏而下，溪流蜿蜒在重峦叠嶂的赤石翠峰之间，弯多、滩急、峡窄，千回百转，天为山欺，水求石放，山重水复，别有天地。溪水或急流成滩，水不没膝，或凝滞成潭，深不可测，宽处平坦，不过10余米，窄处宛若小巷，不足2米，天留一线，仅容一筏通过，人过则空谷传声。两岸人迹罕至，森林茂密，方圆几千米内仍保持原始状态，常年有奇花异草盛开，暗香扑鼻，溪谷中随处可见野鸭、鸳鸯、白鹭、飞鹰翱翔山林，嬉戏水间。更妙的是，每一个景点都可以从不同的角度、不同的距离幻化出不同的景物、不同的意境。上清溪的野、幽、奇、趣构成了当今世界上罕见的千年原生态峡谷曲流大观园。

7) 猫儿山。猫儿山国家森林公园旅游资源十分丰富，这里森林植被翠绿繁茂，物种较为丰富，峰岩瀑泉各具神韵，各种人文景观引人入胜，可谓是景多类齐，可览度很高。景区内森林覆盖率达90%。据猫儿山植物名录初报，景区内有各种野生植物、珍稀树种102科、360余种，其中属国家保护的树种有水杉、红豆杉、红茶树等十余种（其中最珍稀的当数几十棵红茶树），近2.5万亩翠绿的森林，是公园景观的重要组成部分，也是森林公园的基础和主要特征之一。

8) 峨眉峰。峨眉峰位于泰宁县北新桥乡境内，距县城24千米，属于武夷山脉中段西南麓。峨眉峰主峰海拔1714米，是福建省第七高峰。2000年，被福建省政府批准为省级自然保护区，保护区面积达2700多公顷，因山势类似四川峨眉而得名。古树老藤、奇花异草、绝壁险峰、灌木草地、飞禽走兽、虫鸟蝉鸣、流云飞雾，是峨眉峰的写照。

9) 状元岩。状元岩景区坐落在泰宁县城北郊长兴村，离城区11.7千米，与上清溪唇齿相依。据县志记载，南宋庆元年间，少年邹应龙读书于此，庆元二年中状元，时年25岁，后人称其读书处为状元岩。距状元岩500米又有琵琶岩，是明朝道仙邢德兴修炼之处。这一带丹崖悬岩，茂林奇树，幽峡奇洞，飞瀑流泉，风景险绝优美，还有众多的珍禽异兽。从人文景观来看，它浸染了深厚的儒家文化和道家文化。作为一代名臣邹应龙的读书处，状元岩的山山水水染上了儒家文化深厚的印记，产生了不少传说，后人视为教育子弟努力求学的圣地。

10) 泰宁地质博物苑。地质博物苑位于县城湖滨路百竹园内，占地120亩。地质博物苑由服务中心、管理中心、展示区、园内绿化四个小区组成。其中，服务中心包括停车场、入口大门风车、售票房、硕石仿木台阶、地质名人大道、圆形七星平台、地质名人碑刻和八角大煽平台。管理中心包括办公室、接待室、资料室、库房等。展示区包括多媒体演示厅、地质遗迹展示馆。园内绿化包括园内休闲步道、休息平台、水体景观等。

3. 湖南崀山

（1）简介。

崀山风景名胜区是世界自然遗产、国家级风景名胜区、国家地质公园，位于湖南省新宁县境内，南与桂林相连，北与张家界呼应，是国内最为典型的丹霞地貌风景区，总面积108平方千米，地质结构奇特，山、水、林、洞浑然一体。

（2）地学旅游资源特点。

1）丰富多彩、个性突出。崀山风景区的旅游资源以丹霞峰林地貌景观为主体，造景地貌均以丹崖赤壁为基调。宏观上，层峦叠嶂、群峰挺立、气势磅礴、厚重雄浑。如著名景点八角寨相对高度400米，昂首峭立、绝壁千仞、高耸入云，俯瞰四面，近30千米范围内无数个单面丹霞山峰林立，像一群巨鲸闹海，气势非凡。微观上，个个景点挺拔峻峭，雄奇多姿，似人、似物，形态逼真。奇特的造景，使崀山丹霞地貌风景资源显示出独有的特色、明显的个性：集高、陡、深、长于一体，会雄、奇、险、秀于一身。

2）资源组合好，分布相对集中。崀山风景名胜区地跨两镇22个自然村，拥有大小景点500余处，旅游资源丰度为4.6个每平方千米，具有景点多、分布广、丰度高的特点。根据自然分布规律可分为五大景区、18个风景小区、80余个重要景点。其中，八角寨景区位于湘桂交界处，地域宽阔，景点繁多，"鲸鱼闹海""亚洲第一桥"等著名景点位于本区。此外还有山势雄险的白面寨、峡谷奇峰的米筛寨、水上乐园甜心岛等。本区森林密布、人烟稀少，生态保持极佳，汇集了崀山旅游特色之精华。

3）人文与自然景观浑然一体，相辅相成。崀山人文景观也十分丰富，有古人类石器时代遗址白面古寨、岳飞招安杨再兴的神龙庵遗址，湘军楚勇领袖江忠源在此发迹，清代两广总督刘长佑、南洋通商大臣兵部尚书刘坤一的墓地及刘氏宗祠也在此地，加之景区内瑶、侗、壮族杂居，民族风情异彩纷呈。

（3）崀山六绝。

第一绝是天下第一巷，位于天一巷景区，全长238.8米，两侧石壁高在120～180米之间，最宽处0.8米，最窄处0.33米，可谓"世界一线天绝景"。2009年，崀山天一巷入选世界纪录协会世界第一巷，创造了世界之最。

第二绝是鲸鱼闹海，位于八角寨景区，俯视峡谷，浮云缥缈，奇峰异石，时而露出头尾，恰似千万条鲸鱼在海中嬉戏。

第三绝是将军石，何家湾对面山上有块大石头，远看貌似披着披风的大将军临水立于扶夷江畔。将军石位于扶夷江景区，海拔399.5米，石柱净高75米，周长40米，沿扶夷江漂流而下，只见将军石背负青天，下临扶夷江，昂首挺胸，披坚执锐。

第四绝是骆驼峰，位于辣椒峰景区，峰高187.8米，长273米，有两处凹陷，分成骆驼头、骆驼背和骆驼尾，形象逼真，惟妙惟肖。

第五绝是天生桥，桥墩长64米，宽14米，高20米，桥面厚5米，全桥呈圆拱形，划天而过,气势磅礴,被誉为"亚洲第一桥"。

第六绝是辣椒峰,位于辣椒峰景区,高达180米,头大脚小,形似一只硕大无比的辣椒。

4. 广东丹霞山

(1) 简介。

广东丹霞山(中国红石公园)位于广东省韶关市仁化县境内,总面积292平方千米,是广东省面积最大的风景区、以丹霞地貌景观为主的风景区和世界自然遗产地。

丹霞山是世界丹霞地貌命名地,由680多座顶平、身陡、麓缓的红色砂砾岩石构成,"色如渥丹,灿若明霞",以赤壁丹崖为特色。据地质学家研究,在世界已发现的1 200多处丹霞地貌中,广东丹霞山是最典型、类型最齐全、造型最丰富的丹霞地貌集中分布区。

(2) 地学旅游资源类型。

丹霞山旅游资源丰富,种类繁多,品位高。据调查,已记录近1 000个资源单体,其中,自然资源约占70%,人文资源约占30%,旅游资源结构良好,如表3-5所示。

表3-5 广东丹霞山的旅游资源

大类	中类	小类	大类	中类	小类
自然景观	天景	日月星光	人文景观	园景	陵园墓园
		虹霞蜃景			田园风光
	地景	大尺度山地		建筑	风景建筑
		山景			民居宗祠
		奇峰			文娱建筑
		峡谷			商业服务建筑
		洞府			宗教建筑
		石林石景			纪念建筑
		蚀余景观			工交建筑
		地质珍迹			水文水工建筑
		其他地景		胜迹	遗址遗迹
	水景	泉井			摩崖题刻
		江河		风物	节假庆典
		湖泊			地方人物
		潭池			地方物产
		瀑布跌水			
		沼泽滩涂			
	生景	森林			
		草原草地			
		古树古木			
		珍稀生物			
		植物类群			

(3) 主要旅游景观。

丹霞山主要分为丹霞景区、韶石景区、巴寨景区、仙人迹景区与锦江画廊游览区，已开发的有丹霞景区的长老峰游览区、阳元石游览区、翔龙湖游览区。巴寨景区和锦江画廊游览区是以自然山水观光为主。

1）仙山琼阁。锦江左边山峰上有一座亭楼，名叫观景亭。顺石阶登楼阁，四周景色尽收眼底，向前眺望，有姐妹峰、拇指峰、茶壶峰。茶壶峰酷似一只茶壶，壶盖、壶嘴一一具备，唯独没有茶壶把手。茶壶峰前后的燕岩、平顶又如一张茶几和茶杯与茶壶山对应成趣。往左望去，便是"朝天龙"。最远处有一峰直立，形如观音，前面更有两座小石峰，宛如金童玉女，形成"童子拜观音"的景观。

2）仙居岩道观。仙居岩道观相传是张天师南游时居住的地方，后人为纪念张天师便在此修建道观。原有道观三间，道房五间，水池一口。仙居岩面向西北，左前方为九龙峰，前有芭蕉冲谷。芭蕉冲谷又称真仙谷，一路奇石异洞，洞前一片芭蕉林，蕉林正置崖下，崖顶四季飞雨飘洒，自成天然奇景。

3）幽洞通天。沿登山大道拾级而上，左转，即见一处自然风化侵蚀的岩洞，上面刻着"幽洞通天"四字。这是一孔圆筒形的水平通道，洞内高只有 0.9 米，是由流水侵蚀岩石和坍塌石块堆积而成，洞深不足 10 米，冬暖夏凉。通道的另一端连着一个垂直的通天大洞，高达 40 余米，直通中层风景区，周围削壁危立，古蔓长藤垂挂。由于空气的对流作用，洞内常会生风。

4）长天一线，又名百丈峡。从"幽洞通天"向右走 100 米，迎面一座山崖倚天矗立，大自然将山崖自上而下劈开一缝，长 70 余米，高 40 余米，宽才 1 米左右，最窄处仅 0.7 米，成为"幽洞通天"到"锦石岩"的一条幽径。

5）双沼碧荷。双沼碧荷位于中层风景区的右侧，原来的正气阁之下。这里有 3 米多高的巨石崛起，形似平台，平台上凿有两个石池，一大一小，形如两面明镜，所以这里也曾称作"双镜池"。

6）独占鳌头——状元岩。状元岩位于长老峰景区宝珠峰片鳞岩侧，形如鳌头，头耳鼻眼身皆备，栩栩如生，得名状元岩，又名独占鳌头。其发育于丹霞组岩层白寨顶段，岩体差异风化而成，其中白色漏斗状鳌眼为风化碎屑含碳酸钙沉积所致。

7）生命的舵石。此石位于丹霞山主山北侧的尽头，三面绝壁，站在此处，丹霞北部风光尽在眼底。丹霞山本体山峰的形状犹如一艘巨轮，宝珠峰在船尾，峰顶东南端崛起一块红石，就像船舵一样，因此得名"舵石"。

8）巴寨。巴寨主峰又称大巴寨，是丹霞群山的最高峰，有人说它像即将腾空的宇宙飞船，也有人觉得它更像一员身穿盔甲的古代武将，还有人觉得像某个修建于山麓之上的罗浮宫。巴寨主峰气势不凡，百余米高的绝壁上是陡峭的天梯，真有"一夫当关，万夫莫开"的架势。山上草木葱茏，瀑布常年蓄水，半山腰有一个宽阔的山洞大厅，从此处再攀登一段险峻的石梯才能到达山顶，这里有茂盛的亚热带丛林。从山脚向上仰望，其陡峭险峻、神秘莫测的大自然奇迹令人叹为观止。

9）茶壶峰。此峰色泽褚红，和紫砂色近，壶身圆润，上峰微削如聚，顶端一岩如滴，正似壶盖，壶把和壶嘴则为左右两边的瘦峰，惟妙惟肖。茶壶峰边几朵小峰相随，恰似茶具，不由感慨大自然造物的神奇。

10）禅机顿悟——梦觉关。此景位于锦石岩寺外山门和内山门之间，距锦石岩约1千米，是大型蜂窝状洞穴，岩穴长6米，进深2.5米，高2米。此处上接峭崖，下临深壑，形势险要，有如关隘。去往梦觉关的深幽山路，蜿蜒崎岖，曲径通幽，两旁翠竹掩映，绿树婆娑，随处都是绿油油的景致。梦觉关是早期河床上流水旋转侵蚀，形成了大型侧向窝穴群，经后期风化剥蚀而成，有些洞穴可以互相串通。

11）马尾瀑。马尾瀑，古籍记载称为龙尾泉，位于锦石岩寺旁。马尾瀑布悬挂在锦石岩大崖壁上，气势飞鸿，韵味清丽。马尾瀑源头由海螺峰东北坡及宝珠峰西南坡的水流汇集而成，自锦石岩顶的千尺岩头飞泻而下，直落深潭，形成落差200米的悬泉瀑布。清泉如白练般从山顶倾泻而下，被吹来的山风撕为千丝万缕，随风飘摆，俨如天马扬尾，气势非凡，带给人绝妙的视觉冲击，不可不说是一大惊喜。

12）玉女拦江，也称地母岭、睡美人，坐落在阳元山西北面。沿着锦江流水方向远眺，映入眼帘的是一条由数个山峰组成的美丽曲线，宛若一位横卧着披散着长发的少女，她枕着江流，鼻梁俊俏，酥臂轻柔，玉腿舒展，下颌、胸和腹等部位所勾勒出的曲线美惟妙惟肖，甚至于颈部间的翡翠玉坠也能看见，令人叫绝。

13）群象出山。此山位于阳元山东部，一群山峰宛若一群大象。山顶建有亭子的是头母象，如同头戴皇冠，威风凛凛。群象随着天气的阴晴而变化，有时临江饮水，有时披云驾雾，犹如仙象下凡。传说以前因锦江河道狭窄，流水曲折不畅，每逢大雨，洪水泛滥，百姓苦不堪言，天宫的长老仙翁得知此事，即命五匹神象挖河床，命五匹仙马把水赶入浈江，从此以后，这里风调雨顺，年年丰收，百姓安居乐业。神象也化为一处美景"群象过江"，五马也耸立南端，成为"五马归槽"一景。仙翁驻足江边成为长老仙翁，后人为了纪念长老仙翁，把主山称为"长老峰"。

5. 江西龙虎山

（1）简介。

龙虎山，位于江西省鹰潭市西南20千米。东汉中叶，正一道创始人张道陵曾在此炼丹，传说"丹成而龙虎现"，山因此而得名。其中，天门山最高，海拔1 300米。龙虎山是中国第八处世界自然遗产、世界地质公园、国家自然文化双遗产地、国家5A级旅游景区、全国重点文物保护单位。龙虎山主要风景区有上清宫景区、天师府景区、龙虎山景区、仙岩水岩景区、岩墓群景区、象鼻山排衙石景区、独峰马祖岩景区。

（2）地学资源组成。

1）地质遗迹，主要包括记录中生代信江盆地形成、演化的地质历史及重大地质事件的地层、岩石、古生物化石等物质遗产，能够揭示中生代以来信江盆地地理环境变迁、重大气候事件、地壳构造形变，以及反映地球表层系统变化的地貌过程现象。例如，古沉积结构构造现象、岩性岩相特征、断层及节理构造形迹、地貌发育过程不同阶段的地质现象等。

2）自然地理，主要有由龙虎山河流侵蚀形成的疏散型宽谷峰林地貌和龟峰、雨水侵蚀形成的残余密集型峰林地貌及象形峰（石）组成的具有独特价值的丹霞系列自然地理现象，包含崖壁、石墙、石柱、石峰、孤峰、孤石、沟谷、洞穴等23种丹霞地貌单体形态类型、135座丹霞峰岭、100余处景点和225处有记录的峰岩奇石等丹霞景观单体。

3）生态系统及重要野生动植物。龙虎山保存有较好的低海拔常绿阔叶林，百年以上珍稀古树达278株。保存有已查明的野生高等植物262科、838属、1626种和已查明的脊椎动物33科、101属、387种，其中，被列入《世界自然保护联盟濒危物种红色名录》的濒危野生动植物有100余种，列入中澳候鸟保护协定的鸟类有14种，列入中日候鸟保护协定的有62种。

4）特色文化及文化遗址。龙虎山是太平洋地区东南亚诸国崖葬文化发源地，崖墓文物考古记录了2600多年前的古越族人的活动历史。在50平方千米的山崖洞穴里，考古发掘出春秋战国时期古越族人的崖墓200多处，其中十三弦琴与工具、陶瓷、原始青瓷等珍贵文物250余件。这一奇特的崖墓洞穴文化，成了世界丧葬文化的一大奇观。

（3）主要旅游景观。

1）圭峰，位于弋阳县南信江南岸，西距鹰潭35千米，地处三清山、龙虎山和武夷山之间。圭峰共有36峰，八大景观，原名龟峰，因山石相叠如龟得名。

2）天门山，位于上清镇南部5千米，最高峰海拔1300米。天门山属晚侏罗纪火山岩地貌，整个景区山坡陡险，谷地幽深，怪石遍布，森林茂密，巍峨壮观。

3）金枪峰，位于大鹅湖东，又名碣石、朴白石。金枪峰海拔118米，峰柱高约60米。

4）象鼻山，是长期受雨水冲刷溶蚀风化而脱落，造成崩塌残余型的石梁穿洞类景观。高约100米的山峰有一石梁凌空垂下，整个山体就像一只巨型石象在汲水。

5）排衙峰，长约2千米，最高峰高267.5米。排衙峰由多组山峰连接而成，是长期受水流冲刷侵蚀而形成的峰丛类景观，山势为南北走向，呈狭长形。从北至南的山峰主要有：北端的三清论道峰，中间的八戒梦仙峰、鲤鱼峰、状元峰、蜡烛峰，南端的大刀切峰等。

6. 浙江江郎山

（1）简介。

江郎山，古称玉郎山、金纯山，位于浙江省江山市石门镇境内。江郎山地质遗迹区地处峡口盆地，位于江山－绍兴断裂带的东南侧，是扬子准地台与华南褶皱系接壤的东南部过渡地带。出露的地层主要为下白垩统永康群，从老至新依次为馆头组（K_1g）、朝川组（K_1c）和方岩组（K_1f）。该盆地呈北东向展布，盆地内的岩石主要由白垩纪紫红色砂砾岩组成，区内的地质遗迹以江郎山景区丹霞地貌为主，有奇峰、赤壁与峡谷等观。自古以来，白居易、王安石、陆游、辛弃疾、徐霞客等许多文人墨客到此游览观光，并写下了很多脍炙人口的赞美诗篇。

（2）地学旅游景观。

江郎山按旅游地理学的分类属丹霞地貌景观，具有丹崖、险峰、岩洞和幽谷等地貌景观；按地学成因分类为构造剥蚀地貌，具有顶平、身陡、麓缓这三种丹霞地貌的基本构造剥蚀坡面。按旅游美学的观点，它既具有鲜艳的色彩美，又具有雄、奇、险的形态美，还具有云雾飘动、气象变幻的动态美，是一处很具有美学欣赏价值的自然景观。

1）三爿石，三爿石位于江郎山景区的中心位置，高约300米，壁立插天，色丹夺目，矗立于海拔500米的众山之上。它们按"川"字形相对而立，形成了"三峰列汉"的奇景。郎峰是三峰中最大的一座石峰，它海拔819.1米，昂首天外，外形庞大，成椭圆状，长约

420米，宽约240米，四周都是丹崖赤壁，丹崖高300~369米，被称为"神州丹霞第一奇峰"；亚峰海拔737.4米，上巨下敛，似欲倾倒，像插地宝剑兀立于峰间，这种陡直俊俏的丹霞险峰在国内罕见；灵峰海拔765米，峰顶尖而峥嵘险峻，峰腰挺拔而婉约多姿。

2）丹霞赤壁，为巨厚红砂、砾岩层。因长期地力作用，岩层倾斜与褶皱断裂，加上漫长的水流侵蚀、崩塌，形成了红砂岩山石的悬崖陡壁、奇峰异石。

3）"一线天"，是亚峰和灵峰之间的深壑陡直峡谷，在亚峰一侧高达228.5米，灵峰一侧高达256.1米，长308米，高298米，绝大部分底宽4米，整体形状非常均匀，极为恢宏险峻。走进"一线天"能看到三大景观：入口处能看到高达300米的阿拉伯数字"1"，走进"一线天"能看到长达298米的中文数字"一"，当走到"一线天"中部，就能看到一个美术体的中文数字"一"。

4）仙霞关，是"浙江诸山之祖"。仙霞岭海拔1 413米，是浙江省省级重点文物保护单位，全国保存最完整的唐末黄巢起义遗址，素称"东南锁钥，八闽咽喉"，含仙霞古道、古关隘、冲天苑、戴笠故居以及岭南的省级文化名镇廿八都、浮盖山等主要景点53处。这里与剑门关、函谷关、雁门关并称为中国四大古关口。仙霞古道在崇山峻岭中蜿蜒，一路林木森森、篁竹蔽天，古道石级缝中冒出青草，有浓浓的苍凉感，从江山市的仙霞关至枫岭关，道道险关扼守着这条浙、闽间的商旅要道。

5）枫岭，又名大竿岭，在江山市须江镇西南约50千米，浙、闽两省界上，因古时多塘枫而得名，属仙霞岭南支，主峰尖峰山，海拔1 240米，山势险要，有"东方剑阁"之称。

7. 张掖丹霞

张掖丹霞地貌群，俗称"张掖丹霞"，由七彩丹霞和冰沟丹霞组成。其气势之磅礴、场面之壮观、造型之奇特、色彩之斑斓，令人惊叹。它不仅具有一般丹霞的奇、险，而且更美的在于色。在10余平方千米的范围内，随处可见有红、黄、橙、绿、白、青灰、灰黑、灰白等多种鲜艳的色彩，把无数沟、山丘装点得绚丽多姿。

张掖丹霞地貌是国内独有的丹霞地貌与彩色丘陵景观复合区。景观区主要包括冰沟丹霞风景区和七彩丹霞风景区两大景观区，两地间隔约12千米。冰沟丹霞风景区主要分布在张掖市肃南县康乐乡、白银乡地段，七彩丹霞风景区主要分布在临泽县倪家营乡。以肃南裕固族自治县白银乡为中心，海拔高度在2 000~3 800米，东西长约40千米，南北宽5~10千米的地方，数以千计的悬崖山峦全部呈现出鲜艳的丹绝色和红褐色，相互映衬、各显其神。其造型奇特、色彩斑斓、气势磅礴，把祁连山雕琢得奇峰突起、峻岭横生、五彩斑斓，当地少数民族把这种奇特的山景称为"阿兰拉格达"（意为红色的山）。

思考题

1. 分析丹霞地貌作为旅游资源的价值。
2. 举例说明中国丹霞地貌景观特征及其旅游开发。
3. 简述赤水丹霞地貌景观旅游开发与环境保护。

推荐阅读书目

[1] 郭福生，李晓勇，姜勇彪，等. 龙虎山丹霞地貌与旅游开发 [M]. 北京：地质出版社，2012.

[2] 黄进. 丹霞山地貌 [M]. 北京：科学出版社，2010.

[3] 李燕琴，张茵，彭建. 旅游资源学 [M]. 北京：北京交通大学出版社，2007.

[4] 彭华. 世界地质公园：中国红石公园——丹霞山 [M]. 北京：地质出版社，2004.

[5] 孙克勤. 地质旅游 [M]. 北京：地质出版社，2011.

[6] 熊康宁，肖时珍，陈浒，等. 世界遗产与赤水丹霞景观 [M]. 北京：高等教育出版社，2012.

第4章

火山旅游景观欣赏

本章概要

本章首先对火山的成因、分布、类型以及火山作用进行了介绍；其次阐述了火山旅游资源的概念、分类、我国的空间分布和国内外开发现状；最后选择了五大连池、山西大同、云南腾冲和北海涠洲岛火山景观为代表进行欣赏。

关键性词语

火山、火山旅游、火山作用、火山旅游景观、空间分布、火山旅游开发、景观欣赏。

4.1 火山与火山作用

火山是一种常见的地貌形态，是由地下熔融物质及其携带的固体碎屑冲出地表后堆积形成的山体。地壳之下100~150千米处，有一个液态区，区内存在着高温、高压下含气体挥发成分的熔融状硅酸盐物质，即岩浆。岩浆从地壳薄弱的地段冲出地表，就形成了火山。

4.1.1 火山成因

火山是由固体碎屑、熔岩流或穹状喷出物围绕着其喷出口堆积而成的隆起的丘或山。火山喷出口是一条由地球上地幔或岩石圈到地表的管道，大部分物质堆积在火山口附近，有些被大气携带到高处而扩散到几百或几千千米外的地方。火山主要形成在板块交界处，因为在板块交界处，一个板块会俯冲到另一个板块之下，俯冲下去的那个板块的岩石会因为强大的压力而融化形成岩浆，岩浆会上升，有些在上升到一定程度就停住了，另外一些（大部分）

会上升到地表从而形成火山。地球内部的放射性物质衰变释放出的热量也会使岩石融化上升到地表形成火山。

4.1.2 火山分布

板块构造理论建立以来，很多学者根据板块理论建立了全球火山模式，认为大多数火山都分布在板块边界上，少数火山分布在板块内，前者构成了四大火山带，即环太平洋火山带、大洋中脊火山带、东非裂谷火山带和阿尔卑斯－喜马拉雅火山带。有学者提出两极挤压说，揭开了地球发展的奥秘，认为在两极挤压力作用下，地球赤道轴扩张形成经向张裂和纬向挤压，全球火山主要分布在经向和纬向构造带内。

1. 环太平洋火山带

环太平洋火山带（又称环太平洋带、环太平洋地震带或火环），南起南美洲的安第斯山脉，经北美洲西部的落基山脉（科迪勒拉山系），转向西北的阿留申群岛、堪察加半岛，向西南延续的是千岛群岛、日本列岛、琉球群岛、台湾岛、菲律宾群岛以及印度尼西亚群岛，全长4万余千米，呈·向南开口的环形构造系。环太平洋火山带有活火山512座，其中，南美洲科迪勒拉山系安第斯山南段有30余座活火山，北段有16座活火山，中段尤耶亚科火山海拔6 723米。再向北为加勒比海地区，沿太平洋沿岸分布着的著名的火山有奇里基火山、伊拉苏火山、圣阿纳火山和塔胡木耳科火山。北美洲有活火山90余座，著名的有圣海伦斯火山、拉森火山、雷尼尔火山、沙斯塔火山、胡德火山和散福德火山。

环太平洋火山带，火山活动频繁，据历史资料记载，全球现代喷发的火山中，这里占80%，主要发生在北美、堪察加半岛、日本、菲律宾和印度尼西亚。印度尼西亚被称为"火山之国"，南部包括苏门答腊、爪哇诸岛构成的弧－海沟系，火山近400座，其中129座是活火山，这里仅1966—1970年5年间就有22座火山喷发。此外，海底火山喷发也经常发生，致使一些新的火山岛屿出露海面。

环太平洋火山带的火山岩主要是中性岩浆喷发的产物，形成了钙碱性系列的岩石，最常见的火山岩类型是安山岩。距海沟轴150~300千米的陆地内，安山岩平行于海沟呈弧形分布，即成所谓的"安山岩线"。自海沟向陆地方向，岩石有明显的水平分带性，一般随着与海沟距离的增大，依次分布为拉斑系列岩石、钙碱性系列岩石和碱性系列岩石。这里的火山多为中心式喷发，爆发强度较大，如果发生在人口稠密区，则往往造成严重的火山灾害。

2. 大洋中脊火山带

大洋中脊也称大洋裂谷，它在全球呈"W"形展布，从北极横穿过冰岛，到南大西洋，这一段平分了大西洋，并和两岸海岸线平行。向南绕非洲的南端转向东北与印度洋中脊相接，印度洋中脊向北延伸到非洲大陆北端与东非裂谷相接，向南绕澳大利亚东去，与太平洋中脊南端相接。太平洋中脊偏向太平洋东部，向北延伸又进入北极区海域，整个大洋中脊构成了"W"形图案，成为全球性的大洋裂谷，总长8万余千米。大洋裂谷中部多为隆起的海岭，比两侧海原高出2~3千米，故称其为大洋中脊；在海岭中央又多有宽20~30千米、深1~2千米的地堑，所以又称为大洋裂谷。大洋内的火山就集中分布在大洋裂谷带上,人们称其为大洋中脊火山带。洋底岩石年龄测定结果,说明大洋裂谷形成较早,但张裂扩大和激烈活动是在中生代到新生代,尤其第四纪以来更为活跃,突出表现在火山活动上。

大洋中脊火山带火山的分布也是不均匀的,多集中于大西洋裂谷,北起格陵兰岛,经冰岛、亚速尔群岛至佛得角群岛。该段长达万余千米,海岭由玄武岩组成,是沿大洋裂谷火山喷发的产物。由于火山多为海底喷发,因而不易被人们发现。据有关资料记载,大西洋中脊仅有60余座活火山。冰岛位于大西洋中脊,冰岛上的火山我们可以直接观察到,岛上有200余座火山,其中,活火山30余座,人们称其为火山岛。

3. 东非裂谷火山带

东非裂谷是大陆最大裂谷带,分为两支:东支南起希雷河河口,经马拉维,向北纵贯东非高原中部和埃塞俄比亚中部,至红海北端,长约5 800千米,再往北与西亚的约旦河谷相接;西支南起马拉维湖西北端,经坦噶尼喀湖、基伍湖、爱德华湖、阿尔伯特湖,至艾伯特尼罗河谷,长约1 700千米。裂谷带一般深达1 000~2 000米,宽30~300千米,形成了一系列狭长而深陷的谷地和湖泊,如埃塞俄比亚高原东侧大裂谷带中的阿萨尔湖,湖面在海平面以下150米,是非洲陆地上的最低点。

自中生代裂谷形成以来,火山活动频繁,尤其晚新生代以来更为盛行。据统计,非洲有活火山30余座,多分布在裂谷的断裂附近,有的也分布在裂谷边缘数百千米以外,如肯尼亚山、乞力马扎罗山和埃尔贡山,它们的喷发同裂谷活动也密切相关。

4. 阿尔卑斯-喜马拉雅火山带

这一带共有活火山70余座,其中地中海沿岸有13座,印度尼西亚有60余座。这一火山带喷发的岩浆性质从基性到酸性都有,不同的火山表现不同,同一火山不同喷发阶段也有变化。

4.1.3 火山类型

1. 按活动情况划分

(1) 活火山,指尚在活动或周期性发生喷发活动的火山。这类火山正处于活动的旺盛时期,如爪哇岛上的默拉皮火山,21世纪以来,平均间隔两三年就要持续喷发一个时期。我国火山活动以台湾岛大屯火山群的主峰七星山最为有名。

(2) 死火山,指史前曾发生过喷发,但有史以来一直未活动过的火山。此类火山已失去了活动能力,有的仍保持着完整的火山形态,有的则已遭受风化侵蚀,只剩下残缺不全的火山遗迹。我国山西大同火山群在约123平方千米的范围内,分布着99个孤立的火山锥,其中狼窝山火山锥高将近1 900米。

(3) 休眠火山,指有史以来曾经喷发过,但长期以来处于相对静止状态的火山。此类火山都保存有完好的火山锥形态,仍具有火山活动能力,或尚不能断定其已丧失火山活动能力。如我国长白山天池,曾于1327年和1658年两度喷发,在此之前还有多次活动。虽然目前没有喷发活动,但从山坡上一些深不可测的喷气孔中不断喷出高温气体,可见该火山如今正处于休眠状态。

应该说明的是，这三种类型的火山之间没有严格的界限。休眠火山可以复苏，死火山也可以"复活"，相互间并不是一成不变的。过去一直认为意大利的维苏威火山是一个死火山，在火山脚下，人们建筑起许多的城镇，在火山坡上开辟了葡萄园，但在公元 79 年维苏威火山突然爆发，高温的火山喷发物袭占了毫无防备的庞贝和赫拉古农姆两座古城，两座城市及居民全部毁灭和丧生。

2. 按喷发类型划分

（1）裂隙式喷发，又称冰岛型火山喷发，岩浆沿地壳中的断裂带或裂隙溢出地表，这样形成的火山通道在地表呈窄而长的线状，向下呈墙壁状。这类喷发没有强烈的爆炸现象，喷发温和宁静，喷出的岩浆为黏性小的基性玄武岩浆，碎屑和气体少。基性熔岩溢出后，可以形成广而薄的熔岩流、熔岩坡或熔岩台地，甚至形成熔岩高原。

（2）熔透式喷发。熔透式喷发的岩浆上升时，由于温度很高，再加上岩浆和岩石之间的一些化学作用，致使上面的岩石被熔透而顶开，形成直径很大、形状不规则的火山通道，岩浆失去压力后大面积溢出地表。炽热的岩浆从火山通道缓慢溢出形成熔岩流，最后逐渐冷凝形成熔岩。熔透式喷发形成的火山岩分布范围很广，火山口一般不明显。这类喷发，有时岩浆上升停留在中途，没能融化，顶部岩层便冷凝下来，只在地面隆起成丘，这种火山称为潜火山或地下火山。一些学者认为，远古时代地壳较薄，地下岩浆热力较大，常造成熔透式岩浆喷发，现代已不存在。

（3）中心式喷发，指岩浆沿火山喉管喷出地面，根据喷出物和活动强弱又可分为宁静式、暴烈式和中间式，其名称用代表性的火山名或地名、人名命名。

3. 按火山锥划分

火山熔岩构成的是熔岩锥，它形状扁平、坡度缓（2~10 度），顶部有碗状火山口，其中规模巨大的叫盾形火山。全部由火山碎屑组成的是碎屑锥，其平面近似圆形，坡度约 30 度，顶部有一个漏斗状火山口。由熔岩和碎屑互层构成的叫复合锥，也叫层状火山锥，其坡度大多超过 30 度，形状比较对称，上部多熔岩，下部和边缘主要是火山碎屑，火山口呈碗状或漏斗状。有些火山锥坡上还有小型火山锥，其通道与主火山锥的通道相连，无独立的岩浆源，这种小型火山锥称寄生锥。

4.1.4 火山作用

火山作用又称喷发作用，是指岩浆喷出地表，冷凝成岩浆岩的活动过程。火山喷出物按物质状态可分为气态、液态和固态。气态喷出物指火山喷发过程中的各种气态物质。从火山喷发开始到终止都有气体喷出，它们主要来源于岩浆中的各种挥发分。在岩浆向上运移的过程中，随着上覆岩石的压力逐渐降低，溶解在岩浆中的挥发性组分就以气体的形式分离出来。气态喷发物的成分以水蒸气为主，含量占 60%~90%，此外还有二氧化碳、氢气等。液态喷出物也称为熔浆，它与岩浆的区别是挥发分较少。熔浆冷凝后形成的岩石称熔岩。不同类型的熔浆，黏度不同、流动性不同，冷凝后形成不同类型的熔岩地貌。固态喷出物来源于围岩碎块以及冷凝、半冷凝的岩浆炸碎物质。

4.2 火山旅游资源概述

4.2.1 火山旅游资源的概念

目前,火山旅游资源并没有一个明确的概念。刘若新认为,火山资源包括由火山作用形成的矿产资源、地热资源和由火山喷发形成的火山景观旅游资源。吴胜明将火山资源定义为由火山活动形成的资源,包括火山土壤资源、火山区地热能、火山矿产和火山风景。巩杰生等描述了火山及有关旅游资源,并将我国新生代火山及有关旅游资源分为火山资源和火山岩区水圈旅游资源,其中,火山资源包括火山锥、盾火山、喷溢构造、熔岩流、熔岩隧道、柱状节理和熔岩裂隙塌陷等;火山岩区水圈旅游资源则包括湍流洞溪、瀑布、峰谷、峡谷、堰塞湖、火山口湖、矿泉、温泉、泉、熔岩海滨、海水淹没火山口和火山岛等。

本书根据前人对火山资源的描述,结合现代旅游业的发展,厘定了火山旅游资源的概念。火山旅游资源是指通过发现、发掘、发挥、改善和提高等技术过程,能够成为旅游吸引物,并可转变成旅游产品的各种火山资源和火山文化。

4.2.2 火山旅游资源的分类

1. 火山资源

火山资源,是指与火山作用有关的资源。火山作用,则是指火山活动及其对自然界产生的影响的总称,包括对地面的影响和对地下的影响。例如引起地震,产生火山喷发,改变地球面貌和生态环境,形成熔岩高原、火山锥、火山口、火山地堑、火山构造凹地、熔岩隧洞等地表形态;喷出碳酸气、火山灰和其他气体,改变大气成分及影响大气活动;分离出火山水,增加地球水泉质量,以及使地下水温升高,造成温泉、矿泉、间歇泉;促进地球内部元素迁移,形成矿藏等。

(1) 火山地质与地貌。

火山地质景观是指由火山的物质组成(火成岩)、结构(地质剖面、节理等)、火山喷出物(火山弹、火山砾、火山渣、火山灰、火山玻璃、浮岩等)构成的景观。火成岩分为玄武岩、安山岩和流纹岩。玄武岩是最主要的火成岩,非常坚硬,是建筑和桥梁良好的基础材料。近年来,人们将它熔化成铸石,浇铸成坚硬耐磨、耐酸、耐碱和不导电的管子、绝缘体、各种器皿等。溶化后的玄武岩经喷射工艺,还可制成具有良好保温作用的岩棉。火山柱状节理以北爱尔兰的巨人岬、苏格兰西海岸外的斯塔法岛最为著名。

火山地貌则是指由火山活动所形成的各种地貌,包括各种类型的火山锥和熔岩流形成的各种地貌,如火山颈、火山口、熔岩垄岗、熔岩台地、熔岩高原、熔岩瀑布、熔岩脊、熔岩隧洞等。火山地貌以美国怀俄明州的魔鬼塔(火山颈)和夏威夷火山国家公园、西班牙的兰萨若特火山岛以及我国的五大连池最为著名。

火山灾害遗迹、遗址地貌主要包括因火山喷发所造成的泥石流、滑坡、人类居住地破坏遗址,以及碳化木、硅化木林等。火山喷发灾害遗迹以意大利维苏威火山区的庞贝古城最为著名。火山地质资源主要用于科考研究和科普教育,也具有一定的观赏功能。火山地貌景观可广泛用于参观游览、体育运动、科学研究和科普教育等。

（2）火山矿产与能源。

火山矿产是指由火山活动造成的黄金、硫黄、砷、铜、铅、锌等矿石和金刚石、锆石等宝石，由火山喷出的许多气体，如氯化氢、二氧化硫、氟化氢，以及火山土壤等。南非的金刚钻石享誉世界，其出产地是一个几千万年前的古老火山颈。此外，火山矿产还包括火山温泉、矿泉水，以及火成岩石材和火成岩风化土等。

火山矿产在旅游方面的应用主要是将火山温泉、矿泉水用于保健疗养，将火山石材用于建设火山区特色建筑物。此外，一些矿产如金刚石、锆石等还可用于制作火山区旅游工艺品。火山土壤，指由火山灰或火成岩风化土组成的土壤，因含有丰富的矿物质而成为肥沃的土壤。古巴、哥伦比亚、印度尼西亚盛产甘蔗和咖啡，法国中部盛产葡萄，韩国济州岛和意大利维苏威盛产柑橘，日本火山地区盛产桑椹，以及中美洲的水果，都与肥沃的火山土壤有关。因此，火山土壤主要用于发展火山观光农业。

火山区能源资源主要指火山区地热，即火山区深部高温热水和热气所储藏的热能。日本、冰岛和新西兰是世界上开发火山地热资源最广泛的国家。火山区地热在工业上可用于发电，在旅游方面则可将火山区地热发电站开辟为旅游景点，而将用于发电后的余热水循环用于温泉疗养。

（3）火山区水体景观。

火山水体景观，主要是指火山口湖、堰塞湖、瀑布、喷泉等地表水与火山地质和地貌结合所形成的新景观。美国黄石公园的五彩池和间歇泉、巴西与阿根廷交接地区的伊瓜苏瀑布，以及我国吉林的长白山天池（火山口湖）和黑龙江的镜泊湖（堰塞湖）都享有盛名。

火山水体景观是火山资源中主要的旅游资源，可用于参观游览、保健疗养、体育运动、科学研究和科普宣传等。

（4）火山区生物群落。

与其他地区相比，火山区生物群落因受火山活动（特别是火山喷发）的影响而表现出更频繁的迁徙性和新生性，因此，大多数火山区都有一些独特的动物或奇花异草。火山区生物群落可广泛用于参观游览、保健疗养、体育运动、科学研究和科普教育等。

（5）火山喷（爆）发。

由于地壳的强烈运动，地壳中的某些部位发生断裂破碎，压力降低，引起岩浆聚集，并有气体、水蒸气从中分离出来，致使体积膨胀，压力增高，推动岩浆沿地壳中的断裂和破碎带向地面运移，直至冲出地面，产生火山喷发。火山喷发是自然界最雄伟壮观和惊心动魄的景观，火山也因此而被赋予独特的生命活力。这是火山与其他山体最本质的区别，也是其最富吸引力的特性。菲律宾的马荣火山，以及意大利的埃特纳火山喷发吸引了成千上万的游客前往观看。因此，火山喷发景观是非常具有特色的旅游吸引物。

2. 火山文化

火山文化，是指人类利用火山资源所创造的物质和精神财富以及行为方式的总和。如果火山文化融入旅游业，通过火山物质文化、火山精神文化和火山行为文化在现实中的人文活动，就能充分展示火山文化神奇的人格化的色彩，赋予历史遗留下来的火山文化一种现实的生命力。

(1) 火山物质文化。

火山物质文化，主要指火山区的民居、火山石器、历史文物、火山监测防灾系统、火山工艺品等。意大利的庞贝古城、韩国济州岛的玄武岩石建民居和"石头爷爷"颇具特色。随着人们对火山灾害的日益关注，火山监测防灾系统（如火山观测站）将成为火山区游客参观的热点。

(2) 火山精神文化。

火山精神文化，主要指火山区的宗教信仰、文学艺术、火山科普等。在火山区，关于火山神的传说极具神秘色彩，是游客关注的话题。随着一些火山国家地质公园的建立，火山科普已日渐引起重视，并成为旅游关注的热点。

(3) 火山行为文化。

火山行为文化，主要指火山区的特色餐饮、民间节日、生活习俗等。美国的夏威夷、西班牙的兰萨若特岛等火山地区，利用火山地热烘烤食物极具表演和观赏性；夏威夷人的草裙舞表演也享有盛名。

火山文化可广泛用于参观游览、文化娱乐、考古研究、历史教育、宗教活动、文化传播等。

4.2.3 我国火山旅游资源的空间分布

我国火山旅游资源除西南地区古生代较大规模的峨眉山玄武岩旅游资源、东南大陆边缘带的中生代流纹质火山岩旅游资源外，以新生代火山旅游资源分布最广。

古生代火山活动形成的火山旅游资源主要分布在四川大渡河大峡谷、大瓦山和峨眉山。中生代火山活动形成的火山旅游资源主要有浙江雁荡山、临海，安徽的浮山和甘肃玉门红柳峡等。雁荡山中酸性火山岩叠置成巨厚的火山岩层；浮山白垩纪火山喷发形成破火山；临海为晚白垩世火山喷发岩系地貌特征，属浙东沿海中生代晚期火山喷发带的组成部分。新生代火山岩旅游资源丰富，主要分布在东北、内蒙古、山西、山东、雷州半岛、海南岛、长江下游、闽浙沿海及青藏高原和滇西等地。除广西涠洲岛、南海、西藏具有海相火山喷发外，其他地区均为陆相火山喷发。

4.2.4 火山旅游资源的开发利用

虽然火山在世界上广泛分布，但保存完好且典型的火山地貌，特别是活火山旅游资源并不多见。正因为火山旅游资源的高品位性和新奇性对旅游者具有很强的吸引力，所以开发火山旅游资源具有较高的经济价值。在蓬勃发展的旅游事业中，利用火山作为招徕游客的资本，在国外屡见不鲜。

1. 世界主要火山国的火山旅游资源开发

日本是一个多火山的国家，十分重视火山旅游资源的开发。一是建立火山公园。火山公园是日本自然公园的重要组成部分，由火山山体以及火山作用所形成的湖泊、温泉、瀑布等构成。按其管理体制的不同，大体上可以划分为国立公园、国定公园和县立公园三类。著名的国立公园有富士、箱根、日光、阿苏国立公园等。二是因地制宜地开发和利用火山旅游资源。根据不同地区火山旅游资源主导要素的不同，广泛开展火山观光、登山、温泉疗养、滑雪、探险旅游等活动。在一些活火山地区，为保护游客的安全，预防火山突然喷发，旅游部门特意在火山口周围修建了大批钢筋水泥的地堡，如遇突然情况发生，游客即可躲入地堡中避难。三是加强各种旅游设施的建设。日本在开发火山旅游区的过程中，非常重视旅游设施的建设，以满足旅游者各方面的需要。如修建了专供旅游者使用的游览单轨铁路3条、电缆车轨道28条、普通索道100多条以及专供旅游者夏天登山和冬天滑雪使用的索道1 600多条。四是重视火山旅游资源的保护，以保证火山资源的持续利用。

新西兰北岛的中部和西海岸，有许多著名的火山。利用这些火山，新西兰建立了几处独特的火山公园，北岛的坦盖利尔公园便是其中之一。在这座公园里有15个火山口，其中3个是著名的活火山口。在这里，沸泉、间歇泉、喷气孔和内有沸腾岩浆的湖随处可见。火口湖里有小岛，岛上又有小湖，旅游者可以利用地热蒸汽灶烧土豆、烤羊肉，在饱览湖光山色之余，也可以享受美味的食物。

意大利活火山的奇景，使这里本来就很发达的旅游业更加兴隆。每次火山爆发时，都吸引了来自世界各地的旅游者。位于维苏威火山山麓的庞贝古城，不仅可以分辨出当年街心花园的喷水池、剧院、庙宇等，城墙上还贴有官府的布告，街道上留有清晰的车辙，甚至连保存在商店瓶罐中的面包、栗子、橄榄、葡萄等食品都未失去原来的样子。

2. 我国的火山旅游资源开发

我国现在有200多个国家地质公园，与火山有关的十几个，合理开发利用我国的火山旅游资源，对丰富我国旅游业的内涵、提高旅游业的层次具有重要的意义。

中国科学院院士、火山专家刘嘉麒认为，当前我国的火山资源开发还处于一个比较浅的层次。如相比于日本已经形成的温泉文化，我们的温泉开发还略显简单粗放。

我国的火山分布区都有丰富的火山旅游资源，从目前情况看，开发利用程度各不相同，但整体来看，开发利用力度不够。由于所处地理位置、交通、经济条件、距客源地远近不同，开发难易程度也不同，在开发顺序上也有先后，开发层次上也有高低。例如号称"火山博物馆"的五大连池火山，几乎集火山地貌之大成。熔岩流地貌类型之繁多，形态之奇丽，举世罕见。药泉山的矿泉久负盛名，目前在药泉山下已建有数座疗养院。这里可以建大型的高品位的供科学考察、休养疗养、观光游览的火山旅游胜地。大同火山群是华北最大的火山群之一，位于山西大同市东南约30千米，由20余座火山组成，零星散布于桑干河两岸。这里区位优越、交通方便，距国内主要客源市场较近，可以开发为供科学考察和观光游览的火山名胜区。

此外，位于云南省西部的腾冲火山群、位于广东雷州半岛的火山群和海南岛的火山群等所形成的火山旅游资源，都可考虑逐步开发利用。还有青藏高原的火山群，在开发条件成熟的情况下，也可考虑开发为层次较高的，供科学考察、探险旅游的火山名胜区。

综合开发即是将火山旅游资源与其他类型的旅游资源结合起来进行开发，如将水体、气候、生物、人文旅游资源等结合起来开发。火山旅游资源一般都与水体旅游资源、植物旅游资源共生，如火山作用形成的火口湖、堰塞湖，湖光山色，相得益彰。我国的长白山自然保护区、镜泊湖地区，都可以进行综合开发。而且我国的火山一般形成时期较久远，大型火山群多分布在少数民族地区，那里有各具特色的人文旅游资源，如东北地区、云南、海南、青藏高原等地，在开发火山旅游资源时，可考虑与当地特有的人文旅游资源结合起来，组合成风格独特的旅游产品。

　　火山旅游资源是十分珍贵的旅游资源，是不可再生的旅游资源，在开发过程中，一定要考虑其合理性，即以不破坏资源本身和周围的环境为前提。在开发前要进行科学论证，在制定开发规划时也要制定保护规划，划定保护区范围，保证火山旅游资源不会遭到破坏，防治对旅游区形成的污染，要将法律手段、经济手段、行政手段结合起来，加强宣传，增强旅游管理人员和旅游者的环保意识，保护火山旅游资源及火山风景名胜区的环境不受污染破坏，使其可持续利用。

　　我国的火山旅游资源，大部分在经济不太发达的边远地区，交通不便，可进入性较差。要开发火山旅游资源，建设高层次的火山名胜风景区，首先必须解决交通问题，改善其可进入性。可以考虑通过各种渠道吸引资金，因地制宜进行交通设施的建设。我国的火山旅游资源情况各异，其中有许多是休眠火山（如五大连池和长白山），虽然目前没有明显的火山活动迹象，但将来可能爆发，至于什么时候爆发，要进行火山活动的监测工作，因此在休眠火山旅游区要建设火山监测设施。此外，在休眠火山旅游区可适当建设一些防震建筑物和地下建筑，以便在发生火山地震时，将旅游者疏散到安全的地区。

4.3　典型火山旅游景观欣赏

　　火山景观也称火山地质景观，是由各地质时期火山作用而遗留下来的各种地质地貌景观，其中许多具有重要的科学意义和观赏游览价值。

4.3.1　五大连池

1. 简介

　　五大连池风景区是国家 5A 级旅游景区、世界地质公园、世界人与生物圈保护区、国际绿色名录、国家重点风景名胜区、国家级自然保护区、国家森林公园、国家自然遗产、中国矿泉水之乡、中国著名火山之乡、圣水节（药泉会）国家非物质文化遗产。

　　五大连池风景区位于黑龙江省黑河市五大连池市，距五大连池市区 18 千米，地处小兴安岭山地向松嫩平原的过渡地带，总面积为 1 060 平方千米，其中，林地 214 平方千米，草原 38.2 平方千米，湿地 100 平方千米。1719—1721 年间，火山喷发，熔岩阻塞白河河道，形成五个相互连接的湖泊，因而得名。

2. 地质特征

　　五大连池黑龙山和火烧山的岩石成分非常特殊，是一种富钾的碱性基 – 中基性火山熔岩。由于其色率（40%~55%）高于粗面岩和响岩类色率（35%~20%），又不含有玄武岩应有的基性斜长石，所以其既不属于粗面岩和响岩类，也不属于碱性玄武岩。因而日本地质学家小仓勉根据黑龙山、火烧山熔岩的形貌特征——状似"龙形"，将其命名为"石龙岩"。

　　另外，形成钾质火山岩的岩浆一般都来自地幔，这种岩浆的上涌和喷发与一定的地质构造环境相关联。五大连池火山区位于东亚大陆裂谷系的轴部，很可能是在裂谷作用下地幔柱上隆而形成的。

3. 地学旅游资源特征

从史前 200 多万年到近代 290 多年，五大连池持续不断的火山地质活动，给人类留下了品类齐全、保存完好、类型多样的新老期火山地质地貌。

五大连池火山群共有 14 座火山锥体，在广袤的平原上有规律地呈"井"字形排列。以 5 个南北向串珠状湖泊为界，东西各 7 座。东面的 7 座是东龙门山、西龙门山、东焦得布山、西焦得布山、小孤山、莫拉布山、尾山；西面的 7 座是药泉山、卧虎山、笔架山、南格拉球山、北格拉球山、黑龙山、火烧山。两座新期火山黑龙山和火烧山，喷发于 1719—1721 年，是五大连池火山群中最年轻的两座火山，拥有我国目前保存最完好的火山口和火山微地貌遗迹。在这两座火山周围，形成了波澜壮阔的大面积裸露熔岩，其中结壳熔岩和翻花熔岩交替出现，各种熔岩流动的原始痕迹新鲜如初。其余的老期火山 12 座，火山锥体及块状熔岩流至今保存完好，生态环境优良。五大连池火山岩石的成分十分特殊，是世界上钾质玄武岩的典型代表，被喻为"研究地球深部结构的天然探针"，在地球演化史上占有重要的一席之地。

五大连池火山是反映地球演变历史主要阶段的杰出范例，包括生命记录、明显的正在进行的地貌演化地质作用，重要的地貌形态或自然地理特征。五大连池远离板块构造的边界，是世界上陆内单成因火山的最佳范例之一。它的出现与东北亚大陆地壳的隆起与延伸、大陆裂谷形成的初期有关。五大连池火山群是活火山，被列入了史密森学会的世界活火山数据库，它展现了进行中的地质演化过程。五大连池的火山活动开始于 210 万年前，经过至少 7 次大喷发旋回并一直持续到现在。由于最近一次老黑山与火烧山的喷发出现在 1719—1721 年，因此留存有许多完好的火山沉积物和地貌构造，生动地展示了地球地壳的形成进程。

五大连池火山群堪称中国北部陆内火山群的最佳代表，是提供陆内火山活动起源证据的主要地区之一。其证据主要表现为地质构造背景、地震剖面和特殊的富钾玄武质熔岩，地球物理学家和地质化学家可以据此研究东北亚太平洋板块的深部俯冲和板块停滞的新模型。这种模型是首创的，它首次解释了远离板块边缘且不位于地幔柱上的陆内火山的起源。此外，火山活动可能与区域性断裂和大陆板块延伸有直接联系，还可能与大陆裂谷形成的初期有关，因此是深入研究陆内火山活动的重要案例。

五大连池有一系列奇特的、保存完好的火山地貌，其中最为著名的是盾状火山结构、火山岩渣锥体，以及形式丰富并且保存完好的熔岩流。部分火山的形态表明其喷发不止一次，目前为止，地质学家已发现 25 个不同的火山口，未来的地质研究将会进一步揭示其火山活动的形态。

五大连池堪称陆内单成因火山的教科书式的范例，除了独特的地质构造位置和起源之外，它还展现了绝佳的地貌特征，而且也便于科学家和普通大众观赏。其主要的火山锥由不同类型的火山喷出物组成，呈现出不同的形态；结壳熔岩、翻花熔岩和块状熔岩堆一同形成奇特的景观，熔岩洞穴和喷气锥也揭示了熔岩流动的形迹。因此，五大连池展示了一应俱全的火山产物及形态。

全球大陆上很少有其他地方能像五大连池这样清晰地展现熔岩与水体的相互作用。这种相互作用造就了众多火山堰塞湖和数千个喷气锥（碟）。此外，火山岩中的地下水运动形成了几百处含有丰富化学成分的矿泉，成为当地重要的自然资源和旅游经济资源。

4. 极品矿泉

五大连池矿泉水出露地表的达110处380多个泉眼，类型多样，资源丰富，品质优良，其中，重碳酸矿泉水名列"世界三大冷矿泉"之一，对多种疾病具有显著疗效，享有"神泉""圣水""药泉"的美誉，是世界珍稀的天然医用矿泉。水温常年保持在2~4摄氏度，水中天然含有大量二氧化碳气体和锌、镍、钴、硒、锗、锂、钼、钒、铜等30多种有益于人体健康的微量元素和宏量元素，这些元素的天然配比与人体所需比例基本一致，可被人体直接吸收，具有强心、利尿、消炎、镇痛、镇静、助消化、改善新陈代谢等功能，对于消化系统疾病、心血管病、肾病、皮肤病、风湿病都有良好的医疗效果。世界著名物理学家钱学森到五大连池考察后提出："要把五大连池建设成为国际性矿泉研究中心。"日本地质学家伊藤加夫认为："五大连池矿泉水的发现，是对人类起死回生一大贡献。"世界著名电视节目主持人靳羽西女士赞叹说："五大连池矿泉水带给我的是神奇般无法比喻的惊奇。"

五大连池矿泉环境在千百年前就被北方先民发现和利用。在五大连池地区广泛流传着神鹿示水的传说。20世纪初的《黑龙江志》记载："二泉在阿尔丁火山（黑龙山）冷结之熔岩及五德连河（五大连池）右侧支流间之平地内，二水之味截然不同。水面泡沫翻腾，常如煮沸，土人称为阿尔香即沸水之意。达斡尔人知此水可以治病，每年病人来饮于此。……归而饮之，即不验云。"

1935年至1980年间，人们开始对五大连池的矿泉环境进行经验利用。1961年，第一家疗养院建立，1965年成立了黑龙江省五大连池矿泉水治疗研究所，对五大连池矿泉水治病机理进行探讨，其后相继成立了38家疗养院。1978年，黑龙江省科学院在五大连池建立了黑龙江省五大连池火山矿泉资源研究所，重点攻克五大连池矿泉水灌装工艺。五大连池矿泉水在古人的眼中是"带不走的神水"，因为水中天然含气，并富含多种微量元素，露天存放很快就会氧化变质。因此，灌装工艺是五大连池矿泉水保质的难关。1980年，矿泉资源研究所解决了这个难题，使五大连池矿泉水开始销往全国。

5. 生态王国

五大连池火山区生态系统类型完整，分布集中多样，保护区内植物有143科428属1 044种，野生动物61科144种，国家珍稀和濒危动植物几十种。植物演化的各个阶段都很清晰，从低等地衣类到高等乔木类，都形成了完整的植物群落，使人能目睹大自然百万年的精彩演绎。五大连池是各种生物的乐园，生境多样性和生物多样性表现之充分，在我国北方以至北温带同纬度地区也屈指可数。各种生物互助互生，为生态环境的繁荣做出了贡献。更珍贵、更有价值的是它体现了火山地区生命由低等到高等演变的全部过程，是一部内容丰富的天然史书。

五大连池堪称研究物种适应和生物群落演化的绝佳地区，与处于相同气候和生态区域内的其他地方相比，因其位于小兴安岭长白山植物区和大兴安岭植物区之间的过渡地区，即两个生态区域的物种交汇处，生物多样性十分明显。还因为受到蒙古大草原和西伯利亚泰加林区的影响，一些物种源自这些生态区域，对物种的交汇、生物群落的构成和演化产生了直接的影响。

五大连池受到新期火山沉积物的影响，植物必须改变自身形态和相互关系才能在这种临界地貌环境中生存下去。高山矮曲林是形态变化的突出范例,包括香杨、山杨、白桦和黄檗等,这些新期熔岩台地上的树木由于生长受阻,形成了奇形怪状的分枝。

五大连池受到多次火山喷发的影响,其中最近一次大规模喷发发生在1721年,植被群落在不毛之地的群集过程中,必须以新的形式重组或重演。在过去的210万年里经历了七个火山喷发旋回,在每个喷发旋回中,覆盖在喷发物质下的生态系统都会被破坏,如果出现了熔岩,则通常会被全部毁灭,然后再逐渐恢复。目前,五大连池有早期火山喷发后形成的次生生态系统六种,以及老黑山和火烧山最近一次火山喷发后在熔岩和火山岩渣沉积物上正在形成的生态系统四种。新期熔岩和火山岩渣沉积物上的植被演进,在火山活动停止后就已开始,时间大约为290年前。对群落在新老期沉积物上演进的比较研究表明,在每个喷发旋回之后,生物群落的组合或再次组合不得不重新开始,导致了新群落的产生,包括了一些意想不到的成员或组合。

虽然针对大规模火山喷发后植物占领不毛之地的现象全球已经开展了多项研究,但所有的研究都是关注火山喷发后最初的群集过程,只有五大连池才有可能对多次火山喷发形成的群落演替进行比较。这一比较之所以更有意义,是因为五大连池位于一个生态过渡区。因此,五大连池作为未来的天然实验室,是世界上研究生态群落演进和演化最重要的地点之一。

6. 养生天堂

五大连池具有得天独厚的地质环境资源,有重碳酸矿饮泉、碳酸矿洗泉、火山矿泥泉、火山全磁环境、太阳热能熔岩台地、高负氧离子纯净空气,是世界上综合条件最完美、最高质量的六大天然理疗环境。这种环境使人体细胞随时都在接受多样的信号,并对这些信号进行汇集、分析、整理、归纳,及时做出最有利于细胞生存和发展的反应,从而使各个细胞或者多细胞生物能够与周围环境之间保持高度的协调与统一,对生命过程进行有效的调控,起到维护人体内环境稳定、实现体内环保、改善人体酸性体质的作用。

生物圈中的生命物质都是相互依存、相互制约的,它们之间不断进行物质能量和信息的交换,共同构成生物与环境的综合体,即生态系统。人类依靠生物构成稳定的食物链,从而获得生存所必需的营养元素,并利用生物制成药物防治疾病、绿化美化环境、陶冶情操等。

21世纪以来,人们对生活环境越来越重视。因为科学的发展,技术的进步,让人们认识到人类的健康、疾病,乃至生活质量与所生活的环境是息息相关的。近年来出现很多新的医学术语,如生活习惯病、亚健康人群等,都和环境有关。五大连池风景区是我国特有的一个空气、水质、土壤、阳光辐射、光照都非常特殊的地区,综合环境因素对亚健康人群具有恢复体能、健体强身的作用。

4.3.2 大同火山群

1. 简介

大同火山群国家地质公园位于山西省东北部,分为大同火山群景区、桑干河景区和秋林峪景区,兼具地质遗迹和人文古迹,是一处集游览观光、休闲度假、科普教育、科学研究等诸多功能为一体的大型综合性地质公园。该火山群属于第四纪地壳运动的典型遗存,处于平坦宽广的大同盆地东翼和桑干河中游的河谷地带，是我国六大著名火山群之一，也是东亚大陆稀有的自然遗产，已知火山有 30 多座，也是唯一发育在黄土高原上的死火山群。

2. 地学旅游资源类型与分布

根据《旅游资源分类、调查与评价》（GB/T 18972—2017）的分类体系（8 大主类、23 个亚类、110 个基本类型）对大同火山群国家地质公园旅游资源进行分类，如表 4-1 所示。

表 4-1　山西大同火山群国家地质公园旅游资源类型

主类	亚型	分布
综合自然旅游地	山丘型旅游地	狼窝山、金山、五台山等大小 30 多处火山锥体
	谷地型旅游地	乌龙峡、桑干河玄武岩峡谷
	沙丘型旅游地	砂板梁、大略口冲洪积扇
	滩地型旅游地	桑干河两岸、乌龙峡
	奇异自然现象	土林
	垂直自然地带	暖温带落叶阔叶林带向温带草原的过渡区
沉积与构造	断层景观	五台山东部断层，黑山东沟断层，大同火山断陷盆地
	地层剖面	河流相火山碎屑堆积剖面、岩浆岩剖面、玄武岩脉侵入黄岗岩体剖面（秋林峪）
	矿点矿脉及矿石集中地	浮岩采矿点（金山、东坪山、黑山、五台山）
	生物化石点	火山堰塞湖沉积中的双壳类化石点（大略口沟内）、腹足动物化石点（讲理村南）
地质地貌过程	凸峰与独峰	狼窝山、金山、五台山
	石（土）林	杜庄土林
	奇特与象形山石	圆锥形火山、盾形火山、半锥形火山、马蹄形火山等
	岩石洞与岩穴	秋林峭火山洞穴群
自然变动遗迹	地震遗迹	旧大略口村废墟、旧团堡村废墟、桑干河地震崩塌堰塞湖（册田巧东）
	火山与熔岩	岩浆隧道（秋林沟口前山梁）、黄土高原火山群、熔岩锥、熔岩舌（黑山、册田水库）、熔岩被（黑山烙岩台地、桑干河北岸熔岩平原）等
	冰川堆积体	砂板梁砂楔、玄武岩潜蚀洞 - 千年冰洞群（秋林峪）
水体景观	观光游憩河段	桑干河风景河段（乌龙峡、小龙口）
	观光游憩湖	册田水库、桑干河地震崩塌堰塞湖（册田巧东）
	悬瀑	秋林瀑布
	冷泉景观	乌龙泉、大峪口沟泉
	冰川观光地	玄武岩潜蚀洞 - 千年冰洞群（秋林峪）
生物景观	林地	30 万亩火山群绿化区
	草地	温带南部草原亚地带中的黄土高原东部草原区

续表

主类	亚型	分布
天气与气象景观	避暑气候地	地处温带季风型大陆性气候带内,夏季受海洋气团影响,气候温和湿润,平均气温在 19~21.8 摄氏度之间
遗址遗迹	人类活动遗迹	许家窑人类文化遗址、吉家庄遗址、新石器时代人类活动地、水头遗址、冈山遗址
	历史事件发生地	白登山之围
	军事遗址与古战场	郭登在阁老山设伏大败蒙古瓦剌
	废弃寺庙	金山上的明代金山寺遗址
	废城与聚落遗址	东水地汉代古城遗址、小坊城古城遗址、鹰嘴墩金代大型聚落遗址
	长城遗迹	明长城遗迹
	烽燧	黑山烽火台、东梁烽火台
建筑与设施	教学科研试场	大同火山群国家地质博物馆
	康体娱乐休闲度假区	乌龙峡度假区
	宗教与祭祀活动场所	昊天寺佛事活动、庙会
	园林游憩区	县城东梁生态公园
	佛塔	昊天寺及其内殿堂和万佛塔、秋林峪景区的释迦塔
	石窟	金山玄武岩佛洞窟
	城堡	许堡秋林峪景区的友宰古堡、金代石刻大辛庄古堡
居住地与社区	传统与乡土建筑	典型的北方民居样式——窑洞群落
	名人故居与历史纪念	李殿林故居、吕家大院院落 9 处、房屋 150 多间
归葬地	陵园	大同县周土庄镇石仁村革命烈士陵园
	墓(群)	大同县瓜园乡陈庄村东的北魏墓群、秋林峪景区的元代丞相康里脱脱墓

3. 主要旅游景观

大同火山群国家地质公园(大同火山群风景名胜区)总面积 129.8 平方千米,涉及云州区、阳高县两个行政区域,共分三个景区,主要景点有小马蹄山、阁老山、狼窝山、金山、昊天山等。

大同火山群景区主要地质遗迹景观为集中分布的 17 个火山渣锥群,主要有昊天山、狼窝山、金山、黑山、马蹄山、老虎山、阁老山等,其中,黑山规模最大,狼窝山火山口直径最大,金山最秀美,昊天山最完整。人文古迹有始建于北魏时期的昊天寺、明代烽火台,以及火山岩窑洞等。

桑干河景区主要地质遗迹景观为玄武岩岩舌、岩垄及其表面结构,玄武岩平面,峡谷地貌景观等,包括乌龙峡景区、桑干湖景区、小龙门景区,其中,桑干湖总库容 5.8 亿立方米,兴利水位面积约 5 万亩,目前蓄水 8 600 万立方米,它横截桑干河水,东西长 30 千米,大坝的下游为乌龙峡景区。

秋林峪景区主要地质遗迹景观为山麓混合半锥火山、沿裂隙喷溢的熔岩锥等，人文古迹有元代丞相康里脱脱墓、李殿林故居、释迦塔、琉璃洞遗址、友宰古堡等，景区功能有生态旅游观光、休闲旅游、地学研究、度假疗养、野外露营、摄影写生等。

（1）小马蹄山。

小马蹄山也叫东坪山，是进火山群园区看到的第一座火山，它远离密集的火山地带，是西区火山最孤立的一座，造型就像奔腾的天马不慎遗失在人间的一只马蹄。从地质学的角度看，这是由于火山喷发时，火山熔渣从火山口溢出向外流淌，冲开缺口造成的。在山的西南坡上，有一片由火山岩构成的石林，山上的大洞是形成地质保护区之前乱采滥挖留下的不可恢复的人工破坏痕迹。那是当地人用浮石来当预制板房顶上的垫层，和炉灰渣一样有隔热保温的效果却更环保洁净，不少矿石也被做成空心砖，填塞到高楼大厦之中，还有一些珍贵的火山弹被运到全国各地的地质博物馆和地质院校做了标本。红色的大坑咧着大嘴哭泣着，这里像一个巨大的伤口，提醒后人不要再重复错误。坡脚下滚落着一块块或大或小的火山岩，大的如屋，小的可以合抱。每一块火山岩都留有当年燃烧的痕迹，成为一团团凝固的褐红色火焰。

（2）阁老山。

阁老山为圈椅形火山，缺口朝向东南方，海拔高度1 264米，相对高差约150米，锥体西北坡为熔岩区，坡面平缓，杂草丛生，东坡有清晰的羊尾沟。这里有不少火山熔岩丘，有专家叫它们胎火山、寄生火山，是熔岩已经快要冲出地面却失去力气而鼓起的山包。阁老山以前叫栲栳山。栲栳在民间叫"栳栳"，也叫"笆斗"，是用竹篾或柳条编制成的一种上下粗细一致的容器，形状像斗，是农民专门用来播选和盛放粮食的一种器具，被老百姓用来命名火山，体现了古代劳动人民的智慧。阁老山为黑色的火山渣层层堆积而成，期间夹有火山弹层。在山坡上也能见到大大小小的火山弹，其形成原因是火山喷出的熔岩碎屑，在空中稍为凝结但尚未完全冷却硬化，在落回地面以前，因在空中旋转而具有一定圆度，形成外似面包、鸭梨、纺锤、麻花、牙膏等形状的块体。火山弹的表层常有细而密的气孔，或为玻璃质，内部的气孔更多且较大，一般坠落在离火山口不远的地方。

（3）狼窝山。

狼窝山是由浮石和熔渣锥堆积而成的马蹄形火山，呈宽阔的截头圆锥状，海拔高度1 329米，相对高度约100米，是火山群里第三高的火山，火山口上部直径约1 500米，火口直径约500米，火山深度平均达30～50米，是火山群中火山口最为深邃的一座。而且更为特别的是，它的火山口中又生火山口，称为寄生火山（有专家解释为熔岩穹丘）。整个狼窝山的火山口逐渐向西北方向倾斜，到了山的出口处，便裂开一条沟，这也是一条泄洪的渠道，因为常有水流经过，沟中的火山岩非常光滑。从外观上看，狼窝山的东峰最高，山坡陡峭，有密集的羊尾沟，南面有壮观的黄土冲沟。如今山上有一条长约2.4千米的木栈道，沿着山脊和沟壑延绵起伏，成为火山群里一个热门景点，吸引了众多游客。

（4）金山。

金山海拔1 371.4米，是火山群里第二高的火山，由于火山喷发时岩浆外流沉积，且表面覆盖的风积黄土不像别的火山那样多，阳光照射下熠熠生辉，故得名。金山呈马蹄形，由玄武岩渣、火山碎屑互层组成。火山熔渣从火口溢出向外流淌，冲开缺口，从而使火山呈马蹄状，缺口在西北方向。从园区东向北眺望金山，锥体优美，因此金山被称作"中国富士山"。来到近处，可以看到金山由三大厚层不同、颜色不同的火山渣和火山碎屑组成：底部为黑色，中部为灰黑色，上部为褐红色说明金山由三次间隔时间不长的基本上是连续喷发的火山渣锥堆积而成。在金山顶部有几十块红色熔岩巨石，是脉状玄武岩熔浆溢出冷凝形成，因其不易风化，所以出落于山坡顶上。在山体西侧有玄武岩佛洞窟，为人工开凿在玄武岩溶结渣层中，洞内用黄泥涂抹洞壁，有立体云水纹泥塑和壁画，年代需要进一步考证。在金山东北部还有10余个5~8米高的锥状小丘，地质上属于金山的寄生火山（熔岩穿丘）。

（5）昊天山。

昊天山是唯一一座从一个火山口喷发了两次的圆锥状熔渣叠锥火山，如今山顶被始建于北魏时期的昊天寺盘踞，当地民间流传着"先有昊天寺，后有华严寺"的说法。如今寺庙围着山头不断扩大，有"小布达拉宫"之势。

4.3.3　云南腾冲火山

1. 简介

腾冲火山国家地质公园位于云南省西南部边陲的腾冲市境内，分别处于马站乡和曲石乡的区域内；属亚热带季风气候类型，具有明显的低纬度山地西部型季风气候特点，气候类型多，垂直差异大；地处横断山脉南端、高黎贡山山脉南段西侧较开阔的边缘地带。由于燕山运动期间地壳隆起，构成当今地貌骨架。景区植物以松树占多数，整个景区树种相对单一，林相、季相变化小，主要植被类型有温性针叶林、暖性针叶林、常绿阔叶林、落叶阔叶林、灌丛。区内野生动物种类繁多，被称为"哺乳动物祖先诞生分化的发源地""雀界雉类和鸟类的乐园""原始动物得以保存的避难所"。

2. 地学景观类型

（1）火山锥。

火山锥多位于火山体中部，锥体高出熔岩80~150米，呈截顶锥形，内侧呈漏斗状，深20~70米。火山一侧往往被后期熔浆流动切开。火山锥由大量松散状、未固结的火山角砾、火山灰、浮石、火山弹堆积而成。如大空山、小空山、团山、黑空山就是保存较好的火山锥，而打鹰山火山口就为后期熔浆流动所切开。

（2）盾状熔岩被。

盾状熔岩被多由安山岩及安山玄武岩流组成，呈不规则圆形或扇形，表面坡度为5~10度，分布范围20~40平方千米，受地形及岩浆动力因素控制形成多种形态，如条索状、绳状、舌状、丘锥状、波纹状等。火山熔岩流下泻，阻塞大盈江河道，形成拦河坝，落差数十米（如叠水河中的灿烂河坝），构成了著名的叠水河瀑布。

（3）熔岩堤。

熔岩堤多见于熔岩流的前锋，是由底部熔岩流冲破已固结的表层硬壳和前缘再次冷凝形成的，或由小股岩流组成，或出现于大片岩流之上。每个熔岩堤都有一个较陡的前缘，常重复出现，宽20~30米，高10米左右，节理与流动构造发育。

(4) 熔岩舌。

熔岩舌是熔岩沿谷地或河床流动形成的长条状熔岩，流动构造非常发育，流动方向清晰可辨。大空山熔岩舌长达2千米，另外还有忠孝寺火山舌等。

(5) 寄生火山口。

寄生火山口常形成于主火山口旁侧，是熔岩的溢出口，一般不见或少见火山碎屑物，多呈穹丘状，部分呈凹陷状小火山口。

(6) 柱状节理与火山盆地。

在滴水和石窟坡等地的熔岩中发育柱状节理，构成了"石柱群"景观。腾冲火山群包围着一个个小盆地，大盈江穿切而过，形成了串珠状的火山构造盆地景观。

(7) 火山地热。

腾冲地热显示为气泉、沸泉、热泉、喷泉、温泉，数量多，分布广，是火山期后的产物。

(8) 火山与热水观赏石。

腾冲火山与热水观赏石主要属于观赏石中的造型石和图案石，主要品种有：火山弹，为纺锤状、旋钮状、卷条状、饼状、牛角状等，形态万千，大小不一；浮岩，气孔极多，体重小，能浮于水面；泉华，为碳酸钙、硅质沉积，取决于泉水化学组成，局部有黄铁矿脉，形态多为蘑菇状、葡萄状等。

(9) 火山湖。

小火山口常伴以圆形的火山口湖，水深十多米，常年不涸，景色秀丽。顺江火山湖景色最为壮丽。

3. 主要旅游景观

(1) 马站火山群。

马站火山群是腾冲火山国家地质公园的主要景区之一，位于腾冲市城北25千米的马站乡，面积约80平方千米，保存完好、形象生动、气势雄伟，很有观赏特色和科考价值，火山有9座：大空山、小空山、黑空山、城子楼山、长坡山、团山、小团山、焦山和大坡头。有龙江峡谷风光、玄武岩柱状节理、黑鱼河大泉、下表院泉华台地等火山地貌景观，以及猕猴等珍稀动物景观，功能以观光、旅游、度假为主，兼科学、地质考察。

(2) 热海景观。

腾冲是中国三大地热区之一，地热温度之高，蒸气之大盛，水热活动之强烈，为国内罕见，是我国在火山岩周边出现沸泉群的唯一一处火山地热区，境内有沸泉、气泉、喷泉、温泉群800多处。其中，热海位于全地热区高温中心，地热显示类型多、面积大、温度范围广、集中分布，有"一泓热海"之美誉。整个景区青山环抱，中间有澡塘河穿过，形成了景点错落分布、立体结构强的特色。其中，观赏价值较高的有大滚锅、老滚锅、热龙抱珠、鼓鸣泉、珍珠泉、眼镜泉、怀胎井、仙人澡堂、热辐地、狮子头、蛤蟆嘴、澡塘河瀑布、黄瓜箐和醉鸟井等。这些景点千姿百态，妙趣横生，尤以大滚锅之壮美最为罕见。

(3) 云峰山。

云峰山海拔2 445米，为花岗岩地貌景观，山峰尖突起，直插云霄，故称"云峰"。景区面积约18平方千米，山中峰奇壁绝、谷深峡险、奇石如林、林海蓊郁、猿嬉葛藤、莺啼溪洞、涛声不绝。地理学家徐霞客喻之为"太华之苍龙脊"。其既是滇西的名山，又是有名的道教圣地，在海内外尤其是东南亚有深远的影响。

(4) 叠水河瀑布。

叠水河瀑布位于大盈江上游腾越旅游文化园游览片区，紧邻腾冲市，为腾冲十二景之一的"龙洞垂帘"，是全国仅有的城市火山堰塞瀑布。大盈江由北而南贯穿腾冲坝子，突然从巨大的断层崖壁上跌落而下形成叠水河瀑布。瀑布高46米，雷霆轰鸣，气势磅礴，崖壁上排列着奇妙的柱状节理。

(5) 高黎贡山。

高黎贡山位于公园东部，最高海拔5 128米，最低海拔720米，高差4 408米。它以独特的地理地貌、丰富的动植物资源而著称于世，被誉为"世界物种基因库""自然博物馆"和"世界雉鹑类的乐园"。高黎贡山独特的地质地貌孕育着丰富的生物资源，独特的地域造就了独特的民族和民族文化，生态旅游资源丰富多彩，资源价值很高，具备开展生态旅游的得天独厚的条件。其优势在于茫茫原始森林，集雄、险、奇、秀为一体的地质地貌奇观，神奇的世界第二大峡谷——"东方大峡谷"，未被污染的环境，独特而神秘的民族文化。自1994年以来，保护区进行了生态旅游总体规划，开辟了生态旅游线路，完成了百花岭澡塘河温泉、瀑布生态旅游小区的初步开发，建起了百花岭科考旅游接待中心。

4.3.4 广西北海涠洲岛火山地质公园

1. 简介

涠洲火山岛位于北海市正南面21海里（1海里＝1 852米）的海面上，总面积为24.74平方千米。涠洲岛在3亿年前是一片汪洋大海，13万~1万年前经数次火山爆发形成现今轮廓。其地层为第四系所构成，主要为玄武岩、层状凝灰岩、凝灰质碎屑岩、海滩岩，地质构造属华夏褶皱带，雷琼北部湾坳陷北部西缘涠洲岛凸地，与北海市之间存一较深的断块坳陷带，地形呈许多平缓的山丘。涠洲岛地势西高东低，悬崖环岛壁立，岛中央偏西南低洼，外沿无滩涂，只有三处口门可泊船登岛，地势险峻。2016年，涠洲岛被评选为中国"十大美丽海岛"之一，有"南海蓬莱岛"之称。

2. 主要旅游景观

(1) 火山熔岩景观。

火山口是涠洲岛作为火山岛景观的一个代表符号，蕴含着涠洲岛上百万年的地质变迁故事，具有历史的神秘感和科学探究之美。经科学考察判断，岛上有两处火山口。分别为南湾火山口和横路山火山口。火山口附近遗留着火山喷发岩浆凝结而成的大片红褐色岩石，还留下了各种火山活动的痕迹，如火山弹、冲击坑等火山熔岩景观，是涠洲岛特色的地貌景观。

(2) 海蚀景观。

海蚀景观是涠洲岛最常见、最醒目的地貌景观，陡峭险峻的海蚀崖、形态各异的海蚀洞、新颖奇特的海蚀柱、开阔壮观的海蚀平台，形成了涠洲岛典型而完整的海蚀地貌景观。其中，海蚀崖分为现今仍经受海水冲刷的活海蚀崖和远离海面的死海蚀崖两种，主要分布于涠洲岛的南部海岸。鳄鱼山景区内的海蚀崖长达10余千米，有的高达数十米，具有奇特险峻之美；滴水丹屏海滩边分布着高大的海蚀崖，在海浪的作用下呈现出层层肌理。海蚀洞是海蚀崖在海水的长期侵蚀作用下形成的，据统计，涠洲岛有海蚀洞35个。位于南湾东面的猪仔岭是一座大型的海蚀柱，因其形状酷似一只小猪而得名，它由火山碎屑组成的海蚀平台与海岸相连，涨潮时，海水将平台淹没，猪仔岭便如一座小岛独立在海中央，当潮水退去时，露出连接的平台，人们可以走近游玩，十分有趣。海蚀平台一般在海蚀崖的前面，是海平面较稳定时经受海水长期侵蚀形成的，通常呈带状分布。五彩滩、滴水丹屏分布着大面积的海蚀平台，潮起时隐逸在蔚蓝的大海中，潮落时显现于阳光下，平台上各种海蚀坑、海蚀沟、海蚀通道等微地貌发育，在海水的作用下波澜起伏、变幻万端，也是浅海滩许多生物的隐匿之处，人们可以在平台上抓小鱼、小螃蟹、小虾等，还是游客拍照的好去处。

(3) 海岸景观。

涠洲岛海岸线长达24.6千米，海积地貌在涠洲岛以珊瑚礁岸、岩石海岸、沙砾海岸三种形式呈现。珊瑚礁主要从海面2~4米深处开始生长，不露出水面，因此需要潜水才能看到，分布于涠洲岛东北部及西南滴水附近海域。滴水-石螺口海域附近十分适合潜水观光，可以在海底观赏到各种奇特斑斓的活体珊瑚景观，是涠洲岛的一大特色。岩石海岸是由山丘与海面相接的海岸，狭窄险峻，涠洲岛情人崖周边海岸则为此类海岸景观。沙砾海岸景观是涠洲岛最常见也是其得天独厚的风景资源，岛上沙滩约有14千米，大部分沙滩广阔平缓，沙质柔软，滴水-石螺口沙滩、贝壳沙滩、北港沙滩、南湾沙滩都为此类沙滩景观，是开发海滨浴场或海滩休闲旅游的良好资源。

(4) 水文景观。

涠洲岛水文景观以海水为主，作为四面环水的海岛景区，海水景观是涠洲岛一项得天独厚的风景资源。海水深不见底与一望无垠的视觉观感，可以给人带来或神秘或壮阔或自由或沉思的感受，其巨大的体量可独立形成一景。动与静的态势变化，是海水景观的另一特色，海水萦绕在岛屿四周，与涠洲岛独特的基岩海岸结合，荡漾的潮水与海岸岩石撞击拍打，可以产生强烈的声感和视感，静谧的海面与红色的火山熔岩在阳光的照耀下形成一幅水火相融的奇异画卷。潮起潮落的潮汐景观是海水的另一特质，每天海水的涨落变化带来了不同的景观效果。涨潮时满盈的海水掩盖海滩，只留下无垠的海面与激流勇进的涛声、翻滚的波浪；退潮时海水轻柔地慢慢远去，海滩砂石呈现眼前。正因为有水的存在，涠洲岛的景观才能如此丰富多彩、灵动多变，海水赋予了海岛生命与活力。

(5) 生物景观。

植物景观、鸟类景观和珊瑚景观是涠洲岛重要的生物景观。涠洲岛宜人的气候条件和独特的地理位置，为岛上的植物、海底珊瑚的生长以及候鸟栖息提供了良好的环境条件。涠洲岛上热带植物占主体，植物景观的热带性突出，海滨沙滩上成片的仙人掌、厚藤、露兜树、麻黄林、台湾相思林等，与海岛阳光、沙滩、海水等元素共同描绘着充满热带风情的岛屿风光；岛中央随处可见的大片人工香蕉林，在海风的吹拂下叶浪滚滚，是涠洲岛独具特色的一道风景。

涠洲岛是太平洋海岸候鸟迁徙的一个重要通道，每年都有许多鸟类在此栖息、繁殖。岛上的鸟类主要分布于岛北部木麻黄林和湿地沼泽中。茂密的木麻黄林为候鸟提供了良好的栖息地，湿地沼泽中储存的丰富淡水资源和大量的小型淡水鱼类、两栖动物，为候鸟提供了取水和觅食地。每当行经涠洲岛北部的生态路时，四周密林灌丛中各种鸟叫声不绝，婆娑的枝顶可见鸟儿纷飞，处处充满了生态岛屿的气息。

思考题

1. 简述火山旅游产品如何深度开发。
2. 简述我国火山旅游景观的特征。
3. 简述外国火山旅游发展对我国火山旅游开发的启示。

推荐阅读书目

[1] 韩杰. 现代世界旅游地理学 [M]. 青岛：青岛出版社，1997.

[2] 黄镇国，蔡福祥，韩中元，等. 雷琼火山 [M]. 北京：科学出版社，1993.

[3] 刘嘉麒. 中国火山 [M]. 北京：科学出版社，1999.

[4] 刘若新. 中国的活火山 [M]. 北京：地震出版社，2000.

[5] 王湘. 旅游环境学 [M]. 北京：中国环境科学出版社，2001.

[6] 徐泉清，孙志宏. 中国旅游地质 [M]. 北京：地质出版社，1998.

第 5 章

变质作用旅游景观

本章概要

本章首先对变质作用的类型、因素与方式，变质岩的分布、变质岩地貌景观进行了叙述；其次选择了世界文化与自然遗产地泰山、世界文化景观遗产庐山、世界地质公园嵩山和云南大理苍山为代表，介绍了各旅游资源特征和主要旅游景观的特点，为欣赏景观提供参考。

关键性词语

变质作用、变质岩、变质作用景观、泰山、庐山、嵩山、大理苍山。

5.1 变质作用及变质岩地貌景观

变质作用绝大多数与地壳演化进程中地球内部的热流变化、构造应力或负荷压力等密切有关，少数由陨石冲击月球和地球的表面岩石产生。变质作用是在岩石基本保持固体状态下进行的。地表的风化作用和其他外生作用引起的岩石的变化，不属于变质作用。

促使沉积物转变成为沉积岩的成岩作用，通常也是在地下一定深度和一定温度、压力等条件下进行的，与变质作用有相似之处，但成岩作用所要求的深度、压力和温度都较小，在作用的过程中物质发生的变化不明显。而变质作用所要求的温度与压力较高、深度较大，在作用过程中原岩变化显著。一般来说，成岩作用的温度小于 150~200 摄氏度，围压低于 100~200 兆帕，而变质作用则要高于这一数值。因此，可以说成岩作用与变质作用具有过渡关系。变质作用虽与温度有重要关系，但温度并未使原岩熔融，即原岩基本上在固态下发生变质，一旦温度高到使原岩熔融，就进入了岩浆作用的范畴，因此，变质作用与岩浆作用从发展上来看也是有联系的。对于大多数岩石来说,变质作用的高温界限大致为700~900摄氏度。

在地壳形成发展过程中,早先形成的岩石,包括岩浆岩、沉积岩和先形成的变质岩,为了适应新的地质环境和物理化学条件的变化,在固态情况下发生矿物成分、结构构造的重新组合,甚至包括化学成分的改变,这个变化过程称为变质作用。当然,由于变质作用形成的岩石就称为变质岩。

5.1.1 变质作用的类型

变质作用的分类标准不完全一样,有的侧重于地质特点,有的侧重于物理化学条件,有的侧重于矿物组合和变质作用所产生的结构构造特点。合理的分类应是一个综合分类,既要考虑变质作用形成时的大地构造环境,又要以反映热流变化的变质相和变质相系为基础。

根据变质岩产出的地质位置、规模和变质相系,同时考虑大多数人的习惯分法,可把变质作用分为局部性和区域性两大类别。

局部性变质作用包括接触变质作用、高热变质作用、动力变质作用、冲击变质作用、气液变质作用和燃烧变质作用。

1. 接触变质作用

接触变质作用一般是在侵入体与围岩的接触带,由岩浆活动引起的一种变质作用;通常发生在侵入体周围几米至几千米的范围内,常形成接触变质晕圈;一般形成于地壳浅部的低压、高温条件下,压力为107.3~108帕。近接触带温度较高,从接触带向外温度逐渐降低。接触变质作用又可分为2个亚类。

(1) 热接触变质作用,指岩石主要受岩浆侵入时高温热流影响而产生的一种变质作用,定向应力和静压力的作用一般较小,具有化学活动性的流体只起催化剂作用,围岩受变质作用后主要发生重结晶和变质结晶,原有组分重新改组为新的矿物组合并产生角岩结构,而化学成分无显著改变。

(2) 接触交代变质作用。在侵入体与围岩的接触带,围岩除受到热流的影响外,还受到具有化学活动性的流体和挥发分的作用,发生不同程度的交代置换,原岩的化学成分、矿物成分、结构构造都发生明显改变,形成各种夕卡岩和其他蚀变岩石,有时还伴生有一定规模的铁、铜、钨等矿产以及钼、钛、氟、氯、硼、磷、硫等元素的富集。

2. 高热变质作用

高热变质作用是指与火山岩和次火山岩接触的围岩或捕虏体中发生的小规模高温变质作用,其特点是温度很高、压力较低和作用时间较短。围岩和捕虏体被烘烤褪色、脱水,甚至局部熔化,出现少量玻璃质,有时生成默硅镁钙石、斜硅钙石和硅钙石等稀少矿物。

3. 动力变质作用

动力变质作用是指与断裂构造有关的变质作用的总称。它们以应力为主,有的伴有大小不等的热流,可分为三个亚类。

（1）碎裂变质作用。碎裂变质作用是当岩层和岩石遭受断层错动时发生压碎或磨碎的一种变质作用，也有人称为动力变质作用（狭义的）、断错变质作用或机械变质作用；一般常发生于低温条件下，重结晶作用不明显，常呈带状分布，往往与浅部的脆性断裂有关。

（2）韧性剪切带变质作用。韧性剪切带指由韧性剪切作用造成的强烈变形的线状地带，可以有很大的宽度和长度。它与脆性断裂不同，剪切带内的变形是连续的，不发育明显的断层面，但又有相对位移。剪切带变形及相关的变质作用具有相同的边界条件，都限于剪切带内部。一般叠加在区域变质作用产物上的剪切变形往往伴有退化变质作用，其变质程度从低温绿片岩相至高温角闪岩相。与区域变质同期的韧性剪切带变质作用较为复杂，在少数情况下，递进剪切变形也可以伴有进化变质作用。导致剪切带变质作用的主要原因有两个，一是流体的注入，二是由剪切应变引起的等温面变形和热松弛作用。

（3）逆掩断层变质作用。逆掩断层导致的变质作用与剪切带变质作用有明显差异，主要影响其下盘和一部分上盘岩石。上盘即逆掩的岩石发生快速退化变质作用，而下盘被逆掩的岩石产生快速的增压变质作用，随后又发生热调整使地热梯度缓慢升高，整个岩系相应地发生缓慢的进化变质作用，最后，岩系底部发生部分熔融并导致晚期侵入体的生成。

4. 冲击变质作用

冲击变质作用是指陨石冲击月球或地球表面岩石产生特殊高温和高压所引起的一种瞬间变质作用。宇宙中的巨大陨石，以很大的速度降落于地球表面，在很短的时间内，给地球岩石以特大的冲击，使之发生强烈爆炸，产生超高压、极高温和释放出巨大能量，使冲击中心形成巨大的陨石坑，在陨石坑中及其周围生成各种冲击岩。

5. 气液变质作用

气液变质作用是指具有一定化学活动性的气体和热液与固体岩石进行交代反应，使岩石的矿物和化学成分发生改变的变质作用。汽水热液可以是侵入体带来的挥发分，或者是受热流影响而变热的地下循环水以及两者的混合物。在一定条件下，它们可改造岩石中的矿物，形成各种蚀变岩石，并使某些有用元素迁移、沉淀和富集。在气液变质强烈地段往往出现蚀变分带，有利于成矿，故可作为一种普查找矿标志。

6. 燃烧变质作用

煤层或天然易燃物由于氧化或外部原因导致温度上升而引起燃烧，温度可达1 600摄氏度，影响范围可超过10平方千米，可使周围岩石产生重结晶或部分熔化，受变质的泥质或泥灰质沉积岩常裂成碎片或生成烧变岩。这是一种热源来自岩石自身的稀少热变质作用。中国新疆和山西大同的侏罗纪煤田，加拿大北部烟山的白垩系含油砂岩和页岩，都发生过这类变质作用。

区域性的变质作用一般规模巨大，主要呈面型分布，出露面积有几百、几千甚至上万平方千米，它可分为高温变质作用、热流变质作用、埋藏变质作用和洋底变质作用。

（1）高温变质作用。

高温变质作用主要见于太古宙地盾或克拉通，常发生在地壳演化的早期，不同于元古宙以来活动带的变质作用。其以单相变质的麻粒岩相和角闪岩相为主，呈面型分布，麻粒岩相变质温度一般为 700~900 摄氏度，角闪岩相变质温度一般为 550~700 摄氏度，压力一般为 $5^{-10} \times 10^8$ 帕；重熔混合岩比较发育，英云闪长岩、奥长花岗岩和花岗闪长岩等分布广泛。紫苏花岗岩仅见于麻粒岩相区，构造上表现为穹窿和短轴背斜，中国的华北陆台有广泛出露。

(2) 热流变质作用。

热流变质作用即一般所称的区域动热变质作用，也有人称为造山变质作用。这是在区域性温度、压力和应力增高的情况下，固体岩石受到改造的一种变质作用，往往形成宽度不等的递增变质带。此种变质作用在地理上以及成因上常与大的造山带有关，如欧洲苏格兰-挪威的加里东造山带、北美的阿巴拉契亚造山带、中国的祁连山造山带等。变质作用的形成温度可达 700 摄氏度，有的高达 850 摄氏度，压力为 $2^{-10} \times 10^8$ 帕，岩石变质后具有明显的叶理或片理，常伴有中酸性岩浆活动或区域性混合岩化作用。

(3) 埋藏变质作用。

埋藏变质作用又称埋深变质作用，也有人称静力变质作用、负荷变质作用或地热变质作用。埋藏变质作用与岩浆侵入作用和造山应力作用都无明显关系，它是地槽沉积物及火山沉积物随着埋藏深度的变化而引起的一种变质作用，岩石一般缺乏片理，形成温度较低，最高可能为 400~450 摄氏度，压力较高。埋藏变质作用一方面解释了含有沸石类矿物的变质岩，另一方面解释了含有硬柱石、蓝闪石的变质岩。这两类变质岩在相近的低温条件下形成，但是它们在压力上有较大差别，经常伴生榴辉岩、蛇纹岩或蛇绿岩，未见有混合岩，同构造期花岗岩很不发育。关于埋藏变质作用的成因有造陆运动下沉说、洋槽沿俯冲带下沉说和大断裂造成的下沉说等。

(4) 洋底变质作用。

洋底变质作用是指大洋中脊附近的变质作用。在大洋中脊下部的热流具有较高的速率，并随深度而快速增加，使原有的基性岩（玄武岩、辉长岩等）变质。以后由于洋底扩张，不断产生侧向移动，使这些变质岩移至正常的大洋盆中。变质的基性岩一般不具片理，基本保留原有结构，其变质相主要是沸石相和绿片岩相。根据对大西洋、太平洋和印度洋底样品的研究，变质岩中的矿物共生组合常随深度而变化，其顺序为黝帘石→葡萄石+阳起石→绿片岩相，葡萄石-绿纤石相组合缺失，说明大洋中脊玄武岩变质时比许多大陆上蛇绿岩的地热梯度高。

区域性的变质作用按压力类型分为低、中、高三个类型和两个过渡类型，具有一定的温度-压力梯度，并与一定的地质环境有密切关系。20 世纪 80 年代中期，中国岩石学家董申保等把中国区域性的变质作用分为主要类型、基础类型和辅助类型。其体变质作用对应类型有以下四种。

1) 埋深变质作用：包括浊沸石相型、葡萄石-绿纤石相型（浅到中等深度型）和蓝闪石-硬柱石片岩相型（高压相系型）两个基础类型。

2) 区域低温动力变质作用：包括低绿片岩相（千枚岩）型和绿片岩相（有时可出现蓝闪绿片岩相）型两个基础类型。

3) 区域动力热流变质作用：包括中压相系型和低压相系型两个基础类型。

4）区域中高温变质作用：包括麻粒岩相型和角闪岩相型两个基础类型。辅助类型包括盖层变质作用和断陷变质作用。

5.1.2 变质作用的因素与方式

1. 变质作用的因素

（1）温度。

温度往往是引起岩石变质的主导因素，它可以提供变质作用所需要的能量，使岩石中矿物的原子、离子或分子具有较强的活动性，促使一系列的化学反应和结晶作用进行同时，温度增高还可使矿物的溶解度加大，使更多的矿物成分进入岩石空隙中的流体内，增强了流体的渗透性、扩散性及化学活动性，促进了变质作用的过程。变质作用的温度范围为150~900摄氏度。

导致岩石温度升高的主要原因有：岩浆的侵入作用使其围岩温度升高；当地壳浅部的岩石进入更深部时，由于地热增温使原岩的温度升高；由深部热流上升所带来的热量使岩石的温度升高；岩石遭受机械挤压或破裂错动时由机械能转化的热量使岩石的温度升高，这种热量一般较小或较局限。

（2）压力。

压力也是变质作用的重要因素，根据压力的性质可分为静压力和动压力。

静压力又称围压，是由上覆岩石的重量引起的压力。它具有均向性，并且随着深度增加而增大。静压力的作用在于使岩石压缩，导致矿物中原子、分子或离子间的距离缩小，促使矿物内部结构改变，形成密度大、体积小的新矿物。如红柱石是在压力较低的环境下形成的，当静压力增大时，它可以转变为化学成分相同、但分子体积较小的蓝晶石。

动压力是由构造运动所产生的定向压力。由于动压力只存在于一定的方向上，因而使得岩石在不同方向上产生了压力差。这种压力差在变质作用中有着十分重要的意义，它可以引起矿物的压溶作用，即在平行动压力方向上溶解较强，物质迁移到垂直动压力方向上沉淀，导致原岩发生矿物的重新分异与聚集，造成矿物定向排列；也可以使原岩破碎或产生变形，从而改造原岩的结构与构造。

（3）化学活动性流体。

化学活动性流体是指在变质作用过程中存在于岩石空隙中的一种具有很大的挥发性和活动性的流体。这种流体的组分以水及二氧化碳为主，并包含有多种其他易挥发物质及其溶解的矿物成分。在地下温度、压力较高的条件下，这种流体常以不稳定的气－液混合状态存在，因而具有较强的物理化学活动性，在变质过程中起着十分重要的作用。

化学活动性流体可以促使矿物组分的溶解和迁移，引起原岩物质成分的变化。这种流体作为固体与固体之间发生化学反应的媒介，具有极重要的意义，因为固体之间的化学反应涉及物质组分的交换，如果没有流体媒介，这种反应是极其缓慢的。同时，流体本身也积极参与了变质作用的各种化学反应。此外，流体的存在还会大大降低岩石的重熔温度，使变质作用的高温界限变低。

化学活动性流体具有多种来源，包括岩石空隙中原已存在的孔隙水、变质过程中从矿物结构中析出的水及二氧化碳等挥发性物质、从岩浆中分离出的挥发性组分以及从地下深处分异上升的深部热液等。

(4) 时间。

时间是变质作用很重要的影响因素,有些变质作用看起来不易发生,但是在长时间变质因素持续作用下却可以进行。特别是变质结构的生成、岩石的塑性变形,都是很慢的过程。

必须指出,上述各种变质作用因素常常是互相配合、共同改造岩石的,但是,在不同的情况下起主要作用的因素会有所不同,因而变质作用也相应地显示出不同的特征。

2. 变质作用的方式

重结晶作用是指岩石在固态下,同种矿物经过有限的颗粒溶解、组分迁移,然后又重新结晶成粗大颗粒的作用,在这一过程中并未形成新矿物。最典型的例子是隐晶质的石灰岩经重结晶作用后变成颗粒粗大的大理岩(主要矿物成分均为方解石)。重结晶作用在成岩作用中已经出现,但在变质作用中则表现得更加强烈和普遍。重结晶作用对原岩的改造主要是使其粒度加大、颗粒相对大小均一化、颗粒外形变得较规则。

变质结晶作用是指在变质作用的温度、压力范围内,在原岩总体化学成分基本保持不变的情况下(挥发分除外),原有矿物或矿物组合转变为新的矿物或矿物组合的作用。由于这种变化过程多数情况下涉及岩石中各种组分的重新组合,并以化学反应的方式完成,故又称重组合作用或变质反应。变质结晶作用的主要特点是有新矿物的形成和原矿物的消失,并且岩石的总体化学成分在反应前后基本不变。

交代作用是指变质过程中,化学活动性流体与固体岩石之间发生的物质置换或交换作用,其结果不仅形成新矿物,而且会使岩石的总体化学成分发生改变。

交代作用在固态下进行,交代前后岩石的总体积基本保持不变,原矿物的溶解和新矿物的形成几乎同时进行。交代作用是在开放系统中进行的,反应前后岩石的总体化学成分发生改变。交代作用在变质过程中是比较普遍的,有化学活动性流体参加的情况下,总会有不同程度的交代作用发生。

5.1.3 变质岩的分布

变质岩在地壳内分布很广,大陆和洋底都有,在时间上从古代至现代均有产出。在各种成因类型的变质岩中,区域变质岩分布最广,其他成因类型的变质岩分布有限。区域变质岩主要出露于各大陆的地盾和地块以及显生宙各时代的变质活动带(通常与造山带紧密伴生)。区域变质岩在地盾和地块上的出露面积很大,常为几万至几十万平方千米,有时可达百万平方千米以上,约占大陆面积的18%。前寒武纪地盾和地块通常组成各大陆的稳定核心,而古生代及以后的变质活动带常常围绕前寒武纪地盾或地块呈线型分布,如加拿大地盾东面的阿巴拉契亚造山带、波罗的地盾西北面的加里东造山带、俄罗斯地块南面的华力西造山带和阿尔卑斯造山带等。有些年轻的变质活动带往往沿大陆边缘或岛弧分布,这在太平洋东岸和日本岛屿表现明显,它们的分布表明大陆是通过变质活动带的向外推移而不断增长的。在另一些情况下,变质活动带也可斜切古老结晶基底而分布,它们代表大陆经解体而形成的陆内地槽,并将发展成新的台槽体系。20世纪60年代以来,还发现在大洋底部的沉积物和玄武质岩石之下有变质岩的广泛分布，它们是由洋底变质作用形成的。各种接触变质岩石仅局限于侵入体和火山岩体周围，分布面积有限，但分布的地区却十分广泛，在不同地质时期和构造单元内均有产出。由碎裂变质作用形成的各种碎裂变质岩分布更有限，它们严格受各种断裂构造的控制。变质岩在中国的分布也很广。华北地块和塔里木地块主要由早前寒武纪的区域变质岩组成，并构成了中国大陆的古老核心。以后的变质活动带则围绕或斜切地块呈线型分布。

5.1.4 变质岩地貌景观

变质岩地貌景观是指由变质作用和变质岩形成的地质景观。变质岩地貌主要由正变质岩和副变质岩组成。火成岩变质形成正变质岩，主要是混合花岗岩；沉积岩变质形成副变质岩，主要有板岩、千枚岩、片岩、石英岩等。二者变质程度很深者多形成变质杂岩，主要有片麻岩、麻砾岩等。

混合花岗岩类似于花岗岩地貌，质地坚硬，地貌凸显，雄浑峻峭，有名的景观有河北秦皇岛鸽子窝、鹰角亭、联峰山，西岳华山（部分），南岳衡山（部分）；有名的变质杂岩景观有五台山、泰山、嵩山、大别山、庐山、井冈山等。板岩由于变质程度低，其形态与砂页岩地貌类似，比较坚硬，地貌多为山地、高峰、丘陵、高台、陡冈等，有名的景观有贵州梵净山、湖北武当山等。千枚岩、片岩大多形成缓丘、低地，很少形成高地和凸峰，在与其他坚硬岩石共生时，容易产生滑坡等地质灾害。另外还有大理岩、石英岩景观。

5.2 变质作用典型旅游景观欣赏

5.2.1 世界文化与自然遗产——泰山

1. 简介

泰山，古称岱宗，位于山东省东部，横跨泰安、济南两市，面积为 426 平方千米，海拔 1 545 米。1987 年，泰山风景区以符合文化遗产评判的全部 6 条标准和 1 条自然遗产标准被联合国教科文组织列为世界文化与自然双重遗产，这在世界遗产的历史上都是一个前所未有的奇迹。泰山雄伟壮观，景色秀丽，享有"五岳独尊"的盛名，具有珍贵的科学研究价值、美学价值和历史文化价值。

2. 世界遗产委员会评价

庄严神圣的泰山，两千年来一直是帝王朝拜的对象，山中的人文杰作与自然景观完美和谐地融合在一起。泰山一直是中国艺术家和学者的精神源泉，是古代中国文明和信仰的象征。

3. 地学旅游资源特征

（1）奇特并具有世界意义的地质地貌。

泰山风景区以泰山主峰为中心，呈放射形分布。主峰崛起于华北大平原东侧，凌驾于齐鲁丘陵之上，平原和丘陵产生了强烈的对比，具有通天拔地之势。南坡景观更为雄壮，山势陡峻，主峰突兀，山峦层层叠起，群峰拱岱，形成了"一览众山小"的高旷气势。泰山山脉绵亘千米，脊处宽大，形体集中，使人产生安稳感和厚重感，所谓"稳如泰山""重如泰山"就是上述自然特征在人们心理上的反映。泰山地区在太古时代经历了剧烈的地壳抬升和沉降，受来自西南和东北两方面的挤压力，褶皱隆起经深度变质而形成中国最古老的地层——泰山群后，因地壳变动，被多组断裂分割，形成块状山体。泰山地区的寒武纪片麻岩群是华北台地的基底，地层剖面出露齐全，化石丰富，保存完好。泰山山体主要为变质岩地貌，呈节理发育，经地质构造的抬升而形成。如岱顶、日观峰、月观峰、拱北石、瞻鲁石等，高大挺拔，主峰突出，山岩陡峭险峻，岩石裸露，沿节理、断层处，经受千万年的风化侵蚀和流水的切割，形成奇峰、深壑、怪石。

(2) 植被繁茂，物种丰富。

泰山地处暖温带季风气候区，夏季多雨，冬季干燥，四季分明。泰山地势差异显著，地貌分界明显，受地理位置、气候和地形的影响，植物种类比较丰富。泰山已发现高等植物1 136种，植被覆盖率为78%，常绿乔木有银杏、油松、赤松、华山松、黑松、麻栎、栓皮栎、侧柏、花楸、白檀、刺槐、梓树等。泰山100年树龄以上的古树名木有34种，共有1万多株，"唐槐""汉柏""六朝松"等渗透着一二千年历史文化的内涵，成了有生命的文物，是珍贵的遗产。泰山药用植物资源丰富，有448种，其中何首乌、黄精、杏叶参和紫草被誉为泰山四大名药。泰山动物中，兽类有11种，鸟类140多种，鱼类中以赤鳞鱼最为有名，是泰山特有种类，昆虫有800多种。

(3) 旅游景观丽、幽、妙、奥、旷特色明显。

泰山山谷幽深，松柏漫山，有山峰156座、崖岭138座、名洞72处、奇石72块、溪谷130条、瀑潭64处、名泉72眼、古树名木万余株、寺庙58座、古遗址128处、碑碣1 239块、摩崖刻石1 277处。著名风景名胜有天柱峰、日观峰、百丈崖、仙人桥、五大夫松、望人松、龙潭飞瀑、云桥飞瀑、三潭飞瀑等，观赏性强，观赏价值高。

1) 清丽。攀登泰山的东路盘山道沿途，山水相映、古刹幽深，山边有王母泉，泉水清澈甘洌，有虎山瀑布和清溪流水，有水库和坝桥，还有吕祖殿、蓬莱阁古庙，错落有致，十分清丽。

2) 幽深。从登山之门岱宗坊沿东路至南天门，绿茵环绕，一步一景，令人目不暇接。这里有红石岩红门、石槐卧龙槐、石坪经石峪等。翻过回马岭，峰峦起伏，由此经盘山道泰山十八盘艰难攀上南天门，回首俯视山下，仿佛身在云雾，幽深宜人。

3) 美妙。由南天门经"天街"至极顶的一段，虽然地势平坦，但别有洞天，景色格外迷人。这里海拔千米以上，天高云淡，空气清爽，还有很多名胜古迹，如碧霞祠、唐摩崖石刻、瞻鲁石、仙人桥、丈人峰、无字碑、"五岳独尊"石刻等。在极顶上可以观赏到泰山的四大奇观：旭日东升、晚霞夕照、黄河金带、云海玉盘，美妙至极。

4) 奇奥。泰山之阴的后石坞景区，有泰山后花园的美誉。在冰川时期形成的大峡谷中，巨石嶙峋，小道险奇，花草丰茂，松柏苍翠。其松树饱经风霜，各具姿势，展现出泰山松不屈的品格。西麓的桃花源方圆几千米，层峦叠嶂，溪谷交汇，奇石、坚松、流泉、水光山色，奇奥无比。

5）旷达。泰山西路下山沿途，溪深、谷幽。扇子崖岩壁峻峭，其形如扇；黑龙潭瀑布从百丈悬崖泻下，如白练自高空垂悬；崖下一潭，水阔潭深，令人生旷达之感。

（4）历史古迹、文物众多。

泰山人文历史悠久，文化遗产丰厚。从四五万年前的旧石器时代到新石器时代，泰山周围地区都出现了人类活动的踪迹。这些经过考古挖掘、科学鉴定的远古文化遗存，说明泰山地区是中华民族悠久文明的重要发祥地。早在夏、商时代，就有72位君王来泰山会诸侯、定大位，刻石记号。秦始皇统一中国封禅泰山以后，汉代武帝、光武帝、唐代高宗、玄宗、宋代真宗、清代康熙、乾隆等，也都相继仿效来泰山举行封禅大典，所到之处建庙塑像、刻石题字，为泰山留下了大量的文物古迹。泰山同时又是佛、道两教之地，因而庙宇、道观遍布全山。泰山至今保护较好的古建筑群有22处，刻石有2 200多处，被誉为"中国摩崖刻石博物馆"。

（5）代表中华精神、内涵丰富的各种文化。

1）以封禅为主要形式的政治文化。泰山被先民神化并加以崇拜，上至帝王，下至平民百姓，均视泰山为神的象征。自秦至清，先后有12位帝王到泰山多次举行封禅大典。泰山被统治者利用，以帝王封禅的形式来维护和巩固政治统治，并延续数千年，成为世界历史上独有的文化现象。

2）"三教合流"的宗教文化。泰山以道教为主体，道、佛、儒三教合流，从远古的自然崇拜到帝王的封禅祭祀，泰山逐步演变成神圣的宗教活动场所。泰山以人文景观为主，人文景观的主体为宗教建筑，其中，道教宫观数量最多，且占据登山要害路段。

3）山水文化。历代学士、僧侣、墨客视泰山为灵山、美山，留下了许多盛赞泰山的诗歌，涉及泰山自然风光、历史遗迹和古代建筑等多个方面。泰山保留下来的石刻，有关泰山的小说、游记、散文、戏剧等，都从不同侧面展现了泰山的文化底蕴。

4）民俗文化。泰山民俗文化以信仰和祭祀民俗为中心内容，带有原始宗教特点的民间信仰祭祀把民俗推上了文化高度，"泰山老奶奶""东岳大帝""泰山石敢当"在民间影响甚远，甚至影响到福建沿海等地区。泰山民俗具有泰山文化的独特风格。

4. 景观游览线路

泰山位于"一山一水一圣人"的黄金旅游线上，游览道路四通八达。这里介绍13条线路，意欲攀登岱顶者、寻古探幽者、涉险猎奇者、徒步休闲者、乘车浏览者、索道观光者，都能从这里检索到满意的旅游线区。

（1）登山御道旅游线。登山御道旅游线是古今最主要的登山游览路线，沿途风景秀丽，景点集中。它下起遥参亭，上至岱顶，沿途主要景点有岱庙、岱宗坊、红门宫、万仙楼、斗母宫、卧龙槐、柏洞、壶天阁、中天门、增福庙、快活三里、斩云剑、云步桥、五松亭、对松山、十八盘、南天门、"天街"、碧霞祠、玉皇顶等。从中天门乘索道，可"一步登天"，七分钟直达岱顶。

（2）泰山西路旅游线。如果乘车游览，最好选择泰山西路旅游线，它下起天外村，沿黄溪河溯流而上，经龙潭水库、建岱桥、白龙池、黑龙潭、马蹄峪、香油湾、顺天桥、通天桥等景点，到达中天门。

（3）桃花峪—桃花源旅游线。桃花峪—桃花源位于泰山西麓，是近年来新开辟的风景旅游区，自然景观秀美奇绝。从泰城沿104国道北行5 000米，再沿桃花峪—桃花源游览公路向东北方向行驶，沿途主要景点有元君庙、彩带溪、钓鱼台、一线泉、元宝石、核桃园、牛角洞、黄石崖、鹦鹉崖、"一线天"、猴愁涧、桃花源等。桃花源设有单线循环吊厢式空中索道，可直达岱顶。

（4）岱麓环山旅游线。岱麓环山旅游线贯穿于泰山南麓山城结合部，由东至西主要景点有王母池、虎山公园、关帝庙、红门宫、范明枢墓、普照寺、冯玉祥纪念馆、烈士祠、冯玉祥墓、大众桥、三阳观、五贤祠等。

（5）扇子崖旅游线。扇子崖景区位于泰山西麓，是泰山的旷区，从天外村出发，途经黑龙潭、长寿桥、演武场、玉皇洞、天胜寨至元始天尊庙。这一带景点较为集中，主要有圣贤洞、地母宫、太阳庙、月亮洞、傲徕峰、扇子崖、九女寨等。

（6）岱顶旅游区。岱顶旅游区景点集中，奇观荟萃，主要景点有南天门、"天街"、碧霞祠、大观峰、玉皇顶、日观峰、拱北石、瞻鲁台、舍身崖、丈人峰、西天门、北天门等，自然景观有旭日东升、云海玉盘、晚霞夕照、黄河金带、碧霞宝光、雾凇雨凇等。

（7）后石坞旅游线。后石坞为泰山奥区。从岱顶出发，途经北天门、独足盘、黄花栈至后石坞，也可乘单线循环双人吊椅式索道直达后石坞。这里有元君庙、元君墓、黄花洞、姊妹松等名胜。

（8）天烛胜境旅游线。从泰城东郊的唐庄沿泰佛路北行，至大津口乡艾洼村的扫帚峪，即到泰山天烛峰旅游区。天烛胜境旅游线下起"天烛胜境坊"，上至玉皇顶，是一条充满山林野趣的徒步攀登旅游线路，沿途有仙鹤湾，三折瀑，望天门，大、小天烛峰，后石坞等景点。

（9）泰山地质旅游线。泰山地质构造复杂，地学内容丰富，地质现象典型，是一个天然的地学博物馆。泰山地质旅游线下起泰前，上至岱顶及后石坞。奇特的地质景点有：岱道庵-泰前断裂带，虎山混合花岗岩，红门东涡柱构造，中天门球状风化，云步桥断裂带，岱顶仙人桥，拱北石，后石坞石海、石河等。

（10）泰安城区旅游点。泰山脚下的泰安为历史文化名城和对外旅游开放城市，市区内不仅有岱庙、灵应宫、清真西大寺、美以美会教堂、火车站德式小楼等古迹，通天街、洼子街、红门路等民俗文化街，而且还有蒿里山、奈河公园、东湖公园、岱宗游园、儿童乐园、西游记宫等游乐场所。

（11）灵岩寺旅游区。古人有"登泰山不游灵岩不成其游也"之说，灵岩以灵岩寺而著名。灵岩寺位于泰山主峰的西北，从泰城乘车沿104国道北行至万德镇，然后向东北方向行驶3千米即到。灵岩寺旅游区的主要景点有灵岩寺、辟支塔、墓塔林、宋代泥塑、灵岩山等。

（12）大汶口遗址旅游线。大汶口遗址是大汶口文化的发现和命名地，位于泰安和曲阜之间的汶口镇，104国道贯穿南北，交通十分便利。除大汶口遗址外，周围的主要景点还有山西会馆、明代石桥、文姜城遗址以及"汶河古渡"等。

(13) 徂徕山旅游区。徂徕山位于泰山东南20千米，为国家级森林公园，风景秀丽，古迹众多，有徂徕山抗日武装起义纪念碑、大寺、中军帐、竹溪六逸故址、独秀峰、光华寺、北朝刻经等景点。

5.2.2 世界文化景观遗产——庐山

1. 简介

庐山位于江西省北部、长江中游南岸、鄱阳湖滨，是座地垒式断块山，大山、大江、大湖浑然一体，险峻与柔丽相济，素以"雄、奇、险、秀"闻名于世。庐山富有独特的庐山文化，具有重要的科学价值与美学价值。庐山的地形成因是断裂隙起的断块山，周围断层颇多，特别是东南部和西北部，呈东北—西南走向的断层规模较大，由这种断层块构造而形成的山体多奇峰、怪石、壑谷、瀑泉、岩洞，雄伟壮观、气象万千，形成了奇特瑰丽的山岳景观。山地的周围满布着断崖峭壁，峙谷幽深。但从牯岭街至汉阳峰及其他山峰的相对高度却不大，起伏较小，谷地宽广，形成了"外陡里平"的奇特地形。

庐山具有独特的第四纪冰川遗迹，是中国第四纪冰川学说的诞生地，遗留着末次冰期时由古季风环流产生的独特的风沙丘群。本区地质构造复杂，形迹明显。庐山北部以扭曲构造为主要特征，形成了一系列秀丽的岭谷地貌；南部和西北部是一系列的断层崖，形成了雄伟高峻的五老峰、秀峰、石门涧等。山地中分布着宽谷和峡谷，外围则发育着阶地和谷阶。山上和山麓地带都存在着古地面。庐山主峰大汉阳峰海拔1 474米，海拔1 000米以上的山峰有30余处，面积约302平方千米。

2. 世界遗产委员会评价

江西庐山是中华文明的发祥地之一。这里的佛教和道教庙观，代表理学观念的白鹿洞书院，以其独特的方式融汇在具有突出价值的自然美之中，形成了具有极高美学价值的、与中华民族精神和文化生活紧密联系的文化景观。

3. 地学旅游资源特征

(1) 资源丰富。

庐山的生态性、人文性、历史性、政治性在国内名山中独一无二。庐山具有复杂多样的地形地貌和气候环境，为植物区系演化发展提供了优越条件，植物种类极为丰富，共有植物3 953种，其中，本土高等植物2 475种，外来植物1 478种；以庐山或牯岭命名的植物有56种，如庐山美蓉、庐山景天、牯岭山梅花、牯岭凤仙花等；珍稀濒危植物有200余种。2017年，庐山获评江西最具影响力大景区第一名，也是全球范围内唯一同时拥有"世界文化景观"和"世界地质公园"荣誉称号的世界级名山，同时，也是国家体育旅游示范创建单位、全国首批中小学生研学实践教育基地。

(2) 品牌优异。

2018年，庐山景区荣获"新时代·中国最佳文化旅游名景""2018中国十佳旅游影响力文化景区""中国天然氧吧"等荣誉称号，庐山石刻博物馆荣获"全国博物馆十大陈列展览精品奖"。2019年1—8月，庐山景区旅游接待总人次4 627万，同比增长13.9%，旅游总收入 301 亿元,同比增长 12.7%,庐山正朝全域旅游高质量跨越式发展、"全省龙头、全国示范、世界知名"的国际旅游度假胜地目标快步迈进。庐山旅游国际化迈出新步伐,近年来发起并召开了多次世界名山大会。根据问卷调查数据,认为庐山国际影响力高的游客占70%,充分表明了庐山品牌在国际上的地位。

(3) 文化底蕴深厚。

庐山是一座集风景、文化、宗教、教育、政治为一体的千古名山。这里是中国山水诗的摇篮,古往今来,无数文人墨客慕名登临庐山,为其留下 4 000 余首诗词歌赋。晋代高僧慧远(公元 334—416 年)在山中建立东林寺,开创了佛教中的"净土宗",使庐山成为当时重要的宗教圣地。遗存至今的白鹿洞书院,是中国古代教育和理学的中心学府。庐山上还荟萃了各种风格迥异的建筑杰作,包括罗马式与哥特式的教堂、融合东西方艺术形式的拜占庭式建筑,以及日本式建筑和伊斯兰教清真寺等,堪称庐山风景名胜区的精华。庐山不但拥有"秀甲天下"的自然风光,更有着丰厚灿烂的文化内涵。

4. 主要旅游景观欣赏

(1) 仙人洞,位于庐山天池山西麓、锦绣谷的南端,海拔 1 031 米,洞高、深各约 10 米,是一个由砂崖构成的岩石洞,是庐山著名景点之一。由于大自然的不断风化和山水长期冲刷,慢慢形成天然洞窟,因其形似佛手,故名佛手岩。相传,唐代名道吕洞宾曾在此洞中修炼,直至成仙。后人为奉祠吕洞宾,将佛手岩更名为仙人洞。洞壁有"洞天玉液"等石刻题词,洞中央纯阳殿内置有吕洞宾石像。清朝,佛手岩成为道家的洞天福地,改称仙人洞。

(2) 石门涧,位于庐山西麓,素称"庐山西大门",因天池山、铁船锋对峙如门,内有瀑布垂落而得名。涧两侧的山上生长着热带、亚热带和温带的多种植物,山外有石楠、野桐、马褂木等,另外还有两株千年黄杨,可谓"庐山植物一绝"。石门涧集"雄、险、奇、秀"于一体,是一座集地质变化、生物进化、自然造化、历史文化于一体的综合大观园,是庐山第四纪冰川遗迹最典型的地貌代表,有"匡庐绝胜""山水绝胜"的美誉。

(3) 三叠泉,又名三级泉、水帘泉,位于五老峰下部,海拔 1 160 米,飞瀑流经的峭壁有三级,落差共 155 米,古人称"匡庐瀑布,首推三叠",被誉为"庐山第一奇观"。三叠泉由大月山、五老峰的涧水汇合,从大月山流出,经过五老峰背,由北崖悬口注入大盘石上,又飞泻到二级大盘石,再喷洒至三级盘石,形成三叠,故得名。

(4) 五老峰。因山的绝顶被垭口所断,分成并列的五个山峰,仰望时像席地而坐的五位老翁,故人们便把这原出一山的五个山峰统称为"五老峰"。五老峰根连鄱阳湖,峰尖触大,是全山形势最雄伟奇险的景点。五峰中以第二峰最险,奇岩怪石千姿百态;第四峰最高,峰顶云松弯曲如虬,下有五小峰,即狮子峰、金印峰、石舰峰、凌云峰和旗杆峰,再往下为观音崖、狮子崖,背后山谷有青莲寺。

(5) 锦绣谷。自天桥循左侧石级路前至仙人洞,为一段长约 1 500 米、海拔 1 102 米的山谷,相传为晋代东方名僧慧远采撷花卉、草药的地方。这儿四时花开,犹如锦绣,故名锦绣谷。北宋文学家王安石诗云:"还家一笑即芳晨,好与名山作主人。邂逅五湖乘兴往,相邀锦绣谷中春。"据说是他游览即兴之作。

(6) 花径公园，位于牯岭街西南 2 千米处的如琴湖畔，有公路抵达，沿大林路步行，顺路可见冰川遗迹——冰桌巨石，又叫飞来石。花径相传是唐代诗人白居易咏诗《大林寺桃花》的地方。白居易被贬任江州（今九江）司马时，于公元 816 年登庐山游览。时值暮春，山下桃花已落而此处却桃花盛开，白居易有感吟诗一首："人间四月芳菲尽，山寺桃花始盛开。长恨春归无觅处，不知转入此中来。"

(7) 秀峰，位于庐山南麓，海拔 53 米。秀峰是香炉峰、双剑峰、文殊峰、鹤鸣峰、狮子峰、龟背峰、姊妹峰等诸峰的总称。鹤鸣峰下，原坐落着被称为"庐山五大丛林"之一的秀峰寺。秀峰寺原名开先寺，后因康熙手书"秀峰寺"，从此改为秀峰寺。秀峰内有漱玉亭、玉峡、龙潭、瀑布、观瀑亭、日照亭等胜景和历史名人留下的许多珍迹。著名的开先瀑布，唐代大诗人李白赞颂道："日照香炉生紫烟，遥看瀑布挂前川。飞流直下三千尺，疑是银河落九天。"

(8) 美庐，位于江西省九江市庐山市河东路 180 号。绿荫笼罩下的美庐别墅为石木结构，主楼为两层，附楼为一层，占地面积为 455 平方米，建筑面积为 996 平方米。而整个美庐庭园占地面积为 4 928 平方米，建筑占地面积仅占其中的不足 10%，因而显得庭园特别敞净，而建筑主体却又显得适宜，既不感到笨拙，又不感到纤弱，产生出一种和谐的美。

(9) 白鹿洞书院，位于五老峰东南，全院山地面积为 3 000 亩，建筑面积为 3 800 平方米。白鹿洞书院为全国重点文物保护单位，"始于唐，盛于宋，沿于明清"，至今已有 1 000 多年。唐贞元年间（公元 785—805 年），李渤隐居这里读书，养一白鹿自娱，人称白鹿先生。长庆间（公元 821—943 年），李渤任江州刺史，便在白鹿筑台榭，植花木。白鹿洞书院现存建筑群沿贯道溪自西向东串联而筑，由书院门楼、紫阳书院、白鹿书院、延宾馆等建筑群落组成。建筑体均坐北朝南，为石木或砖木结构，屋顶均为人字形硬顶，颇具清雅淡泊之气。

(10) 牯岭，原名牯牛岭，因岭形如一头牯牛而得名，位于庐山的中心，三面环山，一面临谷，海拔 1 164 米，是庐山景区的中心，是一座美丽、别致、公园式的小山城。19 世纪末，英国传教士李德立入山，租用了牯牛岭的长冲，在这里兴建住宅别墅，逐步开发，并按其气候清凉的特点，据英文 Cooling 的读音，把牯牛岭简称为牯岭。牯岭以牯牛岭为界分为东西两谷。

(11) 庐山云雾茶，系我国十大名茶之一，始产于汉代，已有 1 000 多年的栽种历史，宋代列为"贡茶"，以"味醇、色秀、香馨、液清"而久负盛名。

5.2.3 世界地质公园——嵩山

1. 简介

嵩山，古称"外方"，夏商时称"崇高""崇山"，西周时称"岳山"，以嵩山为中央，左岱（泰山）右华（华山），定嵩山为中岳，始称"中岳嵩山"。嵩山位于中国河南省郑州市西部 60 千米处的登封市北部，嵩山地质公园位于华北板块（Ⅱ）中的河淮块体上，在公园内连续出露着太古宙、元古宙、古生代、中生代、新生代五个地质历史时期的岩石地层序列。发生在距今约 25 亿年、18 亿年、6 亿年的三次剧烈地壳运动，形迹出露清晰，是研究地壳早期演化规律、追溯地球演化历史的理想场所，是一部记录在石头上的地质史书。2004年2月，嵩山地质公园被联合国教科文组织列为世界地质公园，2007年3月，嵩山被国家旅游局批准为国家5A级旅游景区，2010年8月，坐落在嵩山腹地及周围的天地之中的历史建筑群被列为世界文化遗产。

2. 地学旅游资源禀赋

(1) 地质资源丰富。

1) 嵩山的山石景色。燕山运动形成的横亘东西的登封大背斜，在构造和内外营力作用下，经历亿万年大自然的雕塑，形成今天可供人们欣赏的雄伟秀丽的自然景观。山地、盆丘、奇峰、幽谷、飞来峰、构造窗、飞泉瀑布等奇景，少室山、太室山72峰，登封"双十景"等都是历史演变过程中形成的自然旅游资源。

2) 嵩山的岩溶景观。在石灰岩分布区，还形成了一些岩溶景观，尊岭口西侧为奥陶系下马家沟组灰岩，顶部有多处古溶洞。少林寺西北扳倒井灰岩分布区，地表岩石露头被侵蚀溶解，形成溶槽、溶坑。在西刘碑村西南1千米的河段上，石灰岩受河水的侵蚀和溶蚀，形成峡谷地形，两岸岩壁高20～30米中有怪石嶙峋，丁姿百态，潭中巨石，顶平如案，可乘坐10余人，取名为"乐台"。岩石表面有大小不一的溶坑，直径几厘米至几十厘米。河流南岸有一溶洞，直径1米左右，长约10米，人可爬行而过，岩石垂直节理发育，因崩塌石块错落造成宽窄不一的石缝，犹如"一线天"。

3) 天然地质博物馆。嵩山地质具有得天独厚之处，地层从太古界到新生界都有出露。三大岩类发育齐全，褶皱、断裂构造形迹纵横展布，反映历次构造不整合面发育典型，出露集中，有嵩阳运动、中岳运动、少林运动、加里东运动、印支运动、燕山运动等构造遗迹。古生物化石、溶洞奇观、古冰川遗迹等基础地质内容极其丰富，煤炭、铝土矿等矿产资源亦颇可观。

(2) 人文资源特色明显。

1) 佛、道、儒三教活动遗迹。嵩山是我国最早的佛教发源地和传播胜地。在嵩山的奇峰古木中，塔寺隐现，晨钟暮鼓，佛乡气氛浓郁。近2000多年来，不少高僧在此修炼、传教，留下大量活动遗迹。道教以中岳庙为活动中心，以周王子晋、北魏寇谦之、唐潘师正为代表人物。很多儒家大师曾在嵩阳书院讲学，并留下了不朽篇章。

2) 科学文化遗迹。告城北门外的周公测景台及观星台是我国最古老的天文台，也是世界上著名的古天文建筑。嵩山是中华民族文化发祥地之一，这一带发现了大量新石器时期的文化遗迹。告城王成岗发现夏商城堡，告城北发现战国阳城，并出土大量骨器、陶器、青铜器等文物。此外，嵩山还发现了大量的书法、壁画和雕塑。

3) 古建筑艺术宝库。古殿宇楼阁建筑以中岳庙、少林寺为代表。中岳庙布局仿清廷皇宫，有"小故宫"之称。汉三阙是汉代建筑标本，极为珍贵。历代古塔532座，造型独特，争奇斗胜。还有一些寺、庙、宫、台等，是观赏建筑艺术、研究建筑史、进行建筑科学旅游的宝库。

4) 武术旅游胜地。少林武术早已名扬天下，中国郑州国际少林武术节已成功地举办了十几届，武术节以其盛大的规模、精湛的武术竞技、丰硕的经贸成果、全方位的宣传报道，在国内外产生了广泛而深远的影响。

3. 主要旅游景观欣赏

（1）太室山，主峰峻极峰为嵩山之东峰，海拔1 492米，主要建筑为中岳庙、嵩阳书院。据传，禹王的第一个妻子涂山氏生启于此，山下建有启母庙，故称之为"太室"（室：妻也）。太室山共三十六峰，主峰"峻极峰"以"峻极于天"为名，后因清高宗乾隆游嵩山时，曾在此赋诗立碑，所以又称"御碑峰"。登上峻极峰远眺，西有少室侍立，南有箕山面拱，前有颍水奔流，北望黄河如带。倚石俯瞰，脚下峰壑开绽，凌嶒参差，大有"一览众山小"之气势。山峰间云岚瞬息万变，美不胜收，正如诗中所说："三十六峰如髻鬟，行人来往舒心颜。白云蓬蓬忽然合，都在虚无缥缈间。"

（2）少室山，有三十六峰，颇为壮观。少室山山顶宽平如寨，分有上下两层，有四天门之险。据《河南府志》载，金宣宗完颜列与元太祖成吉思汗交战时，宣宗被逼出京，曾退入少室山，在山顶屯兵，故称"御寨山"。少室山距太室山约10千米，山上连天峰为嵩山之西峰，海拔1 512米，为嵩山最高峰，主要建筑为少林寺。据说，禹王的第二个妻子，涂山氏之妹栖于此。人于山下建少姨庙敬之，故谓"少室"。

（3）少林寺，位于嵩山少室山北麓五乳峰下，建于北魏太和十九年（公元495年）。据传，印度名僧菩提达摩禅师曾驻锡于此。唐初，少林寺十三棍僧救过秦王李世民，贞观年间（公元627—649年）重修少林寺，唐代以后，僧徒在此讲经习武，禅宗和少林寺名扬天下。千年来，少林僧人潜心研究佛法与武学，使佛教文化在中国广为传播，影响日渐深远，少林武术更是中华武术的瑰宝，蜚声海内外。与少林寺相关的电影、电视剧经久不衰，反映了现代人对少林精神的喜爱。现存建筑有山门、方丈室、达摩亭、白衣殿、千佛殿等，已毁的天王殿、大雄宝殿等已修复。千佛殿中有明代"五百罗汉朝毗卢"壁画，300多平方米。

（4）嵩阳书院，位于太室山南麓，原名为嵩阳寺，创建于北魏孝文帝太和八年（公元484年），初为佛教活动场所，僧侣多达数百人。隋炀帝大业年间（公元605—618年），更名为嵩阳观，改为道教活动场所。宋仁宗景祐二年（公元1035年），改名为嵩阳书院，以后一直是历代名人讲授经典的场所。嵩阳书院是中国古代高等学府之一，与湖南长沙的岳麓书院、江西庐山的白鹿洞书院、河南商丘的睢阳书院并称中国古代四大书院。明末书院毁于兵火，清代重修增建，鼎盛时期，学田1 750多亩，生徒达数百人，藏书达2 000多册。

（5）嵩山观星台，即告成观星台，大约建于1276年，设计者是元代著名科学家郭守敬。当时像告成观星台这样的建筑在全国有27处，而历经数百年沧桑，告成观星台成为仅存的一座。此观星台距今已有700余年历史，是中国现存最古老的天文台，也是世界上最著名的天文科学建筑物之一。它反映了中国古代科学家在天文学上的卓越成就，在世界天文史、建筑史上都有很高的价值，1961年3月4日被国务院公布为第一批全国重点文物保护单位。

（6）嵩山碑刻，作品多达2 000余件，颜真卿、苏东坡、黄庭坚、米芾、蔡京等历代的大书法家都在山上留有墨宝。嵩山最大的碑刻为现存于嵩阳书院西南草坪上高达九米的《大唐嵩阳观纪圣德感应颂》。此碑为李林甫撰文，裴迥篆额，徐浩书，刻于唐天宝三年（公元744年）二月，碑高9米，宽2.04米，厚1.03米。此碑由碑首、碑身和碑座组成，碑制宏伟，结构紧凑。碑首分三层，上层为双狮戏珠，不仅美观大方，而且起着平衡碑顶重心的作用，使碑身牢固稳当。碑首的中层比上、下层和碑身都要宽大，四面较碑身突出60厘米，从上往下逐渐收缩，略带弧形，上面是祥云浮雕；碑首的第三层上下平直，正面中间篆刻额文，额文两边有双龙飞舞浮雕，两侧是麒麟浮雕。碑身刻《大唐嵩阳观纪圣德感应颂》，隶书25行，每行53字。碑座为长方形，四面刻有石像，前后各三个，两侧各两个，共十个。每个内有一尊浮雕武士像，一手高举扬舞，一手抓住动物，有鱼、蟾、蛇，各像不一，但都鼓目凸腹，或做对阵欲斗姿势。这座碑刻石质坚硬细腻，雕工极为精致，是中国唐碑的优秀代表作之一，也是现存最大的唐碑。

5.2.4 世界地质公园——云南大理苍山

1. 简介

苍山地质公园位于大理州大理市、漾濞县和巧源县接壤地带，海拔为2 000~4 122米。其中苍山主要景区东坡海拔2 200米以上，西坡海拔2 000~2 400米，南起下关西巧河北岸，北止凤羽巧子南缘，公园面积为519.9平方千米。

2. 地学旅游景观特征

苍山地质公园景观丰富多样，古冰川遗迹景观、变质岩景观、气象景观、水文景观、生物多样性景观、中亚热带山地生态系统景观等使大理苍山成为中国乃至世界最显著突出的景观地之一。

（1）古冰川遗迹。苍山是亚洲大陆第四纪末次冰期冰川作用最南的山地之一，也是有末次冰期冰川作用而无现代冰川的最南端山地，发育有特殊典型意义的冰川，是中国"大理冰期"的命名地，保留有角峰、刃脊、冰斗、冰坎、冰蚀洼地、冰蚀湖群等比较完整而丰富的古山岳冰川遗迹景观。

（2）变质岩景观。苍山中上部分布着风景奇异的变质岩——变粒岩石林景观。峰林险峻、造型各异，具有突出的美学价值。同时，苍山是"大理岩"的命名地，苍山的大理岩分布广泛，开发利用历史悠久，具有较高的艺术性。大理石的色彩变幻无穷，花纹丰富多彩，与中国传统的水墨画有异曲同工之妙，是自然造就的艺术珍品，与大理的社会、文化有着自然而密切的联系。

（3）气象景观。"风花雪月"是大理最著名的四大景观：下关风、上关花、苍山雪、洱海月。公园区内有苍山雪、洱海月两大景观。苍山气象景观奇特而富有韵味，其中最重要的气象现象有云景和雪景。苍山云景变化多端，山顶、中间各个季节云景不同。著名的云景有玉局浮云（望夫云）、云横玉带（玉带云）。山顶常年积雪，寒冬时节，百里苍山，银装素裹，蔚为壮观。阳春三月，雪线以下繁花似锦，雪线以上晶莹如玉，盛夏时节，山顶仍白雪皑皑。苍山八景中即有"苍山春雪、云横玉带、玉局浮云"，形象地描绘了这些奇特的气象景观。由于苍山相对高差较大，地形复杂，气候多变，有"一山分四季，十里不同天""晴川溪雨"的独特气候景观。苍山雪是大理四大名景之一，关于苍山上的积雪为何千年不化，大理民间流传着一个关于白族兄妹为镇住瘟神化身雪神的美丽传说，而实际上是苍山海拔太高，山顶气温低的缘故。洱海月也是大理四大名景之一。关于洱海月的传说，流传最广的是天宫公主下凡帮渔民沉宝镜的故事。宝镜在海底变成了金月亮,绽放着耀眼的光芒,照着世世代代的捕鱼人,于是就有了洱海月。

(4) 水文景观。苍山水文景观类型多样,以溪流最为突出,流水形成的苍山东坡十九峰十八溪(清碧溪、莫残溪、双鸳溪等)及苍山西坡雪山河、金盏河等溪流为苍山增添了无穷的魅力。洱海景区以洱海水景为主体,滨湖地带为湿地镶嵌环绕,西边山麓为冲洪积裙地貌,岸边为狭窄滨岸平原镶边,农耕繁忙,春播秋收,色彩纷呈,景色宜人;北端江尾为弥苴河三角洲平原;湖上波光帆影,游艇游船穿行,晨迎朝阳,晚霞渔歌,确是人间圣境。

(5) 生物景观。苍山相对高差达 2 562 米,复杂多样的地形和典型的山地立体气候为生物的生长提供了多样化的环境,苍山的植物种类多样性、生态系统类型多样性、植物地理成分多样性、珍稀濒危物种和特有物种多样性等十分突出。其中,丰富的花卉资源是苍山的一大自然景观特色,尤其以杜鹃和兰花最为出名,苍山在国际上被誉为"杜鹃花的故乡"。苍山冷杉林、杜鹃花海、高山花甸是苍山生物景观的突出代表。

(6) 中亚热带山地生态系统景观。苍山是中国北纬26度以南植被垂直带谱最多、植被类型最多样、山地植被类型保存最完整的山脉。苍山自下而上发育有稀树灌木草丛带、暖温性针叶林带、半湿润常绿阔叶林带、针阔叶混交林带、寒温性针叶林带、寒温性灌丛草甸带等六个完整的植被垂直带谱。一山之间,四时之季,植被景观丰富多样。

(7) 文化遗产资源丰富。苍山世界地质公园内有太和城遗址、崇圣寺三塔、元世祖平云南碑和喜洲白族民居等国家级物质文化遗产以及其他省级、州级、县级物质文化遗产,同时还有蝴蝶会、白族火把节等非物质文化遗产。

3. 主要旅游景观欣赏

(1) 蝴蝶泉。蝴蝶泉是有名的游览胜地之一,风光秀丽,泉水清澈,独具天下罕见的奇观"蝴蝶会"。随着反映白族生活的影片《五朵金花》的播放,蝴蝶泉这一奇异的景观更是蜚声遐迩,驰名中外,比较著名的有大理蝴蝶泉、枣庄蝴蝶泉、阳朔蝴蝶泉等。

(2) 苍山十八溪。著名的"十八溪"溪序为霞移、万花、阳溪、茫涌、锦溪、灵泉、白石、双鸳、隐仙、梅溪、桃溪、中溪、绿玉、龙溪、清碧、莫残、葶溟和阳南。苍山孕育着终年奔流而下的"十八溪",孕育出风光旖旎的洱海,孕育成苍山洱海间的百里绿野平畴,也孕育着这绿野平畴间迷人而神奇的生活。

(3) 苍山十九峰。苍山十九峰巍峨雄壮,与秀丽的洱海风光形成强烈对照,其峰自北向南依次为云弄、沧浪、五台、莲花、白云、鹤云、三阳、兰峰、雪人、应乐、观音、中和、龙泉、玉局、马龙、圣应、佛顶、马耳和斜阳。这些山峰中,海拔最高的为马龙峰,海拔为4 100米。雄奇的群峰,崛起千古的高峻苍山,兀立在眼前,像一个巨大的惊叹号。屏立的十九峰如龙游动,连绵百里,气势磅礴。它们姿态万千,巍峨耸立,直插云霄,成为一种雄伟的标志。

思考题

1. 试述变质岩地区旅游资源开发的潜力。
2. 简述山西大同火山群主要景观资源及开发保护要点。

3. 简述云南腾冲火山景观资源的管理优化。
4. 简述北海涠洲岛火山旅游资源及地质特征。

推荐阅读书目

[1] 保继刚，楚义芳. 旅游地理学［M］. 北京：高等教育出版社，1999.

[2] 程胜利，劳子强，张翼，等. 嵩山地质博览［M］. 北京：地质出版社，2003.

[3] 冯天驷. 中国地质旅游资源［M］. 北京：地质出版社，1998.

[4] 黄定华. 普通地质学［M］. 北京：高等教育出版社，2005.

[5] 刘红婴，王建民. 世界遗产概论［M］. 北京：中国旅游出版社，2003.

[6] 吴必虎. 区域旅游规划原理［M］. 北京：中国旅游出版社，2004.

[7] 杨桂华，钟林生，明庆忠. 生态旅游［M］. 北京：高等教育出版社，2000.

[8] 邹统钎. 旅游景区开发与管理［M］. 北京：清华大学出版社，2004.

第6章

地层古生物旅游景观欣赏

本章概要

本章首先从地层、地层表、地层分类、地层层序、地层划分与对比着手介绍了地层学基本知识，分析了化石的形成、类型以及旅游价值；其次讨论了"金钉子"地层剖面的概念、中国"金钉子"的点位及其地学旅游价值；最后分析了中国古生物化石分布，并以世界自然遗产澄江动物群、寒武系苗岭统及乌溜阶"金钉子"凯里组剖面、晚三叠纪关岭生物群、云南禄丰恐龙国家地质公园为代表进行了地层古生物旅游景观的欣赏。

关键性词语

地层、化石、"金钉子"、旅游价值、澄江动物群、寒武纪、三叠纪、侏罗纪。

6.1 地层与化石概述

6.1.1 地层

地层是一切成层岩石的总称，包括变质的和火山成因的成层岩石在内，是一层或一组具有某种统一的特征和属性的并和上下层有着明显区别的岩层。

地层可以是固结的岩石，也可以是没有固结的沉积物，地层之间可以由明显层面或沉积间断面分开，也可以由岩性、所含化石、矿物成分或化学成分、物理性质等不十分明显的特征界限分开。

1. 地层表

地层表是指按地质年代顺序排列来描绘某地区或某露头或某钻井记录的岩系柱状图

(一般附有简要文字说明），又称地层柱状剖面图。有时按顺序（上新下老）、相互关系、岩性、化石和厚度等只作文字描述，地层间只用线段分开，而不考虑岩层平均厚度的比例。但通常地层表要求按岩层平均厚度比例绘出，标明各层厚度，以求更直观。

《国际年代地层表》由国际地层委员会（International Commission on Stratigraphy，ICS）制作和发布，代表了地质学研究的一种共同语言，为研究地球历史提供了基本的时间和地层标尺，如图6-1所示。

2. 地层分类

国际上趋向把地层分为三大类：以岩性为主要划分依据的岩性地层、以化石为划分依据的生物地层、以形成时间为划分依据的时间地层或年代地层。生物地层和时间或年代地层实际上属于同一种类型，其划分和对比具有全球同时性。年代地层单位（界、系、统、阶）也像生物地层一样，都以化石为划分和对比依据。地层一般指成层岩石和堆积物，包括沉积岩、火山岩和由沉积岩及火山岩变质而成的变质岩。

3. 地层层序

地层具有时代的概念，所以就有上下或新老关系，这叫地层层序，也就是相当于一本书的页次。如果地层未受到扰动，或未发生逆转，则越处于下部的地层越老，越处于上部的地层越新，这种地层顺序叫正常层位，这种上新下老的关系叫地层层序律。

但是组成地壳的地层是错综复杂的，或者因某时代地壳上升造成地层缺失，或者因构造变动如逆掩断层造成层序颠倒，或者因变质作用改变了地层的产状和面貌。这就如同一本年代久远的古书已经变成残篇断简，顺序混乱，字迹模糊一样，必须进行一番校订考证工作，才能理清顺序，分章划段，进行研究。

4. 地层划分与对比

地层划分是地层学研究和实践中的基本程序，现代地层学十分注重地层划分的概念和理论基础。

岩层具有多种作为地层划分的物理和化学特征，可以根据这些特征进行地层划分，也可以根据多种特征的综合分析得出的属性（如时间、气候、环境、事件、成因解释等）进行地层划分。岩层有多少种类可作为划分依据的特征和属性，就有多少种类的地层划分。最常用的有：岩石地层划分，以一种岩石特征或几种岩石的组合特征为基础划分地层单位；生物地层划分，以含同一生物化石内容及其分布范围为基础划分地层单位；年代地层划分，以岩层形成的地质时间为基础划分地层单位。不同种类的地层划分可以重叠在同一剖面上进行，这就是现代地层学的多重地层划分概念。

地层划分中常发生两个偏向：一是强调年代地层划分的统一性，认为不受时间因素控制的岩石地层和生物地层单位不是正式地层单位；二是过分强调地层划分多重性和差别性，建立了过多的独立分支学科，如岩石地层学、生物地层学、年代地层学、气候地层学、地震地层学、生态地层学等。当然，为了研究同一岩层序列的不同特征和方面，分析其时空分布关系，增进对地层系统知识的理解，不同地层单位在各自特定的条件下都有其独自存在的价值。

图 6-1 国际年代地层表

地层对比是论证各地层单位特征的一致和层位的相当，是地层单位及其界线从层型向空间展伸和应用的主要手段。

由于地层单位是多种的，对比的论证必然也是多种的，因而可以分为岩石地层对比、生物地层对比和年代地层对比等。传统的地层对比仅指年代地层对比。

在特殊情况下，某些岩石地层单位既具有岩石特征的一致性，又具有同时性，如火山灰层、斑脱岩层、单个薄煤层或灰岩层。这时，岩石地层对比与年代地层对比具有同一的标准。生物地层的对比也有类似的情况。岩石地层同时性的论证和对比比较困难。关于岩石地层单位的对比，从层型向外延伸，应当只考虑层型的岩石特征在空间上的连续性，不考虑化石内容和形成时间的一致性。对于年代地层单位，只有当两个年代地层单位间的界线层型建立之后，根据界线层型中参考点的定义，进行空间上的延伸和对比。年代地层单位的界面线是等时面，等时面的追索是复杂的，所以进行年代地层单位的对比应当采用多种方法进行。

地层单位是地层划分的结果，采用不同的划分依据，可以分出不同性质的地层单位，如岩石地层单位、生物地层单位和年代地层单位。岩层的特征和属性有大小和级别之分，年代有长短之别，所以岩石地层单位和年代地层单位都有不同的级别和体系。地层划分从一个剖面或一个地区开始建立不同类型和不同级别的地层单位，形成地层系统。地层对比将不同地区的地层系统连接起来，建立大区域的以至全球的地层系统。

6.1.2 化石

1. 概念

通俗地说，化石就是生活在遥远过去的生物的遗体或遗迹变成的石头。在漫长的地质年代里，地球上曾经生活过无数的生物，这些生物死亡后的遗体或是生活遗留下来的痕迹，许多都被当时的泥沙掩埋起来。在随后的岁月中，这些生物遗体中的有机质被分解殆尽，坚硬的部分，如外壳、骨骼、枝叶等，与包围在周围的沉积物一起经过石化变成了石头，但是它们原来的形态、结构（甚至一些细微的内部构造）依然保留着。同样，那些生物生活时留下的痕迹也可以这样保留下来。我们把这些石化了的生物遗体、遗迹统称为化石。通过研究化石，科学家可以逐渐认识遥远过去的生物的形态、结构、类别，可以推测出亿万年来生物起源、演化、发展的过程，还可以恢复漫长的地质历史时期各个阶段地球的生态环境。

2. 保存条件和形成过程

地质历史时期的古生物遗体或遗迹在被沉积埋藏后可以随着漫长地质年代里沉积物的成岩过程石化成化石。但是，并不是所有的史前生物都能够形成化石。化石的形成过程及后期的保存都要求一定的特殊条件。

（1）化石的形成及保存首先需要一定的生物自身条件。具有硬体的生物保存为化石的可能性较大。无脊椎动物中的各种贝壳、脊椎动物的骨骼等主要由矿物质构成，能够较为持久地抵御各种破坏作用。此外，具有角质层、纤维质和几丁质薄膜的生物，例如植物的叶子和笔石的体壁等，虽然容易遭受破坏，但是不容易溶解，在高温下能够炭化而成为化石。而动物的内脏和肌肉等软体容易被氧化和腐蚀，除了在极特殊的条件下以外，就很难保存为化石。

(2) 化石的形成和保存还需要一定的埋藏条件。生物死亡后如果能够被迅速埋藏，则保存为化石的机会就多。如果生物遗体长期暴露在地表或者长久留在水底不被泥沙掩埋，它们就很容易遭到活动物的吞食或细菌的腐蚀，还容易遭受风化、水动力作用等破坏。不同的掩埋沉积物也会使生物形成化石并被保存的可能性及状况产生差别。如果生物遗体被化学沉积物、生物成因的沉积物和细碎屑沉积物（指颗粒较细的沉积物）埋藏，它们在埋藏期间就不容易遭到破坏。但是如果被粗碎屑沉积物（指颗粒较粗的沉积物）埋藏，它们在埋藏期间就容易因机械运动（粗碎屑的滚动和摩擦）而被破坏。在特殊的条件下，松脂的包裹和冻土的掩埋甚至可以保存完好的古生物软体，为科学家提供更为全面丰富的科学研究材料，琥珀里的蜘蛛和第四纪冻土中的猛犸象就是这样被保存下来的。

(3) 时间因素在化石的形成中也是必不可少的。生物遗体或是其硬体部分必须经历长期的埋藏，才能够随着周围沉积物的成岩过程而石化成化石。有时虽然生物死后被迅速埋藏了，但是不久又因冲刷等各种自然营力的作用而重新暴露出来，这样依然不能形成化石。

(4) 沉积物的成岩作用对化石的形成和保存也很有影响。一般来说，沉积物在固结成岩过程中的压实作用和结晶作用都会影响化石的形成和保存。其中，碎屑沉积物的压实作用比较显著，所以在碎屑沉积岩中的化石很少能够保持原始的立体状态；化学沉积物在成岩中的结晶作用则常常使生物遗体的微细结构遭受破坏，尤其是深部成岩、高温高压的变质作用和重结晶作用可以使化石严重损坏，甚至完全消失。

3. 化石类型

(1) 按保存方式划分。

按照保存方式，化石可划分为遗体化石、遗物化石、模铸化石、遗迹化石和化学化石。

遗体化石是指古生物本身全部或部分（特别是身体中的坚硬部分）被保存下来形成的化石，它是地层中保存最多、最常见的。例如，在西伯利亚地区第四纪冻土层中发现的猛犸象和披毛犀，它们不仅骨骼完整无损，皮、肉甚至胃中的食物都保存完好；保存在琥珀中的昆虫栩栩如生。但这种情况为数甚少，更多的是残缺不全，但它们在古生物学、生物进化论研究中仍有重要意义。

遗物化石是指古动物留下来的粪便、卵及人类祖先劳动、生活留下来的工具等。

模铸化石是指古生物体埋入地层之后，在岩石的底层或围岩中留下的印模或复铸物。模铸化石有印痕和印模两大类。

遗迹化石是指古动物活动时留下来的痕迹所成的化石，如虫孔、爬痕等。它们在古生物学、生物进化研究中有特殊的价值，我们可以通过足迹间的距离、走向、大小，印痕的深浅等分析确定动物的大小、体重、活动情况和习性。

有的古生物遗体虽然被分解、破坏，未被保存下来，但有机体分解成的有机化合物分子如氨基酸、脂肪酸、核苷酸、糖等仍存在岩石层中，这些有机化合物称为化学化石，或称分子化石。

(2) 按化石大小划分。

按照大小，化石可划分为大化石、微体化石和超微化石。

大化石是指肉眼可见的化石；微体化石是指用光学显微镜可以观察到的一类体形微小的化石；超微化石比微体化石更小，只有在电子显微镜下才能观察到。1977年在南非发现的距今 35 亿年前的斯的威兰系古老堆积岩中的原核藻类化石便是微体化石，在前寒武纪古老岩层中发现的超浮游古生物化石是超微化石。

(3) 按照化石埋藏的地质年代或地层划分。

按照埋藏的地质年代或地层，化石可划分为太古代、元古代、古生代、中生代和新生代化石，这种划分可以使我们纵观古生物发展的历史。

(4) 按照地理分布地划分。

按照地理分布地，化石可划分为热带、亚热带和寒带化石。这种划分有益于人们对古生物的生态作出正确判断，了解某一类群演化和迁徙历史。

(5) 按照生物活体或形成化石是否为同一地域划分。

按照生物活体和形成化石是否为同一地域，化石可划分为原地域化石和异地域化石。异地域化石是指生活在某一地域的生物，由非生物因素，如风、雨、海潮汐，或生物因素（动物）被带到异地掩埋所形成的化石。

6.1.3 化石的地学旅游价值

古生物化石是地质时期遗留下来的，年代亘古久远，反映了地球历史当时一定的生物及环境状况，对现代人来说具有一定的神秘感和沧桑感，也具有一定的科学研究价值，同时也是进行生物演化、环境变化等科普教育的生动教材和良好课堂，因而具有较强的吸引力。世界上很多博物馆对于一个完整的或近于完整的化石都要精心修理并加以珍藏，甚至广泛宣传，供人们游览参观。

所有被发现的古生物化石既是古生物学、地质学、生命科学及考古学研究的基本对象，又是旅游文化活动中旅游者极感神奇、奥妙、充满无尽吸引力的观赏物，具有高品质的观赏价值，从而构成了现代旅游地学文化中一种不可多得的重要资源。

1. 文化价值

古生物化石填补了有关生命起源问题的空白，提供了生物进化的化石实证和线索，修复了进化论中的某些缺失环节；是地质历史相对年代划分的依据，亦是生命演替的实录和生物演化的纪实，更是研究生物进化的珍贵材料；是一部宣传自然界和生物界"一切都在运动、变化、产生和消失"的辩证唯物主义的令人信服的教材；为地质科学理论上互有密切联系的大陆漂移学说、海底扩张学说和板块构造学说三部曲之一的大陆漂移学说提供了古生物地理区系方面强有力的证据；受现代仿生学的启发，仿古生学亦初露光芒。人们也在从古生物化石身上积极探索史前生物的某些特殊本能并进行模仿，如模仿鸭嘴龙的双层牙齿制成了联动刃钻头。从旅游资源的学科概念及自然、吸引、猎奇、观赏、求知、科考等内涵来看，古生物化石的所有遗存都在逐渐变为人类的文化审美对象，成为一种"活的动物景观"。中外历史上许多科学家根据地层中发现的古生物化石推测古今地理、气候、水文的变迁也早已为人们所熟知。如果说今日之生物界构成了当今地球上有声有色、生机勃勃的生物景象，那么古生物化石则描绘了地质历史时期地球上的生物活动面貌及发展图景。

2. 美学价值

(1) 科学美。在古生物科学宝库里，不同门类的各类化石都折射出一种特殊的美——

科学美,给人以强烈的美感。形态各异的化石有着鲜明的美学个性,一方面可以指引古生物学家成功揭示生命进化相关的科学真理,另一方面可以使人们有可能探测到地球科学深层的折光。

(2) 形态美。无论何种门类的古生物化石,首先必须以某种形态存在,千姿百态的古生物形体及造型、壳体纹饰等,是人们能够感知的首要条件。其形态及数量、埋藏状态和某些生态特征,通过观赏者的各种生理机能就能形成美感,可以探究、观赏和评价。如恐龙化石骨架复原后动静逼真的造型形象,其本身就是一种冲击眼球的艺术美。

(3) 结构美。古动物化石的硬体骨骼及古植物化石的花、叶、茎等器官,都具有排列有序、对称、均衡、和谐、协调的特点,如蜓类的旋壁构造、三叶虫的对称构造、珊瑚类的辐射构造及羊齿类植物的网状脉、平行脉等。正是因为古生物化石的这种结构美,才影响了观赏者的审美观念。结构美使得古生物化石各部分联系紧密,互为支撑,成为与古生态环境和谐、协调的完美个体。

(4) 质感美。质感是古生物化石的各种物理属性和化学属性(如硬度、韧性、牢固程度及矿物交代的成分不同等)通过观赏者的视觉、触觉的刺激而形成的综合印象。观赏者一旦建立了质感美,则对此观赏物的价值就会产生从感性到理性的认识飞跃。

(5) 综合美。古生物化石的美学特征一般不是单独存在的,因为任何一类古生物化石总有一定的形态、结构及被不同矿物成分交代的属性。从观赏者的认识规律来看,必然是既注意到化石本身的总体情况以获得全面印象,又会认真考察其主要的局部基本特征,以求得其多元化的美学感知,从而使观赏者的美感达到升华。

6.2 "金钉子"景观旅游欣赏

6.2.1 "金钉子"的概念

"金钉子"(Golden Spike)是全球界线层型剖面和点位(Global Boundary Stratotype Section and Point, GSSP)的俗称,是为了在全球范围内有效探索地球历史上同步发生的各种地质事件而寻找的一些特别的地层剖面和地质点,以此作为划分全球各时代地层的统一标准。"金钉子"一旦钉下,这个地点就成为国际地质学某一地质时代分界点的唯一标准。因此它的确立是地层学研究的一项极高科学荣誉,对于了解地球历史、探求地球生物演化奥秘等具有重要意义,历来是世界地质学家研究的热点和激烈竞争的领域。

"金钉子"原本不是地质学的名词,它来源于人类的铁路修建史。1869 年,美国首条横穿美洲大陆的铁路——太平洋铁路贯通,对美国的发展意义极其深远。为了纪念铁路的成功修建,铁路落成庆典上,在最后一根特制月桂枕木上,钉下了最后 4 颗有特殊意义的特制道钉,其中两枚含有成色不等的黄金,最后一枚道钉含 17.5 克拉黄金,重 436 克。这枚"最后的道钉"(The Last Spike)四面刻有太平洋铁路的奠基和竣工日期、铁路指挥长等官员的姓名,并刻有"May God continue the unity of our country, as this railroad unites the two great oceans of the world"(就像这条铁路连接世界两大洋那样,愿上帝使我们的国家继续统一)等字句,顶端刻有 LAST SPIKE 标记。随着最后一枚黄金道钉的楔入,太平洋铁路这项工程也标志着胜利竣工。

地质学家借用了 Golden Spike 的中文翻译"金钉子",代表年代地层学中一项巨大工程的完成,也形象地表达了它是"钉进"地球表面的一个有特殊含义的地理"点",隐喻了它在年代地层学中的重要地位和里程碑式的科学意义。因而,地层学研究中用"金钉子"代替了原本冗长而拗口的科学术语——全球界线层型剖面和点位,既通俗简练,又寓意深远。"金钉子"实际上是作为划分地层年龄的标尺,主要用于地质年代划分。它并不是真的用黄金打造的,甚至和金子没有一点关系,但是在地层学上却意义非凡,不亚于奥运会金牌。

地球形成46亿年以来,在原始的地壳上,慢慢覆盖起层层叠叠的岩石,为地球演变发展留下了一部石头做成的"万卷书"。在地质学中,这些岩石便是地层,每一个地层都有其相应的地质年代,类似于"万卷书"的页码。地层学发展的数百年来,地层古生物工作者们未间断探索,一直在为年代地层单位寻求共同的标准而进行编码。但是,由于定义混乱,缺乏统一,不仅造成地层划分和对比的困难,也难以识别世界不同地区同步发生的地质事件。

6.2.2 中国"金钉子"简介

随着国际地层委员会成立后,"金钉子"被正式推广,其定义的核心是以某种具有全球对比意义的标准化石的"首现"作为相关地层划分的标准。有了"金钉子",全球的地质工作者就有了"共同语言"。符合"金钉子"标准的地质剖面必须同时具备交通便利、岩层发育良好、化石含量丰富并且分布广泛、容易识别等一系列条件。几十年来,全球科学家在苍茫大地的岩层中,共钉下了68颗"金钉子"。后来居上的中国以11颗"金钉子"位居全球榜首,具体点位如表6-1所示。

表6-1 我国建立的全球界限层型剖面和点位(截至2018年6月21日)

阶 (底界)	层型 剖面地点	层型 点位	生物 标志	地理 坐标	备注	批准 时间
奥陶系 达瑞威尔阶	浙江常山 黄泥塘	宁国组中部,化石层 AEP184 之底	笔石 *Undulograptus austrodentatus* 的首现	28°52256′N, 118°29.558′E		1997
三叠系 印度阶	浙江长兴 煤山	殷坑组底之上19厘米,27c层之底	牙形刺 *Hindeodus parvus* 的首现	31°4′50.47″N, 109°42′22.24″E	同时定义下三叠统、三叠系、中生界底界	2001
寒武系 排碧阶	湖南花垣 排碧四新村	花桥组底界之上369.06米	球接子三叶虫 *Glyptagnostus reticulatus* 的首现	28°23.37′N, 119°31.54′E	同时定义芙蓉统底界	2003
二叠系 吴家坪阶	广西来宾 蓬莱滩	茅口组来宾灰岩顶部,6k层之底	牙形刺 *Clarkina postbitteri postbitteri* 的首现	23°41′43″N, 109°19′16″E	同时定义乐平统底界	2004

续表

阶（底界）	层型剖面地点	层型点位	生物标志	地理坐标	备注	批准时间
二叠系长兴阶	浙江长兴煤山	长兴组底界之上88厘米，4a-2层之底	牙形刺 Clarkina wangi 的首现	31°4′55″N，109°42′22.9″E		2005
奥陶系赫南特阶	湖北宜昌王家湾	五峰组观音桥层底界之下39厘米	笔石 Normalograptus extraordinarius 的首现	30°58′56″N，111°25′10″E		2006
石炭系维宪阶	广西柳州北岸乡碰冲	鹿寨组碰冲段83层之底	有孔虫 Eoparastaffella simplex 的首现	24°26′N，109°27′E		2008
奥陶系大坪阶	湖北宜昌黄花场	大湾组底界10.57米，SHod-16牙形刺样品层之底	牙形刺 Baltoniodus triangularis 的首现	30°51′37.8″N，110°22′26.5″E	同时定义中奥陶统底界	2008
寒武系古丈阶	湖南古丈罗依溪西北	花桥组底界之上121.3米	球接子三叶虫 Lejopyge laevigata 的首现	28°43.20′N，119°57.88′E		2008
寒武系江山阶	浙江江山	华严寺组底界之上108.12米	球接子三叶虫 Agnostotes orientalis 的首现	28°48.977′N，118°36.887′E		2011
寒武系乌溜阶	贵州省剑河县八郎	凯里组底界之上52.8米	印度掘头虫 Oryctocrphalus indicus 的首现	26°4.843′N，108°24.830′E	同时定义寒武系第三统底界	2018

6.2.3 "金钉子"的地学价值

1. 地质标尺

"金钉子"是全球界线层型剖面和点位的俗称。一旦在某地方钉下"金钉子"，该地就变成一个地质年代的"国际标准"，对照它，便可以对应标出其他岩层的"年龄"，是地层年代统一的"度量衡"。

2. 地质科普旅游

"金钉子"是一种地质旅游吸引物，研究探讨其科普形式时，应跳出比较常见的"金钉子"的确立过程、典型地层、代表古生物等研究，挖掘"金钉子"对于当地旅游的促进作用，探寻一种乐于被大众接受的"金钉子"的地质科普旅游形式。如以游客需求为主导，联系地质事件提出主题，围绕主题设计古生物以及古地理环境的场景，建立具体实物，增加地质旅游的参与度和体验度。

3. "金钉子"研学

2016年12月19日，教育部、国家旅游局等11部门联合印发《关于推进中小学生研学旅行的意见》，要求每学年合计安排研学旅行活动：小学3~4天、初中4~6天、高中6~8

天。研学旅行可以从博物馆开始,随后到"金钉子"地质剖面上进行现场教学,把深奥的科学内容拆解成学生们都能理解的体验环节,给学生们一个重新认识和理解地球亿万年变迁演化的机会。此外,还可以在非核心区采集古生物化石,帮助学生理解远古的环境、生物习性和沉积岩的相关知识。

6.3 典型地层古生物景观欣赏

从总体看,我国的化石也像我们的民族一样呈现"大杂居、小聚居"的分布格局,整体分布广泛、局部集中。我国化石分布不均匀,西南和东北地区有多个化石集中产地和古生物群地层分布,中部和西部地区较少。中西部地区,国家重点保护化石产地虽然数量较少,但该地区具有很大潜力,许多新的重大发现集中在中西部地区,如2012年新疆鄯善出土了目前我国侏罗纪最大的恐龙化石。在我国著名的古生物群中,西部地区特别是西北地区占有的数量很多。

我国古生物化石时代延伸很长,从元古宙到第四纪均有,但以寒武纪古生代海洋动物群、中生代三叠纪生物群、侏罗纪和白垩纪爬行动物与古鸟类动物群和新生代哺乳动物群最具代表性。我国化石发展轨迹大体由南向北推进,在后期辐射到全国范围。早期,我国的古生物群分布范围局限,主要分布在安徽、云南、贵州等地,化石种类多以真核生物和鱼类以及植物为主。在三叠纪早期出现了爬行类动物,分布范围大体在华北—西南线上;中生代的侏罗纪和白垩纪古生物化石以恐龙为主。早期,恐龙化石分布范围局限,三叠纪晚期的恐龙化石分布在云南禄丰盆地等极少数地区,侏罗纪时期的恐龙化石主要分布在四川、云南和贵州等地,白垩纪时期的恐龙化石分布范围广泛,主要分布在我国的东北部、北部、中东部地区;新生代哺乳动物化石分布范围广泛,全国大部分地区都有出土。

6.3.1 世界自然遗产——澄江化石地

1. 简介

澄江动物群位于云南澄江帽天山地区,产有早寒武纪(距今约5.3亿年)无脊椎动物化石,也有原始脊索动物化石。特别可贵的是,现今生物所有门类的远祖代表在这里都有发现,有硬体和软体印模,为人们研究寒武纪早期生物大爆发过程中生理结构、生物习性、系统演化和生态环境等提供了证据。以上发现不仅为寒武纪大爆发这一非线性突发性演化提供了科学事实,同时对达尔文渐变式进化理论而言也是个极大的难题及挑战。澄江化石地在世界同类化石地中极为罕见,它完整展示了寒武纪早期海洋生物群落和生态系统。寒武纪早期的澄江动物群,以多门类动物软躯体化石的特殊保存为特征,是一个举世罕见的化石宝库。现已发现的澄江动物群化石共120余种,分属海绵动物、腔肠动物、线形动物、鳃曳动物、动吻动物、叶足动物、腕足动物、软体动物、节肢动物、脊索动物等10多个动物门类以及一些分类位置不明的奇异类群。此外,还有多种共生的藻类。澄江动物群生动再现了距今5.2亿年前海洋生物世界的真实面貌,将包括脊索动物在内的大多数现生动物门类的最早化石记录追溯到寒武纪初期,充分展示出寒武纪早期生物的多样性,为揭示寒武纪大爆发的奥秘提供了极珍贵的直接证据，因此被誉为20世纪最惊人的科学发现之一。

2012年7月1日，在俄罗斯圣彼得堡举行的世界遗产委员会第36届会议上，澄江化石地顺利通过表决，被正式列入《世界遗产名录》，成为中国第一个化石类世界遗产，填补了中国化石类自然遗产的空白。

2. 世界遗产委员会评价

这一举世闻名的特异化石库发现于云南澄江帽天山，距今约5.3亿年，包括有大量栩栩如生的奇异化石，还有不少保存精美的软躯体化石，它们是寒武纪大爆发的直接证据。

3. 地学资源特征

（1）古生物化石种类多。澄江化石群化石种类极其丰富，其中以藻类、无脊椎和脊椎动物为主要生物门类的化石居多，几乎涵盖动物界的所有现生门类和已经灭绝的门类。澄江化石群化石不但种类丰富，数量众多，而且保存了大量地球早期的软躯体生物化石，展现了亿年前生物的完整面貌。澄江化石地是地球早期生命演化的重要化石地，是多个门类多样性起源的直接证据，被誉为"现代生物演化树之根"。

（2）古生物化石发掘点多。澄江动物化石群发现地中比较容易观察和采集的化石点有七处，从南到北依次为：洪家冲化石点、大坡头化石点、帽天山化石点、啰哩山化石点、马鞍山化石点、小澜田化石点和风口哨化石点。其中，除风口哨化石点可做科考及科普化石自采外，其余化石点主要用于考察动物群化石赋存状况，未经许可，不得私自采集。

（3）化石地层信息多。澄江化石群化石赋存于下寒武统筇竹寺组玉案山段上部的换绿色页岩中，在帽天山地区埋藏带分布长达20千米，宽4千米，埋藏厚度超过50千米，地层层理近水平状。玉案山段上亚段由下至上可分为四部分：底部为黑色粉砂岩层，下部为黑色页岩层、黄绿色页岩层、黄色粉砂岩层。

4. 地学价值与意义

（1）提供古生物学证据。

澄江生物群再现了寒武纪早期海洋生物的真实面貌，为揭示地球早期生命演化的奥秘提供了极其珍贵的证据。澄江生物群化石保存在细腻的泥岩里，动物软体附肢构造保存精美，且呈立体保存，构造细节能比较容易地在显微镜里用针尖揭露出来。

生命多样性是一切复杂系的基本特征，是生命存在的基本形式，因而成为当今世界的一个最为关切的议题。发生于距今5.4亿年到5.3亿年期间的寒武纪大爆发事件是现代生命多样性基本框架形成的一次最重要事件。我国云南早寒武世早期的澄江生物群不仅保存极为完整，而且十分古老，所代表时间非常贴近寒武纪大爆发事件，为揭示寒武纪大爆发生命突发性事件进而为回答人类所关注的多样性的起源和演化这一重要科学问题提供了一个最佳的"窗口"和丰富的科学依据。

科学家们已经陆续采集到130余种化石，几乎所有的现生动物的门类和已灭绝的生物都出现在寒武纪地层，而更古老的地层中却没有其祖先的化石被发现。澄江生物群以软躯体化石的罕见保存为特色。现已发现描述的澄江生物群化石分属海绵动物、腔肠动物、鳃曳动物、叶足动物、腕足动物、软体动物、节肢动物等多个动物门类以及一些分类位置不明的奇异类群。此外,还有多种共生的海藻。动物化石群中的水母化石填补了我国古生物研究的空白。寒武纪早期水母化石的发现,在国际上也属首次。

除水母化石外,还有海绵、蠕虫、腕足类、腹足类、软舌螺、金碧虫和其他类型的节肢动物,其软体结构及骨骼保存非常完善,且种类之多、保存之完整生动,可与世界著名的澳大利亚晚前寒武纪的埃迪卡拉动物群、加拿大中寒武纪的布尔吉斯页岩动物群相媲美。而且这一发现填补了埃迪卡拉、布尔吉斯这两个动物群之间演化的一个重要环节。虽经5亿多年的沧桑巨变,这些最原始的各种不同类型的海洋动物软体构造保存完好,千姿百态,栩栩如生,是世界上所发现的最古老、保存最好的一个多门类动物化石群,生动如实地再现了当时海洋生命的壮丽景观和现生动物的原始特征,为研究地球早期生命起源、演化、生态等理论提供了珍贵证据。

澄江动物化石群的发现,引起了世界科学界的轰动,被称为"20世纪最惊人的发现之一"。澄江生物群精确记录了寒武纪早期生物大爆发的史实,不仅为寒武纪大爆发这一非线性突发性演化提供了科学事实,同时对达尔文渐变式进化理论也产生了重大挑战。

(2) 生命起源证据。

节肢动物是动物界中最庞大的一类,但是关于节肢动物原始特征以及各类群之间的关系,科学界了解很少。以往所发现的化石多是节肢动物的外骨骼,而要解决节肢动物分类、论述其演化关系,关键构造为腿肢。保存完好的腿肢在化石中很少发现,所以关于寒武纪节肢动物的系统分类处于一个混乱状态。

通过对澄江节肢动物研究,对节肢动物分类关系与原始特征有了一个清楚的认识。澄江节肢动物具有非常原始的体躯分化,比如现代虾大约有18个不同类型的体节,而澄江节肢动物仅有3个或4个。充分展示了随着时间的推移,节肢动物体节变化而行使不同功能的演化趋势。

澄江生物群里,双瓣壳节肢动物多种多样,小者1毫米左右,大者可达100毫米以上,许多种类保存有完美的软体附肢。研究证实,相似壳瓣却包裹着十分不同的软体与附肢。因此,壳瓣不能作为分类和相互关系的依据,壳是趋同演化的结果。同是双瓣壳节肢动物,它们能分属于不同的超纲。因此,澄江生物群为科学家研究早期生命起源和演化提供了宝贵证据。

(3) 快速演化证据。

澄江生物群向人们展示的各种各样的动物在寒武纪大爆发时就已出现,现在生活在地球上的各个动物门类几乎都已存在,而且都处于一个非常原始的等级,只是在后来的演化中,各个不同类群才演化成一个固定模式。如现在所有昆虫的头部体节数量都是一样的,而原始节肢动物类群头部体节的数量变化则相当大(从1节到7节)。从形态学观点来讲,早寒武世动物的演化要比现在快得多,新的构造模式或许能在一夜间产生,门与纲一级的分类单元特征所产生的速度或许就如我们认为种所产生的速度一样快。

达尔文指出,较高级分类范畴是生物种级水平演化变化慢慢堆积的结果,依次达到属、科、目、纲和门级水平。这并不意味着达尔文是不正确的,因为受当时科学条件所限,其理论是不全面的。自然选择很大程度上是一个稳定选择,这种选择有可能阻碍着演化。另外,正如在现生的昆虫与植物中所遇到的情况一样,新种或许通过单个或少数几个突变就可以形成,实际上杂交种却难以产生。

在寒武纪,新门(比如腕足动物门)通过不同器官在成长速度里简单转换就可以产生,以至于成年个体能够保存祖先幼虫滤食的生活方式。这一个过程在几百年或几千年内就可以形成,产生新门。澄江生物群给科学家提供的生物高级分类单元快速演化的证据(突变)是我们在教科书中所读不到的。

(4) 修正生物进化史。

以前所知道的最老保存软体的生物群是中寒武纪的加拿大布尔吉斯页岩生物群,它比早寒武世寒武纪大爆发要晚1 000多万年。因此,加拿大布尔吉斯页岩生物群不可能指出地球上最老的动物都是些什么。我们之前对寒武纪生物大爆发所产生的生物和生物群落结构所知甚微。

在现代的海洋中,70%以上的动物种和个体实际上都是由软组织构成的,所以极少有形成化石的可能。那么寒武纪生物大爆发的时候是不是也会产生如此众多的软躯体动物。

通过澄江化石研究,完全能够修正某些同类生物群原先的研究错误观点。如动物门大型奇虾类动物,具有100余年的研究历史,过去一直把此类动物认为是无腿巨大怪物。澄江生物群不但存在着这类动物,而且保存完好、类型多,研究从根本上改变了原来的观点。加拿大布尔吉斯页岩叶足动物门怪诞虫的研究,科学界一直把它作为不可思议的奇形怪物。澄江同类化石研究证明,原来的研究成果是背、腹倒置。如果没有澄江生物群,我们对这些动物的认识永远是一个谜。

5. 主要旅游景观欣赏

澄江生物群化石资源类型丰富,具有极高的科学研究价值,与其他同类化石群相比具有典型性、神秘性和精美性的特征。其中,精美性是由于澄江化石的特异埋藏方式,使得澄江动物群化石不但保存完善,而且保存在黄绿色的泥岩内,化石本身主要以红色的氧化铁或黑色的炭质形式保存,在黄色背景的映衬下极具质感和美感。澄江化石的照片经常被古生物学、演化生物学以及综合性的科学杂志用作封面,包括在国际上具有重要影响的《自然》和《科学》杂志。如果将这些具有精美的化石模型加以艺术的设计和加工,形成极具特色的旅游商品,必定受到广大旅游者的喜爱。在众多化石当中,有相当一部分化石造型奇特,如奇虾、怪诞虫、中华微网虫等生物的形象与现今生物种群中的动物有着非常大的区别。在博物馆里,这些造型奇特的生物化石加上声、光、电等高科技手段的现代展示,让寒武纪时期的动物栩栩如生地展现在旅游者面前,对旅游者有着极大的吸引力。

(1) 澄江动物化石群博物馆。澄江动物化石群博物馆位于县城,是向游客全面介绍公园地质景观特色及传播地球科学、古生物、生命进化和生态演化等知识的场所,于2000年投资750万元修建,占地面积24亩,建筑总面积2 600平方千米。化石标本收藏展览厅主要为化石标本和化石放大彩色图片陈列展览,用文字标识各种化石的名称、产地、发掘时间、级别和化石特征等,并给游人配备高倍立体放大镜,以便透视动物化石细部特征,将化石标本与展示图片、文字说明等进行对比,增加游赏的知识性和趣味性。化石复活厅将化石标本放大后,采用声、光、电等高科技技术复活寒武纪动物在水中的活动情况、立体的动物分布特点及其栖息的寒武纪海洋生态环境。多媒体演示解说厅用平面电子屏幕将公园情况、化石图片、生物复活后的名称习性等与现今生物进行对比、演示并配以解说。

（2）澄江动物群首发点——帽天山。目前，在帽天山古生物化石群的首发地上已建立起一座现代化的展览馆，馆内清晰地向游客们展示了帽天山剖面，真实地还原了当年侯先光教授发现第一块寒武纪早期的无脊椎动物化石的场景。在展览馆的化石展览区内，陈列了众多具有美学价值的化石模型。这些模型造型奇特、色彩斑斓，与化石标本并列成列，便于游客进行对比和联想，从而增加旅游过程中的知识性和趣味性。

（3）中科院南京地质古生物所澄江古生物研究站。该研究站是澄江动物化石群和寒武纪生命大爆发的研究站，位于澄江化石地的核心区，建于1998年，是我国古生物研究领域的第一个野外研究站。除了从事野外研究，该站还进行相关研究领域的国际学术交流，同时还肩负科普宣传的功能和责任。随着工作的开展，研究站将逐步发展成为国际一流的早期生命演化研究基地。同时，该站也是集科研、科普、宣传教育和旅游观光的重要地质遗迹景观游览点之一。研究站内的展览馆建造了一条海底景观隧道，通过声、光、电等方式模拟了亿年前的海洋生物世界，以大型仿真模型展示出寒武纪处于生物链顶端的巨型捕食动物——奇虾，并以大量的照片、文字和图表介绍了澄江动物群的科学价值以及研究成果。该站的外部造型别致、生动，其灵感来源于澄江动物群中一种名叫灰姑娘虫的生物，设计者将具有美学价值的化石原型和建筑造型有机地结合在一起，使中科院南京地质古生物所澄江古生物研究站成为帽天山上一道浑然天成的风景线。

6.3.2 寒武系苗岭统及乌溜阶"金钉子"

1. 剖面地质背景

凯里组标准剖面在贵州省丹寨县南皋乡，为一套厚的灰绿、黄绿色含云母粉砂质黏土页岩、泥岩，其时代为早寒武世。凯里组主要由粉砂质的泥岩、页岩组成，顶底都含有灰岩，分布于贵州东部的丹寨、台江、剑河、岑巩、镇远一带，根据岩性及生物特征，可分为南北二区。但岩性组合亦有变化，南区底部灰岩少，而北区底部灰岩发育。此外，南皋剖面中下部夹有灰岩，岩性变化特点是由北向南砂质、钙质减少，泥质增加，厚度增大。底覆地层南区为灰绿色、灰黄色泥页岩为主夹灰岩的乌训组。北区为深灰色中厚层白云岩、灰岩及泥岩组成的清虚洞组。上覆地层均为甲劳组，但岩性组合不同，南区为灰岩夹碳质页岩或白云质砂岩夹灰岩，北区为白云岩，表明二区的沉积环境略有不同。南区海水略深，离台地较远，因此生物相对较少。自赵元龙等开展对凯里组剖面化石及地层的详细工作以来，不仅在剑河革东八郎凯里组中发现了凯里生物群，而且还在附近地区测制了多条凯里组剖面，并且对沉积岩石和环境开展了多方面的研究。

2. FAD 分子划分 – Oryctocephalus indicus

国际地层委员会规定全球层型是以正式公布的形式为地层界线指定的典型，在剖面上用一个特定点在特定的岩层序列中标出，作为确定和识别两个已命名的全球标准年代地层单位之间的地层界线的标准。显生宙以来，阶的界线层型剖面点都是根据化石带定义的，以首要标准类群生物带首次出现（FAD）的位置作为界线的标准。在赵元龙对黔东南凯里组的研究中，发现了八郎剖面中的第9层和第10层间在化石组合上有明显的不同，在下部发现了传统下寒武统的重要分子 *Bathynotus* 和 *Redlichia* 等，上部发现了 *Oryctocephalus* 等。从全球的范围内说明了 *Oryctocephalus* 作为洲际对比分子的重要性。南京古生物所袁金良在研究华南三叶虫时，亦认为其中属于掘头虫类三叶虫的属在划分传统下、中寒武统界线中具有特别重要的意义。

Oryctocephalus indicus 的提出很快得到了国内外很多学者的赞同，2001年，前国际寒武系分会主席 Shergold 在乌溜—曾家崖剖面考察，也作出了肯定的态度。但在近几年国际上又出现了几种新的观点，如以 *Ovatoryctocara granulata* 作为首现分子和以 *Arthricocephalus chauveaui* 作为首现分子，将使现在寒武系第统的首现分子难以决定。

通过比较，国内外专家一致认为 *Oryctocephalus indicus* 广泛分布于贵州凯里地区凯里组地层，占据的地层厚度为64.8~87.59米。但在贵州东部镇远地区，凯里组只有50多米，*Oryctocephalus indicus* 占据的地层厚度只有10多米。很明显，贵州东部地区 *Oryctocephalus indicus* 占据的地层厚度和凯里组的厚度成正比。贵州东部地区凯里组中的 *Oryctocephalus indicus*，不仅占据的地层厚度大，数量也非常多，乌溜—曾家崖剖面最为丰富，有一块20多平方厘米的岩石标本竟有6个 *Oryctocephalus indicus* 个体。至2000年，*Oryctocephalus indicus* 的标本达150多件，至今有800多件标本。*Oryctocephalus indicus* 不仅分布于中国喜马拉雅地区、朝鲜、美国西部、澳大利亚，而且也分布于西伯利亚，出现在全球寒武系三大生物区，比 *Ovatoryctocara granulata* 的分布广泛得多。同时，*Oryctocephalus indicus* 的特征明显，个体较大，具柱锥状的头鞍和圆坑状的头鞍沟。2015年，寒武系第五阶工作组通过选举，大部分成员认可印度掘头虫 *Oryctocephalus indicus* 作为第三统和第五阶的首现分子。

3. 获批过程

2016年8月及9月，赵元龙教授及其研究团队与美国森德伯格团队分别向国际地层委员会寒武系分会提交关于寒武系全球标准层型剖面和点位的提案，9月15日，投票结果揭晓，赵元龙教授及其研究团队的提案以59%的赞同击败美国竞争对手森德伯格团队的提案，但由于赞同票未达到总票数的60%，按规定，国际地层委员会寒武系分会决定进行第二轮投票，第二轮投票表决对象只有苗岭统和乌溜阶的提案。2017年11月5日，第二轮投票结果揭晓，苗岭统和乌溜阶的提案以78%的赞同票获得通过，于是，国际地层委员会寒武系分会向国际地层委员会提交了苗岭统和乌溜阶"金钉子"的提案报告并以高达90%的赞同票获得通过。2018年6月21日，国际地质科学联合会批准了寒武系第三统（苗岭统）及第五阶（乌溜阶）共同底界全球标准层型剖面和点位（"金钉子"），长达28年的研究终于画上了圆满的句号。

4. "金钉子"旅游发展

（1）讲好"金钉子"故事，增加科普软实力。一是科普解说语言的改进。比较官方也是最常见的"金钉子"介绍，普通游客听完后能记住的信息有限，一般可以了解到"金钉子"和修铁路有关、"金钉子"的数量，但中间的专业知识部分则容易因为晦涩被过滤掉。为了帮助大众理解，有的科普解说会进一步讲解到"地层"概念，因为"金钉子"要想讲明白,地层这一基础知识是必须要讲的,常见的会对什么是年代地层单位做进一步补充说明。用历史上的唐、宋、元、明、清时代来对照讲解地质年代顺序,而每个地质年代又对应各自的地层。如何讲好"金钉子"故事,实现以浅显易懂的语言解释地质遗迹、传播科普知识、科学思维和科学精神,使游客易于接受以前不曾涉猎的新知识,可借鉴张忠慧教授的"解说十法"(即拟人法、问答法、事件法、比喻法等)。在实际操作过程中,将讲解方法交叉使用来解释"金钉子"的相关内容,剖面、层位、代表古生物可以根据实际情况采用不同的方法进行解说,突出剖面的典型性,赋予其趣味性,使游客同时达到求知欲、好奇欲的全面满足。二是培养专业化的导游队伍。针对"金钉子"的特殊性,必须加强"金钉子"科普旅游线路上导游人员的培训学习,保证他们了解每一处"金钉子"的形成背景、科学价值、科学意义、代表古生物等,强化其在景点实地讲解的经验及对地质内涵的理解与掌握。除了对"金钉子"设施、自然人文资源的熟悉掌握外,还要充分了解景区各条线路的地质科普主题,每一个地质遗迹点的成因、分类、特点等,在把握旅游活动行进整体步调的基础上让游客轻松地学到一些在其他旅游地学不到的知识。

(2)打造"金钉子"科普景观,增加旅游吸引力。一是分析现有景观。科普解说改进后,硬件提升也要同步跟上去。剖面原址和复制品的问题都存在景观的缺陷,所以必须打造"金钉子"科普景观,增加旅游吸引力。景观是地理学范畴里泛指地表自然景色的一个名词,是一种视觉景象。好的景观应该是一组不但让人视觉上觉得美观,且能让人留下记忆的空间景色。从"金钉子"自身属性而言,它所能形成的地质遗迹景观就是在一定区域内具有美学特征的地质剖面及依附其上的生态系统。"嫁接"到旅游区的"金钉子"剖面有山、石、碑、文字解说,但还是不够吸引人。此时就可以考虑深入挖掘它的地质内涵,以"金钉子"地质故事、古生物为切入点,通过有效的设计,使现有景观与"金钉子"相关的地质元素有机融合在一起,满足游客的感官需求,从而优化游客体验。二是编制地质故事。每一枚"金钉子"都代表了一次地球历史上的大事件。贵州剑河八郎"金钉子"主要表现有 *Bathynotus*、*Oryctocephalus indicus* 等化石,同时,剖面产出凯里生物群,该生物群包括11大门类、120多属动物化石,年代居于加拿大布尔吉斯生物群和中国云南澄江生物群之间,是世界三大页岩型生物群之一,在生物演化上起着承前启后的作用,为生命起源与演化、寒武纪生物大爆发等的研究提供了重要证据。还可以根据各类化石模样制作旅游纪念品。

(3)开发"金钉子"特色地学研学产品。主动根据中小学课程的需要,开发打造特色科普研学线路。制订小学各年级、初高中不同年龄段学生活动内容与方式,建立青少年科普教育基地。在"金钉子"剖面相邻村寨倡导活动,通过发放宣传单、知识问答、现场咨询和互动游戏等方式,向民众宣传地质科普内容,提高民众基础地球科学的知识储备,培养大众社会参与感,从而吸引更多的人认识"金钉子",走进"金钉子",让"金钉子"地质科普享受到它应有的热度。此外,应加强"金钉子"资源的保护,增加科普旅游寿命。

6.3.3 关岭生物群

1. 简介

关岭生物群位于贵州西南部关岭县新铺乡一带,紧邻世界第三大瀑布黄果树瀑布风景区。生物群产生于晚三叠纪地层中距今约 2.2 亿年的古海洋生物世界。关岭生物群是一个以海生爬行动物和海百合化石为主要特色，并伴生有多门类脊椎动物、无脊椎动物的珍稀生物群，主要包括海生爬行动物、鹦鹉螺、腕足动物、海百合、鱼类、菊石、双壳类和牙形石等，此外还有裸子植物和蕨类植物。关岭生物群海生爬行动物和海百合数量多、保存完好、形态精美，乃国外同期地层所罕见，被地质古生物专家誉为"全球三叠纪独一无二的化石宝库"，同时填补了国际研究海生爬行动物进化的空白，2004 年 1 月 19 日被国土资源部批准成为贵州关岭化石群国家地质公园。

2. 主要化石资源

关岭古生物化石主要包括鱼龙、鳍龙、楯齿龙等海生爬行动物，也有海百合、菊石、双壳、牙形石、鹦鹉螺、腕足动物，此外还有裸子植物和蕨类植物。

在所发现的海生爬行动物中，以鱼龙类和海龙类为主，其次为齿龙。海百合化石主要为创孔海百合。其他门类的化石以双壳类和菊石动物化石最为丰富，鱼类、腕足类、牙形石、两栖类、古植物等化石数量较少，但同样是关岭生物群不可或缺的一部分。其中，牙形石和菊石为关岭生物群的时代提供了可靠依据，因为二者均是演化迅速、分布广泛的"标准化石"，是三叠纪时期全球地层划分和对比的重要工具。

海龙类仅生存于三叠纪，化石稀少，对这一神秘类群的认识也非常欠缺。关岭生物群中保存了极为丰富的海龙类化石，是中国首次发现。关岭生物群中已确认的有海龙和齿龙两个海龙属种。

脊椎动物包括鱼类的大化石和鱼类微体化石等，鱼龙类的黔鱼龙和杯椎鱼龙，海龙类的安顺龙和新铺龙，齿龙类的中国豆齿龙和砾甲龟龙等。

无脊椎动物包括海百合类的创孔海百合，菊石类的粗菊石和原粗菊石等，双壳类的海燕蛤和鱼鳞蛤等，牙形石类的新舟牙形石和后多颚牙形石等，海参骨片类的泰利参和刺轮参等。植物化石有箆羽羊齿和似木贼。

3. 地学价值与意义

关岭生物群被国内外学界誉为"全球晚三叠世独一无二的海生爬行动物和海百合化石宝库"，其价值与意义可见一斑。

关岭生物群为研究海生古脊椎动物的形态学、解剖学及分类学提供了极为丰富而重要的化石材料，是研究海生古脊椎动物的起源、演化、古地理迁移等问题的热点区域。对我国爬行动物化石群的大量研究表明，在中三叠世，我国华南地区的海生爬行动物面貌呈现明显的亲特提斯属性，而在晚三叠世发现的一些门类如大型鱼龙类、海龙类的材料则体现出典型的太平洋区属性，这与当时华南地区所属的古地理位置密切相关。当时，我国华南地区处于古特提斯洋和古太平洋之间，是连接两大生物区系的重要纽带。关岭生物群发现的海生爬行动物化石在古地理上是连接三叠纪太平洋区和特提斯区的重要区域，而在生物演化上则成为连接三叠纪原始类型和侏罗纪—白垩纪海洋统治者之间的重要过渡环节。关岭生物群标志着海洋生态系统已经彻底从二叠纪末期的大灾难中恢复了过来。二叠纪末期生物大灭绝后，经过早三叠世的缓慢复苏和中三叠世的快速辐射，生态系统在晚三叠世进入了顶峰时期。关岭生物群正与这个顶峰相对应,为研究二叠纪末大灭绝后生态圈复苏提供了重要材料。

关岭生物群与我国其他地区发现的三叠纪海生爬行动物群形成了自早三叠世奥伦尼克期至晚三叠世卡尼期的一个近乎完整的序列,代表了三叠纪的海洋生态系统在经历了二叠纪末的灭绝事件后在早三叠世开始复苏,至中三叠世迅速辐射分异而至晚三叠世全面复苏的完整过程,是开展生态学研究和埋藏学研究的重要区域。关岭生物群具有高度的生物多样性,不仅具有大量保存精美的脊椎动物化石、主要海生爬行动物化石,还保存有多门类的无脊椎动物化石,包括棘皮动物(主要是海百合等)、软体动物(双壳、菊石、腕足等)以及部分植物化石。这些化石都曾是三叠纪海洋的重要组成成分,对它们的相互关系,如共生关系、捕食关系等方面的研究,对进一步探索及研究三叠纪海洋生态系统,例如三叠纪海洋系统的恢复、重建等工作具有重要意义。此外,关岭生物群发现的化石多为原位保存,是非常理想的研究埋藏学的材料。除重大科研意义之外,关岭生物群还具备重要的科普意义。

关岭境内山川秀丽,景色宜人,关岭生物群与当地的自然景观、人文景观相互依存,将科学美巧妙地与自然美、文化美相融合。关岭生物群产出的化石标本,其保存的精美程度十分罕见,因此除上述重要科学价值之外,还具有难以比拟的美学价值。近乎完整保存的海生爬行动物标本,让人们可以直观地领略中生代海洋巨怪的风采;千姿百态的海百合化石聚集形成的"海百合森林",宛如一幅巧夺天工的雕刻画,展现了大自然的鬼斧神工。关岭地区还具有融合于历史文物古迹的绚烂的人文美。关岭具有深厚的历史底蕴,千百年来凝结有珍贵的文物古迹:红岩天书神秘莫测、花江壁现群瑰丽绚烂、花江铁索桥及石刻群巍峨壮观。此外,在关岭地区还有多处县级文物保护单位,包括顶营司城垣、培凤阁、关索古驿道、周西成衣冠墓等,无一不彰显着浓厚的历史气息与人文风情。

6.3.4 云南禄丰恐龙国家地质公园

恐龙是产生、发展、繁盛且灭绝于中生代的一类爬行动物。它们最早出现于晚三叠世早期,繁盛于侏罗纪与白垩纪,灭绝于白垩纪末期(距今约 6 500 万年),在地球上生存了大约 1 亿 6 千万年,是最庞大和最成功的动物群之一。恐龙属于双孔类爬行动物,头骨后端有两对颞颥孔,身体一般很大,但大小相差悬殊,有 3 个以上荐椎,四肢骨直立,单关节,卵生,槽型齿,皮肤覆以鳞甲或骨板。在解剖学和生理学上,恐龙与许多现生爬行动物,特别是鳄类和蜥蜴类有相似之处。恐龙包含了蜥臀目和鸟臀目。

恐龙化石是指曾经生活在中生代时期,在地球上生活并占统治地位的爬行动物类动物——恐龙生物的遗骸所形成的化石。通过对化石的研究可以知道恐龙的形态和生态习性,对含恐龙化石的岩石进行研究,可以再造恐龙生活的古地理环境和气候。

恐龙化石的形成条件十分苛刻,据科学家推测,10 万个甚至 100 万个恐龙的遗骸才有可能保留一具恐龙化石。恐龙死亡后要必须迅速掩埋起来,不被腐食动物吞食和自然界破坏,掩埋起来必须要有硬体部分,如牙齿、骨骼等,因为它们不容易被破坏,而且要有适合恐龙尸体埋藏的环境,一般在低洼地带或河湖岸边。

恐龙的尸体形成化石是一个非常复杂的过程,要经过几十万年、几百万年乃至几千万年。在漫长的地史时期内,随着地壳的不断沉降,经过多年大量泥沙的不断沉积,动物尸体被埋得越来越深，在地下高温高压作用下，动物肌肉等软组织失去众多有机质而仅留下碳质物，骨骼中的磷酸质被矿物质交代而形成骨骼化石。恐龙骨骼化石在地下埋藏了很长时间，经受了多次地壳变动，埋藏其中的恐龙化石暴露出来，大部分被风化破坏掉，只有极少数一直埋藏在地层中，才能形成我们今天所看到的化石。目前，科学家发现的恐龙化石绝大多数都是恐龙的骨骼和牙齿化石，因为这些部分是恐龙坚硬的部分，不容易被风化和机械作用破坏。在极为特殊的环境和条件下，恐龙的皮肤、蛋、脚印等也能形成化石而被保存于岩层里，这些化石在我国也大量发现。

我国恐龙化石埋藏丰富，在大多数地区均有发现，所发掘的恐龙化石涵盖时代广、数量多、代表性强，为我国恐龙化石的研究与地质公园的建立奠定了坚实的基础。至 2019 年，我国共有 2 个世界级恐龙地质公园。

1. 公园简介

云南禄丰恐龙国家地质公园位于云南省中部禄丰县。在禄丰县境内，同时存在着两种盆地类型的中生代红色沉积体系，大致以禄丰县城及其南北方向昆阳群地层带为界，东部为典型的小盆型地层——古生物体系，以产恐龙为特征；西部为典型的大盆型地层——古生物体系，以产鱼类、恐龙足印化石及大量无脊椎动物化石为特征。2004 年 3 月，被国土资源部批准为第三批国家地质公园，公园面积为 101.44 平方千米，主要集中分布于川街阿纳恐龙山、大洼恐龙山和五台山等地。

2. 园内地学旅游资源

（1）沙湾剖面。剖面位于禄丰金山镇之北 3 千米的沙湾村之西，沿山脊向北至山顶，位于禄丰小盆地内。该剖面是上、下禄丰组的分界线，上禄丰组底部地层为黄绿色砂岩和底砾岩，下禄丰组顶部地层为暗红色块状钙质泥岩。在剖面的暗紫色层和暗红色层里发现有恐龙化石。

（2）川街老长箐—大尖峰剖面。剖面位于禄丰县城南 20 千米川街老长箐—大尖峰北东麓，是川街阿纳恐龙山景区极其重要的地质遗迹点。该剖面位于元谋—绿汁江断裂以东，川街盆地内，剖面顶底齐全、构造简单、地层完整、化石丰富、涵盖时间长、科研程度高，是众多学者研究的重点。该剖面的重大意义在于：在三个分别代表早侏罗世、中侏罗世和晚侏罗世上的层位中发现三套动物群，这种情况在世界上是极其罕见的。

（3）石灰坝剖面。剖面位于禄丰县北 9 千米的石灰坝村庙山坡，属于禄丰盆地边缘，是石灰坝组命名的层型剖面。1975 年，在剖面的石灰坝组庙山坡段发现了古猿和其他哺乳动物化石。

（4）恐龙山剖面。剖面位于禄丰县东北约 5 千米的新洼，剖面长 360 米，产以许氏禄丰龙为代表的禄丰蜥龙动物群化石。

（5）禄丰蜥龙动物群。禄丰蜥龙动物群的发现是中国侏罗纪恐龙发现史上的一大重要事件。它的发现，不仅使板龙的生活区域从欧洲扩大到亚洲，也使中国恐龙跻身于世界恐龙研究之林，受到世人瞩目。这里化石门类齐全，几乎涵盖了当时脊椎动物的所有类别，包括大头龙类、龟鳖类、原龙类、假颚类、原鳄类、植龙类、蜥臀类、鸟臀类、蜥蜴类、兽形类，以及最早的哺乳动物等，恐龙化石就已发现 120 余具完整个体。在禄丰蜥龙动物群的产出层位里，还发现了大量无脊椎动物化石，包括双壳类、腹足类、介形类等。

（6）禄丰古猿动物群，以往也曾有人称之为禄丰动物群和石灰坝动物群。古猿是人类进化历史中不可缺少的一环，云南已经发现四处晚中新世—上新世古猿化石产地，都归于禄丰古猿属，表明了禄丰古猿在云南古猿演化系列中的关键地位。1975—1983 年间，中国科学院、云南博物馆、禄丰县文化馆携手共发掘出动植物化石 8 纲 14 目 91 科 172 种，其中动物化石 4 纲 14 目 40 科 110 种，植物化石 4 纲 51 科 62 种，化石的数量和质量都大大超过世界其他国家和地区，成为世界古人类学研究中最突出的成就。禄丰古猿动物群是迄今发现古猿化石最丰富的产地，已发现较为完整的头骨 5 个，头骨和下颌骨残片 57 件，上下齿列 29 件，单颗牙齿 600 多枚，以及数量众多的肩胛骨、锁骨、桡骨、股骨、双节指骨等头后骨骼。除了古猿化石外，共生的还有：哺乳类中的食虫类 9 种，翼手类 5 种，啮齿类 22 种，兔形类 1 种，灵长类 4 种，食肉类 27 种，长鼻类 3 种，奇蹄类 7 种，偶蹄类 22 种。

（7）卞氏兽。卞氏兽产自云南禄丰三叠纪晚期的地层中，1938 年由卞美年首先发现，为纪念他，杨钟健建此属名。它的牙齿已分化为门齿和颊齿，很像哺乳动物，但它的下颌还是由一块以上的骨头组成，仍是爬行动物的特征。它是介于爬行动物和哺乳动物之间的过渡类型，因此，这一类动物也被称为类哺乳爬行动物。它们的存在表明爬行动物的一支在恐龙尚未出现之前就已经向哺乳动物发展。

（8）双壳类化石。双壳类属于软体动物门，有左右两片外套膜，分泌双瓣的壳，故称双壳类。双壳类化石的研究，能为恐龙化石地质年代的确定提供依据。该遗迹点位于川街阿纳恐龙山景区，滇昆 2 线 337 电线杆旁边，岩性为紫红色中厚层泥岩，夹粉砂。在约 5 000 平方米的面积上，密密麻麻地分布着大量的裸珠蚌化石，化石表面纹饰清晰。

（9）禄丰恐龙博物馆。禄丰恐龙博物馆位于禄丰县城内，占地 3 000 平方米，共有恐龙厅、古生物厅、古猿厅及陶瓷厅、青铜器厅、党史厅等八个展厅，馆内陈列着世界上最古老的恐龙化石、古猿化石以及明代瓷器、清代铜佛像等。其中，1 亿多年前的恐龙化石和 800 多万年前的古猿化石驰名中外，禄丰因此而被誉为恐龙和腊玛古猿之乡。

（10）禄丰世界恐龙谷。禄丰世界恐龙谷位于禄丰县境内，是国内一流的、集科普科考与观光娱乐于一体的科普旅游基地和恐龙文化旅游主题公园，是全国最大的侏罗纪公园，由恐龙遗址观光考察区、侏罗纪世界游览区两部分组成。

恐龙遗址观光考察区面积约为 35 000 平方米，由中国禄丰恐龙遗址馆（序馆、主馆）和科考营地两大块组成，是目前国内恐龙知识最全面、最专业、最具地方特色、科技含量最高、互动性最强的科普知识馆，集遗址保护、科研交流、科普教育、观光等多种功能于一身。室内原址保护大厅将展示极具震撼力的两大世界奇观——1.6 亿年前的中侏罗纪晚期的地质剖面和恐龙掩埋、发掘原址现场，吉尼斯世界纪录的恐龙骨骼化石装架。

侏罗纪世界旅游区则由重返侏罗纪、侏罗纪历险、阿纳湖休闲观光带、侏罗纪嘉年华等组成，是世界恐龙主题旅游景点中最刺激、游乐项目最多的景区。以大量的古树名木营造出逼真的侏罗纪场景，为中外游客构建出了一个有着"时空飞船""沼泽探险""丛林幽灵""鱼龙惊涛"等诸多新奇体验的奇异景观。同时，还利用高科技手段，以实景演出、互动娱乐等形式，再现了一些科技电影中的精彩情节。

禄丰世界恐龙谷集科普科考和观光娱乐于一身，以国际知名、国内一流为目标，填补了云南省科考和娱乐相结合的主题旅游公园的空白。神秘、真实、震撼、科普、互动、快乐是禄丰世界恐龙谷的核心价值，被列为云南省重点旅游产业重点工程，同时又被楚雄确定为青少年科普教育基地、爱国主义教育基地，央视少儿频道也将其定为《神奇之窗》的活动基地。

3. 地学旅游价值

（1）科研科普价值高。恐龙问题是一个多学科的综合性研究课题，涉及地球演变学、生物进化学、动物学、地理学、植物学等多学科。闻名于世的禄丰蜥龙动物群是我国最古老的恐龙动物群，数量多，密度大，保存完整；已发掘出的禄丰恐龙化石，头一律朝向东方，生活在不同年代、毫不相生的植食性恐龙与肉食性恐龙同埋一堆。这些都是有待于科学家进一步探索和解答的问题。

（2）数量多，密度大，保存最完整。禄丰恐龙山面积约 7 平方千米，因盛产恐龙化石而得名，由下侏罗统红色砂、泥岩组成。目前已发现许氏禄丰龙、巨型禄丰龙、群氏卢沟龙等古龙类，云南卞氏兽、中国渐凸兽等兽孔类，扬氏禄丰蜥等鳞龙类爬行动物，瑞氏中国尖齿兽、黑果蓬摩根尖齿兽等哺乳动物，鱼类、两栖类共 25 属 30 余种脊椎动物化石，仅恐龙类已发掘 100 余条，山上还裸露着两条完整的恐龙化石骨骼。其大大小小的骨片，满山遍野，随手可得。此外，还产双壳类、腹足类、介形类、叶肢介及植物等化石。

（3）观赏性强，悬念感突出。禄丰恐龙的规模、品位是其他地方无法相比的，是世界绝无仅有的、独一无二的资源。1997 年 2 月，在县城南 50 千米的川街老长箐发现自然露出的恐龙化石。在 440 平方米内共挖出 8 具恐龙、5 只龟，是世界恐龙挖掘史的奇迹，定名为川街老长箐恐龙动物群。前来参加挖掘的美国恐龙专家肯斯·瑞格比教授称："在如此小的范围内发掘如此多的化石，无可辩驳地证明了禄丰川街是世界上已知恐龙化石最集中、最丰富、研究价值最高的地方。特别是在同一地点发现早侏罗、中侏罗两个时段的恐龙化石群，这在世界上也是独一无二的"。

（4）垄断性、地方性强。禄丰以恐龙闻名于世，在境内先后发现恐龙化石点 28 处，共 100 余条。相伴产出古脊椎动物化石有 25 属 30 余种，是国内最丰富、最完整、最古老、最原始的古脊椎动物化石产地。目前，禄丰恐龙已成为该县的标志，到处可见恐龙雕塑、壁画及以恐龙为原型的纪念品。县政府把每年 10 月 26 日定为恐龙文化节。1991 年的首届恐龙文化节吸引了全国各地的客商和新闻单位，仅县城商品成交额就达 452 万元，各家新闻单位也相继对禄丰恐龙节进行了报道和介绍，让人们更进一步了解"恐龙之乡"。

思考题

1. 结合具体古生物化石，谈谈地层古生物化石旅游商品设计。
2. 举例说明中国"金钉子"科普旅游发展的现状。
3. 简述贵州古生物化石旅游线路设计。

推荐阅读书目

［1］陈安泽，卢云亭．旅游地学概论［M］．北京：北京大学出版社，1991．

［2］董枝明．走进恐龙世界［M］．北京：知识出版社，2000．

［3］甘枝茂，马耀峰．旅游资源与开发［M］．天津：南开大学出版社，2000．

［4］蒋志文，陈爱林．澄江动物群国家地质公园基础地质及考察指南［M］．昆明：云南民族出版社，2008．

［5］孙克勤．地质旅游［M］．北京：地质出版社，2011．

［6］赵元龙．贵州——古生物王国［M］．贵阳：贵州科技出版社，2002．

第7章

生物旅游景观欣赏

本章概要

本章首先对生物旅游景观的概念、特点、分类、功能及吸引因素进行了阐述；其次梳理了自然保护区植物物种、群落、古树名木的个体色彩美、形态美以及植物群落形态美、嗅觉美等美学价值，同时也介绍了自然保护区野生动物旅游资源的定义、特征、动机、类型、价值及产品类型；最后选择了长白山、卧龙自然保护区、神农架和梵净山保护区为代表进行欣赏。

关键性词语

生物旅游景观、自然保护区、植物个体、植物群落、古树名木、美学价值、野生动物、野生动物旅游动机、野生动物旅游类型、野生动物旅游产品。

7.1 生物旅游景观概述

7.1.1 生物旅游景观的概念

生物旅游资源一般是指珍稀树种、奇花异草、珍禽异兽、古树名木、成片的森林等。而体现在具体环境上的野生动植物自然保护区、森林公园、植物园、动物园、观光果园、花圃、狩猎场、水族馆等，都是生物旅游资源集中的旅游区（点）。生物是自然界中具有生命的物体，包括植物、动物和微生物三大类。生物旅游资源是自然旅游资源中具有生命力的、最富有特色的资源。

生物旅游景观是指能给旅游者提供观赏、娱乐、疗养、科考、美食、工艺制作等层次旅游行为的以生物为主体的旅游资源,从属性讲,仍属于自然旅游资源的范畴。

7.1.2 生物旅游景观的特点

动物与植物是生物的主体部分,也是自然环境的重要组成部分,与其他自然景观一起构成重要的旅游资源,也可单独形成重要的旅游景观。生命演化至今,丰富多彩的生物使地球生机盎然。生物具有构景、成景、造景三个方面的旅游意义。动植物作为环境的重要组成部分,既受其他环境因子的制约,也影响其他环境因子的发生发展。山清水秀说明了地貌景观、生物景观和水文景观之间的相互关系。苍山翠岭是地貌景观,但如果没有植被的衬托,就没有了灵气,没有了生机,没有了对游客的吸引力。因此,生物是其他旅游资源不可缺少的重要组成部分。松涛滚滚、鱼儿雀跃、鸟语花香是动植物本身形成的旅游景观。花展、动物展、植物园、动物园、各种以动植物为题材的旅游节都说明了动植物能单独构成旅游景观。生物旅游景观的特点如下。

1. 奇特性

奇特性是指生物受地域分异规律控制而形成的不同地方有不同生物景观的特点。可以说,地球上不存在环境完全相同的地区,各地区之间多少存有差异。环境的地区差异,大尺度地遵循纬度地带性、干湿差异性;中尺度地遵循垂直地带性;小尺度地遵循地方性等地域分异规律。生物是环境的产物,有什么样的环境,就有什么样的生物。热带的植物叶大、常绿、秋冬不落叶,寒带的植物多为针状叶,秋冬落叶;热带动物的皮毛不如寒带的厚。各个地方都存在适应当地环境的生物奇观。一提到热带,人们就联想到陆地上茂密的热带雨林、独树成林的大榕树、大象和孔雀、海洋中的热带观赏鱼;提到两极,就会联想到北极的北极熊、南极的企鹅;提到澳大利亚,就会联想到袋鼠。这一系列的联想都来自各地特色生物在人们头脑中留下的深刻印象。

2. 指示性

由于自然地理各要素都处于紧密的相互联系、相互依赖之中,每个要素的发展都不是独立的,而是共轭进行的,根据各要素之间的这种相互联系,就可用自然环境中的一个环节来确定其余环节。自然地理各成分中,生物特别是植物受其他要素的影响反应最灵敏,且具有最大的表现力。例如,椰子正常开花结果是热带气候的标志,温带草原景观是温带大陆性气候的标志。再如,在未受污染的水体里,藻类以硅藻和甲藻为主,每毫升水中细菌数在 1 000 个以下;当水体受污染时,藻类以蓝藻、绿藻为主,每毫升水中细菌数达 10 万个以上。生物景观的指示性特征不仅有助于进行科研、考察、观赏和生态旅游等活动,也有助于形成所在地的自然景观,突出所在区域的景观特点。

3. 时间性

时间性是指生物随季节变化发生的形态和空间位置变换而形成季节性旅游景观的特点。例如,不同季节有不同的植物开花,春季的茶花、樱花、牡丹花,夏季的荷花,秋季的菊花、桂花,冬季的梅花等;不少植物的叶色也随季节变化而更换色彩。再如动物,不少动物随季节有规律地南北迁徙,出现了生物空间位置随季节变化等胜景。

4. 多样性

多样性是指生物景观类旅游资源在空间分布上的广泛性和多样性。地球上的任何地方，山地、高原、海洋或湖泊，甚至是沙漠、戈壁，都有生物的存在；地球上自然生态系统的类型和生物的形态、色彩、声韵、种类等也丰富多样。这些都具有很高的旅游价值。我国的生物资源极为丰富，其中包括不少特有、独存和主要分布于我国的珍稀物种。据统计，我国有高等植物 3 万多种；维管束植物约有 2.7 万种；独有的树木 50 多种，其中银杏、水松、水杉、金钱松、银杉被称为"植物的活化石"。我国的动物资源也很丰富，有陆栖脊椎动物约 2 000 种，其中鸟类约有 1 189 种，兽类近 500 种，爬行类约有 320 种，两栖类约有 210 种。世界上有不少陆栖脊椎动物为我国特有或主要产于我国，如丹顶鹤、马鸡、金丝猴、羚羊等。还有一些属于第四纪冰川后残留的孑遗种类，如大熊猫、扬子鳄、大鲵、白鳍豚等，都是极为珍贵的物种资源。

5. 可再生性

可再生性是指由生物的繁殖功能、可驯化功能和空间移植性所决定的，由人与自然共同创造形成的生物旅游景观。生物与无机物不同，它具有繁殖能力，世代相传，这一特点决定了其经济利用上的可持续性。生物的可驯化性和空间位置的可移植性，决定了人们可以在局部改变环境条件的基础上，将野生动植物驯化、移植、栽培、饲养，形成动植物园和农村田野风光等人造生物景观，同时还能作为园林造景、美化城市的衬景。

6. 脆弱性

脆弱性是指生物及自然生态系统在抗干扰的能力上较为脆弱。动植物都是有生命的物质，灾害性环境变迁会使不少生物死亡，甚至整个物种灭绝，如地质时期白垩纪时的灾变环境，使称霸一时的恐龙灭绝，人类过度地干扰破坏也会导致生态系统的破坏、物种的灭绝。例如，原始的刀耕火种，烧毁了茂密树林，使动物失去栖息地而难以生存，土地失去植物根系的固着导致水土流失，这种遭破坏的生态系统必然失去其旅游美学价值。由此可见，生物旅游景观是极为脆弱的，在开发利用上只宜提倡保护与利用并重的生态旅游。

7. 生命有机性

自然旅游资源中的地质、地貌、水文等要素都属于无机物，由它们构成的风景景观也有动、静的变化，但这种动态变化主要是在内外营力作用下的自然运动过程，是无生命的。而动植物是具有生命的有机体，它们的存在给自然界增加了生命的活力。在一些以沙漠、草原、山水等景观为主的风景区，生物景观的存在不仅使原本单调的景区充满生机，而且增加了景区的旅游功能，提高了旅游效果。例如，青海湖鸟岛上的成千上万只禽鸟，使原本孤寂的景观变得热闹非凡、生机盎然。可见，生物景观不仅丰富了自然旅游资源的内容，而且创造了自然景观的生机与活力。

7.1.3 生物旅游景观的分类

1. 植物旅游资源

植物旅游资源包括繁密茂盛的植被和森林、珍贵的奇花异草和古树名木等。植物具有美化环境、装饰山水、分隔空间、塑造意境的功能,植物资源具有丰富自然景观、衬托人文景观、保护生态环境、美化旅游景区、增添游人游兴、陶冶游人情操的作用,在科普考察、科学研究和生态旅游方面也都有十分重要的作用。

(1) 观赏植物。根据观赏植物中最具美学价值的器官和特征,可将其划分为观花植物、观果植物、观叶植物和观枝冠植物。

花是植物中最美、最具观赏价值的器官,花色、花姿、花香和花韵为观赏花卉的四大美学特性。观赏植物首先以绚丽的色彩传送美,使人感到赏心悦目。花姿不仅仅指花朵,还包含叶、果实、株形的外表美。花香常随风飘散,不见花丛能闻其香。花韵是人们寓意在花卉里的蕴涵,傲雪怒放的梅花、出淤泥而不染的荷花、傲霜屹立的菊花等,韵味千古,发人深省。牡丹、月季、梅花、菊花、杜鹃、兰花、山茶、荷花、桂花、君子兰是我国的十大传统名花。

观赏果实的色彩以红紫为贵,黄色次之。榴梿、西瓜、中华猕猴桃、梨、苹果、葡萄、柑橘、香蕉、荔枝、菠萝蜜被誉为世界十大名果。

不少植物叶色随季节变化呈现出较高的观赏价值,如北京的香山红叶。

树木的枝冠之美主要由树冠外形和棱序角决定,如棱序角为90°的雪松和棱序角为90°~180°的垂柳,均具有极高的观赏价值。

(2) 奇特植物。奇特植物往往以其独特或地球上绝无仅有的某一特征而闻名,如结"面包"的树——面包树、最高的植物——杏叶桉、最粗的植物——百骑大栗树、最大的花——大王花、树冠最大的树——榕树等。

(3) 珍稀植物。珍稀植物是人类保护的主要对象,同时具有极高的观赏价值。世界八大珍稀植物是:世界上最大的莲——王莲;古老的"活化石"——水杉;热带雨林巨树——望天树;蕨类植物之冠——桫椤;奇异的长命叶——百岁兰;中国的鸽子树——珙桐;最重量级的椰子——海椰子;稀世山茶之宝——金花茶。

(4) 风韵植物。风韵植物因其物种及生长环境不同,而产生各自特殊的风韵,使之成为人类社会文化中某一种事物或精神的象征者。例如,"国花"和"市花"成了一个国家和城市的象征。

(5) 古树名木。有些树木以树龄长、规模大、形姿美、社会环境特殊而被称为古树名木。它标志着一个民族、一个地区的文明历史,如黄山的迎客松、黄帝陵的皇陵古柏等。

(6) 草原。我国内蒙古的呼伦贝尔草原、锡林郭勒草原,新疆的天山草原等,均以丛生草为主,草原面积大,开阔坦荡,令人心旷神怡。

2. 动物旅游资源

(1) 观赏动物。动物千奇百态、各具特色,蕴藏着一种气质美。如虎,体形雄伟,颇有山中之王的气度;长颈鹿、长鼻子大象、麋鹿等都具有观赏价值;北极熊、斑马、金钱豹等都是以斑斓的色彩吸引旅游者的动物。

(2) 珍稀动物。珍稀动物指野生动物中具有较高社会价值、现存数量又非常稀少的珍贵稀有动物。我国一类保护动物有大熊猫、金丝猴、白唇鹿、藏羚、野骆驼、丹顶鹤、褐马鸡、亚洲象、扬子鳄等。

（3）表演动物。动物不仅有自身的生态习性，而且在人工驯养下，某些动物还会模仿人的动作或在人们指挥下做出某些技艺表演，如大象、猴、海豚、狗、黑熊等。

（4）劳作动物。许多动物已经被驯养成为人类劳动的帮手，如马、牛、骆驼、驴子等。在现代运输机械异常发达的今天，虽然这些动物已经不再是主要运输工具，但他们却作为旅游资源在景区内充当特色交通工具和娱乐项目，给旅游者增添了许多乐趣。

（5）家养动物。家养动物包括宠物和牲畜。宠物不仅增加了人类生活的情趣，经过训练的宠物还能表演各种特技，如赛狗、赛马、鹦鹉说话等，都成为旅游者喜闻乐见的项目。

7.1.4 生物旅游景观的功能

1. 观赏功能

动植物的形态、色彩、活动习性、寓意等多样，启发着人们对美的追求，强烈地吸引着旅游者。就形态而论，植物的花、叶、果实，动物的特殊形态，成为风景区中观赏亮点的一部分；就色彩而论，植物的茎、叶、花色彩斑斓，随季节变化，动物的斑斓色彩同样吸引着旅游者的目光。

2. 美化、净化环境功能

动植物对其所在的环境起着突出的装饰和净化作用。植物能给风景带来"秀""丽""幽""森"等方面的突出意境。山清水秀、鸟语花香所形容的都是生物美化环境的功能所造就的美景。此外，植物还能起到改善环境、保护环境的作用。

3. 保健和休疗养功能

这项功能主要体现在森林和草地改善环境方面的能力。此外，一些野生药用动植物本身就具有医疗的功效。

4. 造园功能

植物是园林中不可缺少的因素，在中国的园林中经常利用高大的植物来达到夹景、隔景、障景的效果，利用植物的特殊形状来达到框景、对景的效果。

5. 精神美学功能

人们通常根据生物的某些习性、品格或某种特定的生活环境，赋予其某种含义。不同地区还以本地区独特的生物资源为主题，开展规模较大的旅游节庆活动。

7.1.5 生物旅游景观的吸引因素

蓬勃的生机，是生物旅游资源与其他自然旅游资源最大的区别。艳丽的色彩，给游人以丰富的色彩美。多姿的形态，如西湖的垂柳、黄山的迎客松、长颈鹿等，给人以形态美。迷人的芳香，给游人以神清气爽之感。某些植物是沧桑历史的见证者，如仅产于我国、与恐龙同时代的扬子鳄及原产于我国的银杏、水杉等，都是"活化石"。奇特的现象，如产于我国和北美叶似马褂的鹅掌楸；巴西高原上的纺锤树；陆地上体积最大、长有长鼻子和长门牙的大象；世界上最大的不能飞翔的鸟——鸵鸟等。珍稀的物种，如黄山特有的迎客松、黑虎松、卧龙松、团结松等名松；还有澳洲的鸭嘴兽、树袋熊和大袋鼠等。世界上许多国家、地区或民族，对某些动植物赋予特殊意义，如以雄鹰、雄狮来象征民族的威武、坚强不屈。生物资源对学生来说，是活生生的课本；对科学家来说，是一座天然的野外实验室。生物资源是生物科学发展的源泉，生物界还有很多奥秘等待着科学家去探索。此外，生物资源还为其他学科的发展提供了依据，如仿生学、医学、材料学等。

7.2 自然保护区的植物旅游

7.2.1 自然保护区植物旅游资源的分类

1. 物种旅游资源

（1）珍稀濒危保护植物。珍稀濒危保护植物包括《中国国家重点保护野生植物名录》中收录的植物和各省的省直辖市级重点保护植物名录中收录的植物以及《中国物种红色名录》中收录的珍稀濒危植物。我国物种中受威胁率最高的是兰花，对全国 1 000 多个兰花品种都进行评估，其受威胁率达到 78.26%，也就是说我国绝大部分兰花都受到威胁。

（2）残遗植物。植物残遗种是指地质时期曾广泛分布，现仅残存于局部区域内的古老植物种类，又称孑遗种，在某个现代植物区系中占有小而不连续的分布区，是植物区系历史发展的标志，是"活化石"。

残遗种分为分类残遗种，即系统发育古老的种，如银杏、莲等；地理残遗种，由于地理环境变化而带有残存特征的植物种类，如北极花、海韭菜；人为残遗种，由于人类活动影响而渐趋灭绝的植物，往往通过栽培保全下来，又称栽培残遗种。残遗种年龄主要根据它们占有现在生境的时间来确定，可分为第三纪前的、第三纪的、冰期的、间冰期的、冰后期的。

中国特有的古老残遗植物——百山祖冷杉，是松科冷杉属植物，乔木，是苏、浙、皖、闽等地唯一生存至今的冷杉属中的珍稀物种，对研究植物区系和气候变迁等有较重要的学术意义。

（3）特有植物。特有植物是指其自然分布的地理区域狭窄或异常狭窄的植物种类，是每一地区的特有现象，对这一地区有重要意义。因为每一地区的特有属种，是区域最重要的特征表现。我国特有属种比较繁多，据统计，有 72 科、200 多个特有属、约 10 000 个特有种。据初步统计，裸子植物有 10 科、33 属、200 余种，其中，特有科是银杏科。银杏科是银杏纲银杏目下的一科植物，为落叶乔木，只有银杏属 1 属，银杏 1 种，产于中国和日本。银杏叶扇形，在长枝上散生，在短枝上簇生，球花单性，雌雄异株，种子核果状。

（4）一般观赏植物。专门培植来供观赏的植物一般都有美丽的花或形态比较奇异，中国的观赏植物资源非常丰富，被誉为"世界园林之母"。观赏植物一般可以分为：观花类，如杜鹃、月季、牡丹；观叶类，如龟背竹、红背桂、孔雀竹芋；观茎类，如佛肚竹、黄金嵌碧玉；观果类，如金银茄、佛手、金橘。

2. 植物群落旅游资源

在环境条件优越的地方，群落的层次结构较复杂，种类也丰富，如热带雨林；而在严酷、恶劣的生境条件下，只有少数植物能适应，群落结构也简单。群落的重要特征，如外貌、结构主要取决于各个物种的个体，也决定于每个种在群落中的个体数量、空间分布规律及发育能力。不同的植物群落的种类组成差别很大，相似的地理环境可以形成外貌、结构相似的植物群落，但其种类组成因形成历史不同而可能很不相同。

（1）珍稀濒危保护植物群落。珍稀濒危保护植物群落是指建群种或优势种为珍稀、濒危、国家重点保护的植物物种的植物群落。

（2）残遗植物群落。残遗植物群落是指建群种或优势种为残遗植物的植物群落。对应残遗植物的分类，残遗植物群落可分为分类残遗植物群落、地理残遗植物群落、人为残遗植物群落。

（3）地带性植物群落。地带性植被又称显性植被，通常被定义为反映一个地区主要气候特征的顶级植被类型。地带性植被出现的关键性因素是区域性的气候特征。地球表面具有明显的不同气候带变化，而且这种变化在全球尺度上呈现一定的规律性。与地带性因素相适应，地带性植被在地理分布上表现出明显的三维空间规律性：因气温的差异，在湿润的大陆东岸，从赤道向极地依次出现热带雨林、亚热带常绿阔叶林、温带夏绿阔叶林、寒温带针叶林、寒带冻原和极地荒漠，表现出植被分布的纬度地带性；从沿海到内陆，因水分条件的不同，使植被类型在中纬度地区也出现了森林→草原→荒漠的更替，表现出植被分布的经度地带性；从山麓到山顶，由于海拔的升高，出现大致与等高线平行并具有一定垂直幅度的植被带，其有规律的组合排列和顺序更迭表现出植被分布的垂直地带性。植被的垂直地带性与水平地带性（纬度地带性与经度地带性的统称）是通过基带相联系的。地带性植被按照气候带可以划分为热带植被、亚热带植被、温带植被及寒带植被四个主要类型，它们的分界线基本和地球上的气候带是一致的。

（4）一般观赏植物群落。一般观赏植物群落是指建群种或优势种为野生观赏植物的植物群落。

3. 古树名木旅游资源

据我国有关部门规定，一般树龄在百年以上的大树即为古树；而那些树种稀有、名贵或具有历史价值、纪念意义的树木则可称为名木。古树分为国家一级、二级、三级。

目前，不少地方规定，柏树类、白皮松、七叶树，胸径（距地面1.3米）在60厘米以上，油松胸径在70厘米以上，银杏、国槐、楸树、榆树等胸径在100厘米以上的古树，且树龄在500年以上的，定为一级古树；柏树类、白皮松、七叶树胸径在30厘米以上，油松胸径在40厘米以上，银杏、楸树、榆树等胸径在50厘米以上，树龄在300~499年的，定为二级古树；三级古树树龄在100~299年。

稀有名贵树木则是指樱花、大叶黄杨、椴、蜡梅、玉兰、柘树、木香、乌桕等树种。树龄20年以上的，各类常绿树及银杏、水杉、银杉等胸径在25厘米以上的，外国朋友赠送的礼品树、友谊树，有纪念意义和具有科研价值的树木，不限规格，一律保护。其中，各国家元首亲自种植的定为一级保护，其他定为二级保护。

7.2.2 自然保护区植物景观的美学价值

植物的美是指植物作为自然物本身所具有的外在美，如植物的色彩美和形体美，嗅觉感知的芳香美，以及听觉感知的声音美，具有正常感官功能的人可以通过视觉、听觉、嗅觉、味觉、触觉获得。在以上五中感觉中，视觉的感知权重最大。此外，植物还具有韵味美，是植物内在气度所体现出的一种含蓄的意味，更多地体现的是植物的文化内涵，如松的刚直、竹的清雅、梅的顶风傲雪、红豆的相思之意等。

1. 植物个体色彩美

就森林植物美来说，是以绿色为基调的美，需进一步指出的是，绿色也有色度和明暗的区别，会显示出嫩绿、黄绿、浅绿、鲜绿、浓绿、蓝绿等不同颜色，这些颜色会随季节变化，如春天新梢的葱绿，夏季枝条的苍翠，秋天的暗绿或者变红、变黄。就色彩来说，绿色是基本色，也存在红色、紫红色、红褐色、金黄色、银白色。表现在花朵上的颜色有红色、黄色、蓝色、白色；表现在树干上的颜色有白桦的白色，有白皮松呈虎皮状的粉绿和灰褐，有青杨的青绿。

（1）枝干色彩美。枝干的色彩美体现在植物枝干的颜色和花纹上，如红瑞木的紫红色枝条、白皮松的白色斑纹状树皮。

（2）叶色美。叶色美主要体现在秋色叶植物上。秋色叶树种是指入秋或经霜之后叶片由绿色转成其他颜色，并能使整个树冠显得鲜艳而优美的观赏树种。主要观赏色彩以红色、黄色为好，其次为红、黄相间，纯色块的林分因与周围的景观形成鲜明对比而更夺目。

（3）花色美。植物花色主要可以分为红、黄、蓝、紫、白五个色系。红色代表热烈、喜庆，红花植物有映山红等；黄色明亮，密林中如有黄色花的植物点缀，会使林中顿时明亮起来，如黄刺玫；蓝色给人深远、宁静的感觉，蓝花植物有铁线莲；紫色给人庄严、高贵的感觉，紫花植物有八仙花；白色淡雅、纯洁、柔和，白花植物有白杜鹃等。

（4）果色美。果色美体现在植物果实的颜色上，如有紫色果实的紫珠、红色果实的天目琼花、蓝色果实的十大功劳和白色果实的红瑞木。

2. 植物个体形态美

不同种类的植物会呈现不同的外形，包括花型、果型、叶形、冠型及树姿。即使同一种植物，在不同的生长阶段及不同的地域也会呈现不同的形状、造型。

（1）树形美。常见的乔灌木的树形有柱形、塔形、圆锥形、伞形、圆球形、半圆形、卵形、倒卵形等，特殊的有垂枝形、曲枝形、拱枝形、芭蕉形等。凡具有尖塔形及圆锥形树形者，多有严肃端庄的效果；具有柱状狭窄树冠者，多有高耸静谧的效果；具有圆钝、钟形树冠者，多有雄伟浑厚的效果；而一些垂枝类型，常形成优雅、和平的气氛。个体植物的形貌主要由冠形决定，有研究结果显示，冠形以扁球形、圆锥形为好，较差的是中间型和其他型。

（2）枝干形体美。枝干形体美体现在枝干形状的奇特上，如罗汉松的主干扭曲、盘绕而上，具有古雅、苍劲之感。

（3）叶形美。叶片大、叶形奇特的植物观赏价值比较高。叶片较大的如王莲，叶形奇特的有叶似马褂的鹅掌楸等。

（4）花型美。花大、花型奇特秀美、花繁的植物观赏价值比较高。花大的植物如牡丹，花型奇特的植物如珙桐、倒挂金钟，花型秀美的植物如金银花，花繁的植物如紫薇。

（5）果形美。果形奇特的树种观赏价值比较高，如形状奇特似手的佛手。

此外，林木相对孤立木来说，比较高大通直、树冠小、枝丫少、树干尖削度小。孤立木是指在空地上单独生长的树木，一般比较低矮，树冠大，枝丫多，开花结实较繁，树干尖削度比较大，根系发达，防风力强。孤立木往往具有很高的观赏价值。

3. 植物群落形态美

森林游憩价值和审美价值的发挥，在很大程度上与植被类型、群落组成和群落结构相关。

（1）季相美。植物季相是指植物在不同季节表现的外貌。植物在一年四季的生长过程中，叶、花、果的形状和色彩会发生变化，开花时、结果时或叶色转变时，具有较高的观赏价值。

彩叶色调变异性会影响群落秋季的美景度。有研究表明，色彩越纯，景观的美景度越高，而色彩变异性越大，美景度越低。因为纯色块显得更加轻盈，具有更强烈的膨胀感，并且能与周围景物形成强烈的对比。以往的研究表明，以秋色叶树木为主片植，以常绿树为背景，既满足了季相变化，又形成了对比，会显得生动和谐。

（2）结构层次美。森林植物的疏密程度、透视度是影响森林群落美感的重要因素。影响森林透视度的因素有很多，如树干的主干、分枝点的高低、树龄长短、地被植物高低以及植物密集程度，所以植物群落的疏密度与透视度也互相影响。树干的清晰度越高，美景度越高。一方面是因为树干越清晰，表明林分的通透性越好；另一方面是因为树干是林木的支撑，树干的可视性增加了林分的立体感，显得生动而有活力。有研究表明，树木胸径越大，美景度越高，郁闭度与群落的美景度成正比。

4. 植物嗅觉美

嗅觉美是植物美不可忽略的一个方面，正所谓"溪深树密无人处，唯有幽花渡水香"。

（1）芳香的气味。树木花草大多都可以释放出某种芳香物质，按类型可以分为松香型、花香型、果香型、茶香型、药香型、竹香型等，根据气味的浓度可分为清香、淡香、甜香、浓香、幽香等几类。

（2）清新的空气。森林中的负氧离子浓度较高，所以森林中空气比较清新，有益人体身心健康。

7.3 自然保护区的动物旅游

7.3.1 动物旅游资源的定义

动物旅游资源是指自然保护区中可以作为旅游资源被开发利用的那部分具有相当程度的珍稀性、抗干扰性、观赏价值、文化价值和科研宣教价值的野生动物资源的总和。野生动物，顾名思义，为野外生长繁殖的动物，一般而言，能够在野外独立生存，即不依靠外部因素（如人类力量）存活，具有种群及排他性等特征。

全世界的野生动物分为濒危野生动物、有益野生动物（有益于农、林、牧业及卫生、保健事业的野生动物，如肉食鸟类等）、经济野生动物和有害野生动物四种。

自然保护区的野生动物资源与其他环境下的动物资源有所不同，其属于一种保护性资源，而非开发性资源，并且具有相当程度的独特性和珍稀性。所以，在自然保护区内进行野生动物旅游必须以保护作为基本前提。

7.3.2 动物旅游的特征

自然保护区野生动物旅游属于生态旅游的研究范畴，其旅游特征有以下三点。

1. 基础性

自然保护区野生动物旅游的吸引物是自然保护区内的野生动物资源，人们之所以选择到自然保护区中进行旅游，就是想从其观赏性、文化内涵和科教意义等方面捕捉该旅游资源的真实感和体验感。

2. 体验与教育性

自然保护区野生动物旅游并不是对野生动物资源进行简单的浏览，而是要求旅游者从更深的层面上去认识和了解野生动物，体验野生动物的生活行为，是一种人与动物的互动过程，并在这个过程中学习有关野生动物保护、自然保护区宣教等的相关知识。

3. 非消耗性

自然保护区野生动物旅游是人类对野生动物的一种非消耗性利用，追求对生态环境与生物资源的危害最小化。

7.3.3 野生动物旅游的动机

自然保护区的建立是为了使珍稀濒危野生生物物种得到有效的保护，但与此同时，我们不应为保护而剥夺了人们欣赏独特野生生物的权利。在自然保护区适当地开展野生动物旅游活动是有益的，可以借助大自然自身的魅力所产生的宣教作用和科普作用使人们更加热爱现有的生存环境。

随着旅游业的普及，特种野生动物观光和生态旅游也越来越时髦。不仅西欧北美国家，亚非拉的国家也充斥着各种宣传广告，吸引着人们去非洲野生动物园乘坐越野车观赏狮子、大象、犀牛，到东南亚和印度次大陆的奇珍异兽园区骑大象漫步、与老虎同框留影等。

野生动物旅游是人们利用余暇在异地进行的以非驯养的野生动物（包括大自然中的野生动物和人工圈养的野生动物）及其栖息地为游览对象的一种休闲体验活动。基于旅游价值观，自然保护区野生动物旅游的动机可划分为三大类，即审美主义动机、人文主义动机和科学主义动机。

7.3.4 野生动物旅游的类型

按游客与野生动物的互动机会分类，野生动物旅游可划分为圈养型野生动物旅游、半圈养型野生动物旅游和野外生存动物旅游三种类型。

从营销角度对野生动物旅游分类，希金博特姆（Higginbottom）将野生动物旅游划分为四种类型：一是野生动物观赏旅游，二是圈养型野生动物旅游，三是狩猎旅游，四是垂钓旅游。

达弗斯（Duffus）和迪尔登（Dearden）根据旅游活动对野生动物的耗损程度，将野生动物旅游划分为消耗型、半消耗型和非消耗型三类。消耗型野生动物旅游会目的性或永久性地导致野生动物损害，例如狩猎旅游会导致野生动物死亡、受伤等；而非消耗型野生动物旅游则不会显著导致野生动物及其栖息地目的性和永久性的损害，对野生动物及其栖息地的影响最小。

7.3.5 野生动物旅游资源的价值

由于旅游者出游的决策意向和出游的行为同自然保护区野生动物旅游资源评价之间表现出明显的正比例关系，所以旅游者较关注自然保护区野生动物旅游核心对象——野生动物的三大价值，即观赏价值、文化价值和科普宣教价值。

1. 观赏价值

笼统地说，凡是能够给人以美感，可供赏玩、娱乐以增添生活情趣，有益于身心健康的野生动物资源都具有观赏价值。自然保护区野生动物旅游资源的观赏价值体现在美感度和奇特度两方面。旅游者在观察野生动物的色彩、形态和生活习性的同时，表现出赞赏、激动和惊讶的情绪，在这个过程中，旅游者可以感受到精神的熏陶，得到心理压力的充分释放。

2. 文化价值

自然界中的很多野生动物都有着深厚的文化底蕴，很久以前，它们就出现在我国各种历史文学作品和民间文化作品当中。诗词、小说、神话、寓言和民间歌谣等是文化传播的载体，无论是通过口口相传还是文字记载的形式，野生动物早已成为各种历史和民俗文化中离不开的描绘对象。例如，《诗经》中就有"维鹊有巢，维鸠居之"的诗句；杜甫在《忆昔二首》中曾写道"九州道路无豺虎，远行不劳吉日出"；曹植的《白马篇》中有"狡捷过猴猿，勇剽若豹螭"的诗句。

3. 科普宣教价值

野生动物资源的科普宣教价值体现在珍稀性和科普性两方面。因为珍稀性是自然保护区野生动物资源最独特的地方，所以在这里单独提出来，与科普性并列；而科普性则包含趣味性、知识性和科学性。自然保护区是向旅游者进行有关自然和自然保护宣教、科普的大自然讲坛和天然博物馆，可以借助大自然的魅力，在旅游者进行野生动物旅游的同时，向其科普野生动物知识，宣传自然保护的意义，使人们更加真切地感受到野生动物物种的可贵。

7.3.6 自然保护区野生动物旅游产品

野生动物作为自然资源，被人们欣赏，使人们获得体验，与人们直接或间接发生关系，给人们带来精神享受，或经过深开发成为有价值的物品直接被人们购买。野生动物旅游产品以其真实性与自然性，以及生态功能与科普教育功能，越发受到旅游消费者的欢迎，市场潜力巨大。

根据旅游产品的概念及特点，结合野生动物产品的界定范围可知，野生动物产品都可以成为潜在的旅游产品，并以不同的形式表现出来。

1. 观赏型

野生动物本身就是一种可观赏的对象，吸引旅游者消费，这也是野生动物旅游产品中最重要的一种类型。各国都可以依托各自拥有的野生动物资源，在合理有益的前提下，开发出诸如动物园、海洋馆、自然保护区、蝴蝶馆等旅游吸引物，将其作为旅游产品，提供给广大旅游爱好者。

2. 参与型

现代人对旅游产品的需求，不局限于观赏，只有获得身心的双重满足，才可以更大限度地刺激游客消费，并且获得更大的重游概率。垂钓一直是被人们喜爱的旅游活动。当建立起休闲垂钓场所，将钓鱼作为旅游吸引物吸引消费者购买时，垂钓这项旅游活动也就成为旅游供应商向旅游消费者提供的野生动物旅游产品。

3. 工艺品型

旅游纪念品是最常见的旅游产品。利用当地特有的野生动物标本制成的小工艺品，可以成为当地旅游形象的一个标志性产品。许多兼具美观与实用的纪念品成为游客购买的首选，如动物牙、角制作的首饰、器皿、毛皮服装等。另外，以动物原型为参照设计制作的工艺纪念品，既具有动物本身的特点，又保证了动物资源拥有量不受破坏，具有经济与生态的双重效益。澳大利亚的考拉、中国四川卧龙的大熊猫等毛绒工艺品等都是极好的标志性产品，是各地开发该类产品的良好借鉴。

4. 药用型

野生动物产品的药用价值使其产生了巨大的经济价值，是旅游创收中一个重要的经济增长点。购买药用野生动物旅游产品的旅游者，往往目的性比较强。鹿茸、乌骨鸡、燕窝、蛇胆、龟板、蟾酥、哈士蟆等，都是典型的药用型野生动物旅游产品，深得不同消费者的喜爱。药用野生动物旅游产品的开发与研制，要在国家相关部门的监管下进行，各经营利用企业也应积极维护产品的经营秩序，实现可持续发展，形成良性循环。

在开发野生动物旅游产品方面，我国尚处于初级阶段，观赏型占主导，如各地以观赏动物为主的野生动物园、海洋馆、水族馆等，仍是目前野生动物旅游产品投资的重点项目；参与型大多为个体经营，未成规模，未建成标准化的市场机制，但市场潜力大；工艺品型旅游纪念品成为标志性产品的较少，缺乏典型性与创新性；药用型产品经营市场巨大，但市场管理不完善，产品的深加工不足。

7.4 生物旅游景观实例欣赏

7.4.1 长白山自然保护区

1. 简介

长白山国家级自然保护区位于环绕长白山天池北、西、南三面，海拔在720～2 691米之间的心脏地区，东面与朝鲜民主主义人民共和国毗邻。长白山是欧亚大陆北部最具代表性的典型自然综合体，1980年加入联合国人与生物圈保护区，被誉为世界少有的天然博物馆和生物基因库，现已知野生动物有2 442种，野生植物有2 596种。其中，国家重点保护动物有50种，国家一级保护动物有梅花鹿、紫貂、黑鹳、金雕、白肩雕、中华秋沙鸭等；国家二级保护动物有豺、麝、黑熊、棕熊、水獭、猞猁、马鹿、斑羚、花尾榛鸡等。在这些动物中，药用类15种，食用类14种，毛皮类2种，观赏类1种。高等植物中有36种珍稀濒危物种，其中，人参为国家一级保护植物。

2. 长白山自然保护区的旅游资源

长白山风光迷人，尤以"七奇"闻名，分别是峰奇、石奇、泉奇、水奇、花奇、草奇、兽奇；旅游资源特色突出，如火山口湖、雪山、林海雪原、温泉、冰斗、雾凇等。1992年、1997年，国家旅游局先后确定长白山为全国山水风光游五大汇合点和35个旅游王牌景点之一；2000年7月，长白山荣获海拔最高的火山湖、落差最大的火山湖瀑布两项吉尼斯世界之最；2002年10月，"我心中的中华名山推选活动"评审委员会评定长白山为中华十大名山之一，排名第六位；2007年5月8日，全国旅游景区质量等级评定委员会评定吉林长白山国家级自然保护区为国家首批5A级旅游景区。长白山国家级自然保护区的资源组合性较好，山景、水景、生景相伴而生，辉映成趣；旅游资源总体品位高，散布于三区四线旅游带上，游人随处可以欣赏长白山的胜景。长白山国家级自然保护区四季风光各具特色，春踏青、夏消暑、秋赏叶、冬玩雪，终年流淌的温泉更是像婉转的乐曲相伴游人春夏秋冬。

长白山国家级自然保护区旅游资源的主要特点是：神奇壮观的火山地貌景观和山水风光；典型完整的山地森林生态系统；种类繁多、品种齐全的动植物资源；北国独特奇异的冰雪风光；分布广泛的火山矿泉、瀑布与河湖；独具特色的人文景观、历史遗迹和民俗文化风情。

3. 独特的植被景观

（1）植被垂直分布景观。

长白山历史悠久，生态系统完整，植物种类丰富。随着海拔的增加，依次分布着温带低山湿润针叶（红松）阔叶混交林带、山地暗针叶林带、亚高山岳桦林带和高山苔原带四个植被垂直分布带。在60千米的旅游路段，海拔高差1 500米之内，可以连续清晰地观赏四种具有明显差异的景观带。这里汇集了从北温带到北极地区几千千米的多种植物，形成了独特的植物区系，堪称典型的自然综合体，在全世界也实属罕见。

(2)万亩高山大花园。

在长白山的高山苔原带上,从早春到晚秋,各种植物无论是个体还是群体,在不同的时间、地点、环境中都表现出不同风格的景观效果。随着海拔的升高,植物逐渐稀疏,种类逐渐减少,呈现出特殊的生活形态:植株低矮,匍匐垫状,根系发达,花序大型,色泽鲜艳。每年六七月间,五彩缤纷的花朵竞相开放,长白山被称为"万亩高山大花园",且开花顺序非常独特,它不是从低纬度向高纬度逐渐开放,而是从山顶向下依次绽放,越是寒冷的地方,越是先开花。首先是苔原带和岳桦林带的高山杜鹃破雪露出黄、白花朵,其次是下部的鸢尾、金莲花等鲜花,散发出诱人的芳香,极具观赏和保护价值。

(3)地下森林。

地下森林也称谷地森林,是长白山火山喷发时,地壳下陷形成的一道深谷,谷壁深50~60米,谷长2 500~3 000米,经过几百年的植物演替,形成了一望无际、郁郁葱葱、古树参天、巨石错落的茂密原始森林,现已开发卧虎岗、药泉溪、白龙洞、洞天瀑和天台等景观。

(4)炭化木生成带。

炭化木生成带位于长白山南坡旅游公路边缘,可沿途观赏,为火山喷发森林植被炭化形成,由于未待燃尽,瞬间又被火山碎屑和熔岩流掩埋在地下,这些未燃尽的树木在潮湿、缺氧、封闭的环境里,经过漫长的地质作用,变成了现在这样的炭化木化石,具有较高的科研价值和观赏价值。

7.4.2 四川卧龙自然保护区

1. 简介

卧龙自然保护区位于四川盆地西缘,邛崃山脉东南坡,四川省阿坝藏族羌族自治州东南部,岷江上游汶川县映秀镇西侧,成都平原向青藏高原过渡的高山深谷地带,东西宽60千米,南北长63千米,东与汶川县映秀镇连接,西与宝兴、小金县接壤,南与大邑、芦山两县毗邻,北与理县及汶川县草坡乡为邻。1980年1月,四川卧龙自然保护区加入联合国教科文组织人与生物圈保护区,并与世界自然基金会合作,建立中国保护大熊猫研究中心;1983年,加入国际"人与生物圈计划",主要保护对象是大熊猫等珍稀动物及森林生态系统。保护区地貌单元属于四川盆地边缘山地,为四川盆地向川西高原过渡的地带,地势由东南向西北递增。卧龙属亚热带季风湿润气候,气温和降水的垂直分异明显,形成山地气候垂直带,有6个垂直气候带。

2. 主要旅游资源类型

(1)动物旅游资源。

卧龙是我国已建立的67个大熊猫保护区(截至2018年)中面积最大的自然保护区,有野生大熊猫100多只,占全国的10%;金丝猴有6群1 700多只;银厂沟热水塘一带有100多头牛羚和200多头岩羊,是全国罕见的特大型牛羚群和岩羊群。

大熊猫是中国的国宝,更是濒危的珍贵稀有动物。在动物学上,大熊猫属食肉目。在200多万年前的更新世早期到100万年前的更新世中晚期,大熊猫已经分布于我国南部,组成了大熊猫－剑齿象动物群。该动物群的许多种类已经灭绝，而大熊猫却一直活了下来，所以大熊猫被称为"活化石"。大熊猫经过漫长的历史发展生存到今天，反映了它具有顽强的生命力。但是，由于受历史发展因素的不利影响，其处于濒危状态。在各种不利因素中，其内在原因是食性、繁殖能力和育幼行为的高度特化；外在原因则是栖息环境受到破坏，形成互不联系的孤岛状分布，导致种群分割，近亲繁殖，物种退化，再加上竹子的周期性开花死亡，人为的捕捉猎杀，天敌危害，疾病困扰，对大熊猫的生存构成了严重威胁。

卧龙自然保护区内有各种兽类100多种，鸟类约300种，此外还有大量爬行动物、两栖动物和昆虫。除大熊猫外，还有金钱豹、金丝猴、扭角羚、白唇鹿、小熊猫、雪豹、水鹿、猕猴、短尾猴、红腹角雉、藏马鸡、石貂、大灵猫、小灵猫、猞猁、林麝、毛冠鹿、金雕、藏雪鸡、血雉等几十种珍稀野生动物。保护区内鸟类种类繁多，占中国特种鸟类的50%，也是世界上古老生物种保存最多最完好的地区之一。

卧龙自然保护区的动物区系组成，随海拔的增高，东洋界成分逐渐减少，而古北界成分逐渐增多。根据区内的各种自然因素及动物的区系和种类组成，动物的地理分布可划分为以下五种类群。

1）亚热带南方嘉湿动物群：分布于海拔1 150~2 000米的常绿阔叶林及常绿落叶阔叶混交林带，动物的区系组成主要是东洋界的种类，有少量的古北界种类和广布种。生态地理动物群落由季风区亚热带阔叶林和林灌动物群组成；半树栖生活的有南亚热带的云豹，暖温带的猕猴，中亚热带的藏酋猴，亚热带的红腹锦鸡，广泛分布的鸢，以及古北界的雀鹰、松雀鹰、红脚隼、领鸺鹠、斑头鸺鹠等猛禽类；林灌型动物有季风区的豹、黄喉貂，北亚热带的金猫，中亚热带的大灵猫、小灵猫，南亚热带的豺和水鹿；山溪水栖的有以鱼类为食的水獭，游禽类的鸳鸯和珍贵稀有的凶猛鱼类——川陕哲罗鲑。

2）适温性南北动物群：分布于海拔2 000~2 600米的针阔混交林带，动物的区系组成与上带相比，东洋界种类开始减少，而季风区古北界种类有所增加。生态地理动物群落由适温性针阔混交林灌动物群组成；树栖种类有西南特有的古老动物金丝猴，猛禽类除金雕和鸢等广布种外，主要是古北界种类，如雀鹰、松雀鹰、普通鵟、棕尾鵟、秃鹫、乌雕、红脚隼、雕鸮、灰林鸮等，半树栖的有南亚热带的云豹，中温带的黑熊和北亚热带的金猫等猛兽，东洋界的红腹角雉，古北界的勺鸡、血雉等；林灌生活的主要是喜马拉雅横断山脉型的大熊猫、小熊猫、林麝等；还有南亚热带的水鹿、季风区的黄喉貂；林缘峭壁活动的主要是北亚热带的鬣羚。

3）寒温性北方动物群：分布于海拔2 600~3 600米的针叶林带，动物的区系组成中，兽类的东洋界成分与古北界成分混杂掺半，而鸟类则主要是古北界种类。树栖种类主要是古北界种类，如斑尾榛鸡、血雉、雕鸮、灰林鸮、松雀鹰、棕尾鵟、普通鵟、乌雕等，另外还有少量的东洋界种类，如金丝猴、红隼等，以及广布种金雕等；林灌生活的主要是大熊猫和小熊猫，林缘生活的有高地型的马熊、马麝；林缘峭壁、峰林和岩石间活动的有鬣羚、斑羚、岩羊等。

4）耐寒性高地动物群：分布于海拔3 600~4 400米的高山灌丛草甸带，动物的区系组成主要是古北界的种类，除少量西南地区和北方种类外，主要是青藏高原高地型动物。西南山地的种类有扭角羚、绿尾虹雉、藏马鸡等，青藏高原高地型的种类有白唇鹿、白臀鹿、雪豹、马麝、岩羊、雉鹑等，北方型的有石貂，中亚型的有兔狲等，另外还有古北界的普通鵟、兀鹫、胡兀鹫等大型猛禽。

5）耐高寒的青藏高原动物群：分布于海拔4 400米以上的流石滩稀疏植被带，如雪豹、白唇鹿、白臀鹿、岩羊、雪鹑、藏雪鸡等，全属于青藏高原向东延伸的种类。

（2）植物旅游资源。

卧龙自然保护区森林覆盖面积达11.8万公顷，约占保护区总面积的56.7%，灌丛草甸覆盖面积约3.04万公顷，复杂多变的自然条件造成了植物种类与群落的多样性。

卧龙自然保护区的植物区系起源古老，具有较多的特有种属和孑遗植物。根据植物种类组成和植被的外貌特征，卧龙的植被可分为以下六种类型。

1）常绿阔叶林：分布在海拔1 600米以下地段，建群种主要有樟科、山毛榉科、山茶科和冬青科植物。林内有少量桦木科、槭树科和胡桃科等落叶阔叶树种，林下有大面积的白夹竹、油竹子和拐棍竹，植被外貌四季常绿，季节变化不明显。

2）常绿落叶阔叶混交林：分布在海拔1 600~2 000米的地段，建群种中，常绿的有山毛榉科、樟科等树种，落叶的有桦木科、胡桃科、槭树科等树种；局部地区有连香树、珙桐、水青树、领春木等珍稀的古老孑遗植物伴生，林下层以拐棍竹为主；植被外貌季节变化明显，春夏深绿与嫩绿相间，入秋则绿、黄、红、褐等诸色掺杂，冬季仅林冠有少量绿色点缀于白色世界中。

3）针、阔叶混交林：分布在海拔2 000~2 600米的地段，建群种中，阔叶树种有红桦、槭树、藏刺榛、椴树等，针叶树种有铁杉、四川红杉、松树等，林下广泛分布着拐棍竹，局部地区有大箭竹、冷箭竹；植被外貌季节变化显著，春夏呈翠绿色，秋末冬初则七彩斑斓，构成卧龙自然保护区的一大景致。

4）寒温性针叶林：分布在海拔2 600~3 600米的地段，建群种有多种冷杉、方枝柏、四川红杉等，林下有大面积的冷箭竹，约占全区竹类总面积的50%，局部地区还有大箭竹、华西箭竹；植被外貌呈暗绿色，季节变化不明显。

5）耐寒灌丛和高山草甸：分布在海拔3 600~4 400米的地段，耐寒灌丛以紫花杜鹃、细枝绣线菊、白毛银露梅和香柏为主，高山草甸有以珠芽蓼为主的杂草类草甸，以羊茅为主的禾草草甸，以矮生嵩草为主的莎草草甸。夏季百花齐放，景色宜人。

6）高山流石滩稀疏植被带：分布在海拔4 400~5 000米的地段，主要由多毛、肉质的矮小草本植物组成，如红景天、点地梅，另外还有少量的地衣和苔藓植物。

7.4.3 神农架自然保护区

1. 简介

神农架国家级自然保护区位于湖北省西北部，神农架林区的西南部，地处湖北省、重庆市交界的长江、汉水之间，全区土地总面积105.28万亩。保护区属大巴山系，地势西南高东北低。保护区内林海茫茫，河谷深切，沟壑纵横，层峦叠嶂，山势雄伟，山峰海拔多在 1 500 米以上，海拔 3 000 米以上的山峰有 6 座，最高峰神农顶海拔 3 105.4 米，是华中地区最高点，被称为"华中屋脊"。保护区地貌类型复杂，主要有山地地貌、流水地貌、喀斯特（岩溶）地貌和第四纪冰蚀地貌。2016 年 7 月 17 日，在土耳其伊斯坦布尔举行的联合国教科文组织世界遗产委员会第四十届会议上，湖北神农架被正式列入《世界遗产名录》，荣膺"世界自然遗产地"称号。至此，湖北省第 1 项、中国第 11 项世界自然遗产落户神农架。湖北神农架也成为中国首个获得联合国教科文组织人与生物圈自然保护区、世界地质公园、世界遗产三大保护制度共同录入的"三冠王"遗产地。

2. 世界遗产委员会评价

神农架位于中国中东部湖北省。这处遗产地由两部分构成：西边的神农顶（巴东）和东边的老君山。这里有中国中部地区最大的原始森林，是中国大蝾螈、川金丝猴、云豹、金钱豹、亚洲黑熊等许多珍稀动物的栖息地。湖北神农架是中国三大生物多样性中心之一，在 19 和 20 世纪期间曾是国际植物收集、探险活动的目的地，在植物学研究史上占据重要地位。

3. 生物旅游资源

神农架世界地质公园所在的神农架林区，1990 年加入联合国教科文组织"人和生物圈计划"世界生物圈保护区网，生物多样性丰富。公园内有高等植物 3 239 种，森林植被茂密，植被覆盖率高达 96%。神农架世界地质公园有脊椎动物 493 种，其中，哺乳类 75 种，鸟类 308 种，爬行类 40 种，两栖类 23 种，鱼类 47 种。神农架重点保护珍稀濒危种类动物有川金丝猴、黑熊、猕猴等；金雕、白鹳、红腹角雉、白冠长尾雉、红角鸮等。在全球 193 个生物地理省中，神农架代表了中纬度地区最具典型意义的、保存完好的生态系统。

7.4.4 贵州梵净山自然保护区

1. 简介

梵净山国家级自然保护区位于贵州省东北部的江口、松桃、印江三县交界处。保护区总面积 4.19 万公顷。1986 年，国务院批准其为国家级的自然保护区，同年，被接纳为世界人与生物圈保护区网成员。2018 年 7 月，世界遗产委员会的自然遗产评估机构世界自然保护联盟认为，梵净山满足了世界自然遗产生物多样性标准和完整性要求，展现和保存了中亚热带孤岛山岳生态系统和显著的生物多样性，获准列入世界自然遗产名录。

2. 旅游资源特征

由于地质运动的多期性和继承性，梵净山形成了岭峰插天、沟谷深切的峡谷侵蚀构造地貌和溶蚀构造地貌。连绵的山势、独特的地貌、险峻的沟谷，都使梵净山在宏观结构上形成了重峦叠嶂、峰峦雄伟的壮阔景观，给人以"旷观瀛海三千界，直上黔山第一峰"的感官享受。梵净山被誉为贵州第一山，属武陵山系，山中奇峰异石林立，风景壮丽；古木参天蔽日，林间溪流纵横，珍稀植物交错分布，奇珍异兽穿梭其间。梵净山的自然美在于比其他世界自然遗产更丰富的景观多样性，以山地峡谷景观为主体，以柱状孤峰、刀脊状山岭为代表性景观，其间展布了岩石景观、孤峰景观、峡谷景观、水体景观、生物景观、气候气象景观等山地景观类型，众多景观类型展示出清晰的景观结构和特征，构成了梵净山稀有和不同寻常的自然美，具有独特的美学特征和美学重要性。

梵净山原始生态保存完好，保存了世界上少有的亚热带原生生态系统，拥有丰富的野生动植物资源，并有大量7 000万至200万年前的古老珍稀孑遗物种。根据科考资料，区内现有植物种类2 000余种，列入国家保护名单的植物有31种，有珙桐林、铁杉林、水青冈林、黄杨林等44个不同的森林类型。原始森林里栖息着多种濒临灭绝的国家保护动物，如黔金丝猴、云豹、黑熊、藏酋猴、苏门羚等。

黔金丝猴仅分布于贵州梵净山，现存800余只，是国家重点保护的珍稀动物。黔金丝猴活动的海拔高度比川金丝猴和滇金丝猴都低，多栖于海拔500~800米的河谷阔叶林，夏季则多见于海拔1 400~2 200米的阔叶混交林，活动范围大，也偶见于村寨附近；群居，为多雄多雌的混合家族群，一群有150~250只，有季节性分群与合群现象。黔金丝猴以多种植物的叶、芽、花、果及树皮为食。

珍稀濒危孑遗植物珙桐，在梵净山分布有11个片区，总面积达1 200余亩。曾有这样一段美丽的传说：白鸽公主私下爱上了勤劳质朴的小伙子珙桐，她把一支玉簪掰为两半，将一半作为信物送给珙桐保存。残暴的国王不同意这门亲事，他派人把珙桐抓入深山杀害。消息终于传到公主的耳朵里，她不顾父王的阻拦奔向深山，在珙桐坟前放声痛哭，突然，一株碧绿如玉的小树出现在公主面前，顷刻间，小树长成枝繁叶茂的大树，公主伸开两臂化作白鸽飞上树梢。抛开这一凄美爱情故事的渲染，珙桐确实花奇色美。每到春末夏初，珙桐含芳吐艳，其白色的花形如飞鸽展翅，整树犹如群鸽栖息，被称为"鸽子树"，其花被称为"鸽子花"，寓意"和平友好"。

珙桐是1 000万年前新生代第三纪留下的孑遗植物，在第四纪冰川时期，大部分地区的珙桐相继灭绝，只有在我国南方的一些地区幸存下来，成了今天植物界的"活化石"。

第三纪孑遗植物水青冈是梵净山分布面积最广、垂直分布幅度最大，并能以其为建群种组成大面积森林的高大落叶乔木。水青冈林分布区的气候，总体上具有冬季寒冷不干燥、夏季温凉多暴雨的特征；土壤以山地黄壤和黄棕壤为主。三种不同类型的水青冈种群中，长柄水青冈种群和亮叶水青冈种群均以多百年以上大树、自然更新不足为特征，且亮叶水青冈种群是梵净山最重要的森林植被类型；米心水青冈种群由于树型偏小、株数丛生，几乎不构成优势种群。在梵净山，由三种水青冈种群及其他植物种共同组成的水青冈群落物种组成丰富，具有多常绿植物、群落区系复杂、多热带成分、空间层次结构特殊、呈双峰分布的群落特征。

思考题

1. 分析长白山生物多样保护与生态旅游开发。
2. 分析神农架自然保护区旅游发展对生物多样性的影响。
3. 举例说明生物多样性与旅游业可持续发展的关系。

推荐阅读书目

［1］费荣梅，景松岩. 野生动物产品学［M］. 哈尔滨：东北林业大学出版社，2002.
［2］李先源，智丽. 观赏植物学［M］. 重庆：西南大学出版社，2007.
［3］卢云亭，王建军. 生态旅游学［M］. 北京：旅游教育出版社，2001.
［4］马耀峰. 旅游资源开发［M］. 北京：科学出版社，2004.
［5］彭顺生. 世界遗产旅游概论［M］. 北京：中国旅游出版社，2008.
［6］杨桂华，钟林生，明庆忠. 生态旅游［M］. 北京：高等教育出版社，2000.
［7］赵绍鸿. 森林美学［M］. 北京：北京大学出版社，2009.
［8］邹统钎. 旅游景区开发与管理［M］. 北京：清华大学出版社，2004.

第 8 章

水体旅游景观欣赏

本章概要

本章首先讨论了水体与水体旅游产品的概念，分析了水体旅游价值及类型；其次阐述了河流旅游景观、湖泊旅游景观、温泉旅游景观和海洋旅游景观的类型、资源特征；最后分类介绍了水体典型景观如长江、黄河、洱海、青海湖等，为开展水体旅游景观欣赏提供参考。

关键性词语

水体、水体旅游、河流旅游景观、湖泊旅游景观、温泉旅游景观、海洋旅游景观。

8.1 水体及水体旅游

山无云则不秀，无水则不媚。水是万物之源，也是中国人智慧和情愫的催化剂。以水为主题的旅游活动总是会受到旅游者的欢迎，如海水浴、温泉浴、游泳、潜水、划船、漂流、滑水、冲浪、垂钓等。

8.1.1 水体

"水"字的本来意义是河流，后泛指一切水域（江、河、湖、海的通称）。水是生命之源，也是构景之源，供人类欣赏。人类很早就使用水、研究水、治理水、关注水，不过，人们习惯使用的"水资源"一词却并不是很早就出现。水资源的定义多达几十种，比较通行的看法是"可以供人类时常取用、逐年可复原的水量"，即一般意义上所说的淡水资源。

水体是指由天然或人工形成的水的集聚体，例如海洋、河流（运河）、湖泊（水库）、沼泽、冰川、积雪、地下水和大气圈中的水等。

地球上的水，按其质量计算，97%以上为液态，主要形成海洋，占地球表面积的70.8%；约2%的水冰冻为冰山冰川，分布在南北两极和高山之上；1%的水在陆地表面流动或藏存于岩石、大气、生物和土壤之中。陆地水量分配为冰川（冰山）、咸水湖、淡水湖、河流，其中，冰川是储存洁净淡水的重要资源库。生物水（生物所含的水）的总量与河流总水量相差不多，淡水湖的总水量则是河流的10倍。

8.1.2 水体旅游及其产品

水体旅游作为一种新型的旅游方式，适应了现代居民对亲近自然、低碳、休闲生活的追求。水体旅游是以水体旅游产品为核心，以地域的水体资源、水文化资源为依托而开展的观光、休闲、度假、水上活动等游憩活动。水体旅游有广义和狭义之分，从狭义来看，水体旅游就是指发生在水上的旅游；从广义来看，水体旅游还包括水体周边的景观体系，例如滨水文化、滨水景点等。

旅游服务就是旅游从业人员为了满足客人生理和心理的需求，创造出一种和谐的气氛，使之达到精神上愉悦的一种过程。由此可见，旅游服务产品也可以称作旅游产品，主要包括餐饮、住宿、交通、游览、购物、娱乐等旅游要素供应商所采购来的产品。旅游业是通过销售旅游产品和服务来谋求发展的，水体旅游业的发展也是一样。水体作为一种特殊的资源，被旅游业者开发、利用之后向旅游者提供观光、休闲、度假、康体、科普等服务。因此，水体旅游产品是指旅游业开发者通过开发、利用水体旅游资源给旅游者提供的吸引物及服务。

8.1.3 水体旅游的价值

当前我国水体旅游开发主要集中在温泉、海洋、河流、湖泊、瀑布旅游等方面。水体旅游不仅是静态旅游，更重要的是通过各种水体活动调动游客参与的积极性。静态和动态相结合，让游客得到彻底的精神放松。

1. 水体旅游是新型旅游产品的重要形式

现代人生活节奏变得越来越快，竞争压力也日趋加大，使旅游者开始追求品位高、参与性强、能够带来更高体验的新型旅游产品，以获得身心的彻底放松。而水体，特别是优质水体，是新型旅游产品开发的优良资源，温泉、冲浪、快艇等利用水体开发的新型旅游项目日益得到旅游者的青睐。过去几十年，我国旅游产品开发都是以文物古迹旅游和风景名胜游为主，水体旅游只是这些旅游产品的一个要素而已，没有形成真正意义上的旅游产品。真正水体旅游的特质是提供水体旅游项目并用专业知识指导旅游者实现其旅游目标，旅游者在参与水体旅游项目的过程中，改变他们在常规旅游活动中的角色和心理上的被动性，在体验、欣赏自然风光和人文风情的同时，享受自身潜能和才干，真正体验到水的乐趣。水体旅游是视觉之外的另一种新型旅游体验。

2. 水体旅游可以进一步丰富旅游产品结构，提高旅游效益

旅游产业要适应旅游者多样化的旅游需求，就必须构建内容丰富、形式多样的旅游产品体系，这样不仅可以满足旅游者多样性的需要，同时也能有效地分散旅游人流，确保旅游业的健康发展。从现代旅游产业的发展和旅游者消费行为来看，旅游者既需要不同于客源地文化的异

域文化熏陶，又需要能够彻底放松心情、趣味性和参与性强的旅游产品。旅游产业要获得长足发展，在继续完善和提升传统的观光旅游产品的基础上，亟待开发新兴旅游产品。很多水体旅游产品一经开发，便吸引了大批游客，为当地带来显著的经济、社会、环境效益。

3. 水体旅游有利于客源地水域环境的改善

水是自然界中最活跃的物质之一，也是塑造自然景观、美化环境的重要因素，但是水体生态系统也是相当脆弱的。水体旅游开发必须保证水体质量，没有良好的水质就谈不上水体旅游的发展，旅游者在这样的环境中也达不到休闲、健身、疗养、放松的目的。因此，不管是当地政府，还是旅游经营商，在水体旅游开发决策过程中，首先要坚持的就是水体资源的保护工作。通过水体旅游项目的开发，加大水域环境保护的投资，对区域整体环境的改善大有裨益。

8.1.4 水体旅游的类型

水是大自然最活跃的物质之一，随地形地势而千姿百态、变化万千。水的形态不同，环境条件不同，其美的表现形式也不同。按照水体性质及自然界水体的基本形态可分为河流、湖泊、瀑布、泉水、海岸带、水利工程等旅游资源。

1. 河流旅游景观

河流是沿地表浅形低凹部分集中的经常性或周期性水流，较大的叫河或江，较小的叫溪。这类水体流经地域广，一般呈狭长状，故称为线型水体。线型水体除了有灌溉、航运、发电之利外，在旅游上也是景观的主要因素之一。由于线型水体流经区域广，流域内气候变化多端，地形地貌复杂，线型水体的规模、气势、美感效果变化巨大。大者如长江气势磅礴，蔚为壮观，长江上游落差大，水流急，不少地方形成壮丽的峡谷，西起奉节、东至宜昌的长江三峡，雄伟险峻，奇异壮丽，急流险滩和名胜古迹众多，成为我国最著名的水上游览线。小者如漓江，清幽秀丽，宁静柔美，水质清澈见底，两岸青山排立，倒映入水中，桂林市仅凭一条漓江便得以誉满全球。此外，由于线型水体流域广，其流经的地方往往是人类文明的发源地，河川周边生产发达，人物荟萃，交通便捷，物产丰富，文物景观丰富多彩，往往形成旅游城镇或旅游城市。我国主要的河流类旅游资源有长江、黄河、黑龙江、珠江、湘江等，这些水体大多既是黄金水道又是黄金旅游线。

2. 湖泊旅游景观

湖泊是地球内力和外力共同作用形成的湖盆内的积水，体积大小不一，大的如内陆咸海，小的如池塘。这类水体以一定面积表现出美的特点，因此称为几何水体或面型水体。湖泊类面型水体除了防洪、蓄水、航运、灌溉、养殖、调节气候等重大功能外，还具有很大的观赏价值。面型水体大者烟波浩渺，一望无垠，一般给人以空间开阔、辽远的美感，如洞庭湖，有"洞庭天下水"之美誉；小者静卧区野，波光粼粼，一般给人以宁静、安谧的感觉，如杭州西湖因其秀丽精致而素有"人间天堂"之雅号。面型水体由于周边环境的变化还会产生空间层次、空间立体化，以及收缩、放开等效果。面型水体根据面积大小与形态变化，分为洋、海、湖、泊、沼泽、池、塘等类型。

我国幅员辽阔，湖泊众多，无论是高原山地还是平原低地，无论是东部湿润区还是西北干旱区，都有天然湖泊分布，就连极度干旱、终年少雨的沙漠腹地，也不乏湖泊存在。我国湖泊分布大概以大兴安岭—阴山—贺兰山—祁连山—昆仑山—冈底斯山一线为界，此线东南为外流湖区，以淡水湖为主，湖泊大多直接或间接与海洋相通，成为河流水系的组成部分，属吞吐型湖泊；此线西北为内陆湖区，以咸水湖或盐湖为主，湖泊位于封闭或半封闭的内陆盆地之中，与海洋隔绝。

我国是一个多湖泊的国家，据不完全统计，面积在 10 000 平方千米以上的湖泊有 2 800 多个，面积在 100 平方千米以上的湖泊有 130 多个，此外还有不少的人工水库。我国著名的湖泊有杭州西湖、江苏太湖和洪泽湖、扬州瘦西湖、绍兴镜湖、嘉兴南湖、南京玄武湖和莫愁湖、湖南洞庭湖、湖北东湖等。

3. 瀑布旅游景观

瀑布是河流的一部分，当河水自河床跌坎或悬崖处倾泻而下时便形成瀑布。瀑布是独具特色的动态水体，它将形、声、色融为一体，具有特殊美的表现力。瀑布在气候变幻与时间展现中也不断地变换着它的形态。如季节不同，阴、晴、雨的不同，会表现出不同的形象，时如飘动的白绢，时如洒落的棉球，时如白纱般的薄雾，时如淡青色的云烟。

瀑布在岩石色彩丰富的地区也会显出颜色来，如江西玉山县三清山二桥墩红色瀑布，水从红色岩壁上流下，把瀑布映成红色。瀑布由于地质条件的差异会使景观发生多样变化，或三叠或九折，形态各异。瀑布的水量不同，落差不同，其声色状况也会产生很大的变化。水量小，落差小，其声音小，雾气小；水量大，落差大，其气势浩大，声音宏大。

我国瀑布分布相当广泛，在多山地区几乎到处可见，特别是在江南丘陵山地、云贵高原、横断山脉、喜马拉雅山南麓及台湾地区尤多。2011 年 4 月 3 日，"2011 游客最喜爱的中国十大瀑布旅游胜地"评选活动评选出了贵州黄果树瀑布、贵州赤水瀑布、四川螺髻九十九里温泉瀑布、四川九寨沟树正瀑布、四川阿坝牟尼扎嘎瀑布、山东泰山黑龙潭瀑布、云南罗平九龙瀑布群、山陕黄河壶口瀑布、广西德天瀑布、湖北宜昌三峡大瀑布为游客最喜爱的中国十大瀑布旅游胜地。

4. 泉水旅游景观

泉是地下水的天然露头。当潜水面为地面切断时，地下水即可露出地面，此种渗出的水常称为渗出水。如果渗出水源源不断地流出，又具有固定的出口，在地质上就叫泉。泉景是一种特殊形态的水景，以其清澈纯净、凛冽甘甜、含有多种人体需要的微量元素、可饮可浴、有医疗特效以及形态多样等吸引着旅游者。

5. 海岸带旅游景观

海岸带是海洋与陆地的接触地带，处于水、陆、生物和大气相互作用之中，海岸带旅游是指在海岸带以内（包括海洋、海滨、海滩等）进行观赏、游览、休息及各种海上娱乐活动。海洋常与文化古迹、山水风景、娱乐设施相结合，构成旅游者最向往的游览、消遣和疗养地。有人把太阳（Sun）、海洋（Sea）、沙滩（Sand）称为最吸引游客的三"S"资源，誉为高尚娱乐场所，而同时具备三个"S"的地方就只有海岸带。

6. 水利工程旅游景观

以水利、发电为主的水利开发工程、水工建筑可称水利工程旅游资源。这类工程与水文旅游资源紧密相关，往往与水文景观相结合，共同构成旅游资源，离开了水便失去其存在的意义，因而将其划为水文旅游资源。这类旅游资源包括大型水库、堰、水坝、水利枢纽、灌溉工程、运河等。有些水利工程不仅在历史上发挥过巨大的作用，而且至今仍然在起作用，这些伟大的工程不但令后人惊叹，同时也为后人造就出独具风格的景色，它们对旅游者来说，是历史吸引和自然风光吸引的综合体。

说到水利工程旅游景观，首推都江堰。都江堰位于四川省都江堰市城西，坐落在成都平原西部的岷江上，始建于秦昭王末年（约公元前256—前251），是蜀郡太守李冰父子在前人开凿的基础上组织修建的大型水利工程，由分水鱼嘴、飞沙堰、宝瓶口等部分组成，2 000多年来一直发挥着防洪灌溉的作用，使成都平原成为水旱从人、沃野千里的"天府之国"，是全世界迄今为止，年代最久、唯一留存、仍在使用、以无坝引水为特征的宏大水利工程，是中国古代劳动人民勤劳、勇敢、智慧的结晶。

2018年8月13日，加拿大萨斯卡通召开的国际灌排委员会第69届国际执行理事会全体会议上公布了2018年（第五批）世界灌溉工程遗产名录，中国的都江堰等四个项目全部申报成功。

世界遗产委员会评价为：建于公元前3世纪，位于四川成都平原西部的岷江上的都江堰，是中国战国时期秦国蜀郡太守李冰及其子率众修建的一座大型水利工程，是全世界至今为止，年代最久、唯一留存、以无坝引水为特征的宏大水利工程。2 200多年来，至今仍发挥巨大效益，李冰治水，功在当代，利在千秋，不愧为文明世界的伟大杰作，造福人民的伟大水利工程。

8.2 河流典型景观欣赏

8.2.1 河流旅游产品

人类社会的发生、发展都与河流相互依存，密不可分。在人类社会的不同阶段，河流发挥着不同的作用，大致经历了能源供给、交通运输、工业生产、休闲游憩等几个阶段的功能演变。河流旅游地拥有独特的水体景观与文化内涵，可开发多种旅游产品，如观光、漂流、自行车游、垂钓、冲浪等。在众多河流旅游产品中，目前国内外研究者对游轮旅游、漂流旅游关注相对较多。相关旅游产品如表8-1所示。

表8-1 河流旅游产品

序号	类型	依托交通工具	河段
1	游轮旅游	大中型客运船只	河流中下游
2	漂流旅游	橡皮艇、皮船、独木舟、竹筏等	河流中上游
3	水上旅游	皮划艇、充气船、独木船等	小河流中下游
4	自行车旅游	自行车	河流沿岸

8.2.2 影响河流旅游的因素

对河流旅游来说，旅游资源的吸引力是影响其发展的关键因素，目前主要从自然旅游资源和人文旅游资源两个方面对河流旅游资源吸引力进行了研究。

自然旅游资源包括河流水体景观和河流周边的森林、保护区、野营地等，这些资源可给旅游者提供一个与自然和谐相处的环境，使游客融入自然、远离烦恼。在人文旅游资源方面，学者们提出旅游地可利用自身的文化传统或主题文化来挖掘内涵，将当地文化融入河流旅游中，吸引更多的游客。如新加坡河在景观改造中可将河流旅游与建筑、节事和艺术等传统文化结合起来，提升文化品位；将欧洲的河流与其沿岸的人文景观连接起来，打造主题航程，如音乐、历史艺术、美酒等主题；还有学者提出将河流旅游与当地的农业或工业文明相融合，以此增强吸引力。

通过推拉理论、期望理论、需求与动机理论等对旅游者旅游动机进行研究的结果表明，旅游者河流旅游的动机主要有亲近自然、欣赏自然美景、离开惯常居住地、摆脱城市拥挤环境、体验新事物、舒缓焦虑、寻找志同道合的朋友等。除此之外，有学者通过实地调查与访谈的方式对湄公河上游旅游发展的阻碍与促进因素进行了分析，认为安全性差、水位低与政府不重视阻碍了湄公河旅游的发展，而边境两边日益增长的旅游需求则促进了其发展。

8.2.3 典型河流景观的欣赏

1. 长江旅游景观

长江发源于"世界屋脊"——青藏高原的唐古拉山脉各拉丹冬峰西南侧，干流流经青海省、西藏自治区、四川省、云南省、重庆市、湖北省、湖南省、江西省、安徽省、江苏省、上海市共11个省级行政区（八省二市一区），于崇明岛以东注入东海，全长6 300余千米，在世界大河中长度仅次于非洲的尼罗河和南美洲的亚马孙河，居世界第三位。

以"山水画廊"著称的长江三峡，西起重庆市的奉节县，东至湖北省的宜昌市，全长192千米，自西向东主要有三个大的峡谷地段——瞿塘峡、巫峡和西陵峡，三峡因此而得名。长江三峡堪称"世界自然峡谷博物馆"，拥有全球最多的高峡深谷。雄伟险峻的瞿塘峡，幽深秀丽的巫峡，奇险壮观的西陵峡，壮大了长江大三峡的气势。除了气势宏伟的大三峡外，在江段和支流中，还点缀着千姿百态的小三峡，如嘉陵江小三峡、大宁河小三峡、神农溪小三峡等，它们是三峡旅游不可分割的组成部分，甚至将成为新的旅游热点。除了大小峡谷群落外，长江三峡还具有很多特色的奇峡幽谷、峡谷群。这些特色峡谷渐渐成为人们寻奇探幽的旅游新去处。长江三峡地区，干流和支流水系相当发达，交织成网，沟通南北，形成了极具特色的江河旅游资源。它们中既有耳熟能详的长江航线的精华路段、世界著名的长江三峡，又有新近亮相的神农溪、芙蓉江、黄柏渡等，是三峡旅游资源极富特色的重要组成部分。

三峡大坝世界瞩目，是目前全世界最大的水利枢纽，它以罕见的奇观成为世界级的旅游资源。三峡大坝之所以如此骄傲，来自它自身独特的魅力。一是它的奇，气势宏伟的三峡大坝，有着极其壮观的大堤，是世界一大建筑奇观，本身具有一股与众不同的吸引力。二是它的高科技含量，使它成为世界上最大、装备最先进的水力发电厂，成为颇有吸引力的工业和科技旅游产品。三是它的五级连续船闸和世界上最大的轮船"电梯"，成为三峡工程的体验型旅游精品。四是它以大坝飞瀑景观赋予三峡大坝一个动态的奇观。五是高峡出平湖展现出一幅庞大的建筑群，与西陵峡、巫峡、瞿塘峡的生态景观相互融合，不仅提升了它的旅游特色价值，同时也让世界惊叹。三峡大坝可谓是"更立西江石壁，截断巫山云雨，高峡出平湖，神女应无恙，当惊世界殊"。

2. 黄河旅游景观

黄河是中国北部大河，全长约 5 464 千米，流域面积约 752 443 平方千米。黄河北源发源于青海省青藏高原的巴颜喀拉山脉支脉查哈西拉山南麓的扎曲，南源发源于巴颜喀拉山脉支脉各姿各雅山北麓的卡日曲，西源发源于星宿海西的约古宗列曲，呈"几"字形，自西向东分别流经青海、四川、甘肃、宁夏、内蒙古、陕西、山西、河南及山东 9 个省（自治区），最后流入渤海。

（1）黄河三峡风景区。

景区位于甘肃省永靖县中心地带，为驰名中外的炳灵石窟、炳灵石林、丹霞地貌组成的寺沟峡风景区，其与"高峡平湖"刘家峡大坝、吧咪山原始森林、黄河洮河两岸风光构成了刘家峡风景区。

刘家峡水电站坐落在永靖县城东 12 千米长的峡谷中，库区蓄水容量达 57 亿立方米，水域面积达 130 多平方千米。下游盐锅峡水电站段，峡谷长 3 千米左右。此外，还有八盘峡水电站段，峡谷长 4 千米左右，总库容量达 59.69 亿立方米。库区两岸，风景怡人，奇山异峰，苍翠叠嶂。库区秀美的水色与炳灵石林交相辉映，外加两岸葱郁的湿地植被和大面积的稻田示范区，构成了一幅"塞上江南"的天然画卷。广阔的水域面积为水上旅游创造了优越的条件。在刘家峡库区，已建成大型的集旅游、娱乐、食、住、行于一体的水上度假村。特别是在夏秋季节，库区已成为众多游客避暑的首选地。

由于主河流黄河和两大水库的影响，景区形成了独特的湿地风景。湿地面积非常广阔，景区内多样的水生动植物，对于研究水库对库区周边环境的影响及湿地资源开发有非常高的价值。兴建的水上游乐城和已具规模的鸟岛、太极岛、大川渔场及白川稻米渔业区也构成了特色景点。

（2）黄河壶口瀑布。

黄河壶口瀑布国家地质公园地跨山西和陕西两省，地处黄河中游，是以壶口瀑布自然景观为中心，依黄河东西两岸而建，是集河流地质作用、河流地貌、黄土地貌景观、人文古迹于一体的具有极高科普、旅游和观赏价值和文化底蕴的综合性国家地质公园。它不仅是研究黄河演化史、河流地质作用、黄土地貌的天然博物馆，也是研究第四纪以来地壳运动和古气候的实验室。

壶口一带地层属鄂尔多斯地块的东南部，地层稍有抬升，宏观向东北微微倾斜。在鄂尔多斯地块上，自西向东、由新到老依次分布着不同时代的地层。东部黄河沿岸依次出露三叠系、二叠系、石炭系和奥陶系地层。黄河河谷区西侧是三叠系地层，以厚层石英砂岩为主，夹薄层泥岩，硬度较大。黄河河床基本上顺上述抗侵蚀能力弱的石炭系、二叠系地层走向发育。

黄河壶口瀑布国家地质公园由壶口瀑布景区、克难坡景区、中市景区和小船窝景区组成。

1) 壶口瀑布景区是黄河壶口瀑布国家地质公园的核心景区，最具特色和代表性。它以壶口瀑布为中心，向北200米，东西两侧大致以两岸公路为界，向南到黄河铁桥。景区面积约3.5平方千米，属地质公园的核心区。景区内的主要地质遗迹景点包括壶口瀑布的主瀑布、两岸的副瀑布、瀑布下游的狭窄河道——"十里龙槽"、河床上游河水冲蚀形成的锅穴——"石窝宝镜"、瀑布侵蚀形成的"观瀑廊"、由两组节理相交而形成的"棋盘格式构造"、河水侵蚀河床形成的冲蚀槽、河流快速下蚀河谷在两岸谷坡形成的侵蚀三角面，以及黄河河床、河谷、阶地等。人文历史景观包括龙王辿明清码头、清长城、古炮台、河清门、四铭碑亭、牛马王庙、龙门石桥、"旱地行船"旧址等。这些丰富的地质遗迹、引人入胜的人文景观和优美的自然风光，构成了公园独特和核心的旅游景区。

黄河壶口瀑布是黄河河道上第一大瀑布，也是世界上独一无二的大型黄色瀑布。瀑布上游黄河水面宽300米，在不到500米长的距离内，被压缩到20~30米的宽度，1 000立方米每秒的河水，从20多米高的陡崖上如巨壶注水，飞流直泻，巨浪滔天，气吞山河，蔚为壮观，排山倒海般的瀑布冲击岩石发出"谷涧响雷"的轰鸣，巨涛激起数十米高的浪花，远看成"水里冒烟"的景观，阳光下引导出"彩虹通天"的美景。瀑布左下方有流水侵蚀出的地下石廊，可仰望瀑布的壮丽景色。观赏壶口瀑布，与其他瀑布不同，壶口观瀑宜从上俯视。平面上可以看到河道上游河水从两侧向瀑布中心汇集，从而形成对冲瀑的景色，更显出瀑口"V"形的特点。汇合后的水流再从瀑口倾泻而下，奔腾汹涌，飞流直下，震耳欲聋。主瀑前方，少量河水沿基岩裂隙向下游流到瀑布前方，构成涓涓细瀑，呈薄薄的水帘落入主瀑中，出现子母瀑。子瀑常从岩缝中流出，成为"地下出瀑"。

壶口瀑布四季都有特色。3月至6月、10月至翌年1月为黄河贫水期，瀑布流量较小，但下方龙槽水位更低，从而使得瀑布高差最大，此时激起的水雾飞腾可高达40~50米，较容易看到"飞瀑挂彩虹""水底升烟"等奇观。7~9月为洪水期，瀑布流量每秒可达2 000立方米以上，水势大，景象更加壮观。瀑声轰鸣如雷，远在几千米以外也能听到，这就是"谷底起雷"的来由。当然，瀑布的落差也因下游水位升高而降低到只有14~15米。这时，两岸副瀑也可达到每秒100立方米以上的流量。12月到次年3月，河水冻冰，此时在瀑口前方崖壁上，浪花凝成串串黄色冰挂，瀑布中不时有白色浮冰冲下，河面上片片浮冰犹如白天鹅遨游水面，别具一番景象。到隆冬时季，瀑布下方浮冰凝成冰坝，逐渐向瀑口凝上去，最后白色冰体漫过瀑口，与后方冰体连在一起，于是在瀑布上下出现拱出河岸2~3米高的弧形冰罩。河水在冰下流动，瀑布所在位置是一大角度斜置的冰盖。

由于黄河河床的基岩南北向节理发育，所以在瀑布上方宽300余米的河道中，东西两岸均有宽2~3米的支流绕过主瀑到下游70~80米（西岸）或150米（东岸）后，从侧方落入"龙槽",构成了黄河两岸的副瀑。副瀑的水量也很大,一般每秒几十立方米,落差达18~19米,形成相当壮观的次级瀑布。

"十里龙槽"是万里黄河最狭窄处,全长4 200米,宽30~50米,两侧中生界砂岩高15~20米。在河道约束下,浊流咆哮翻滚,气势之磅礴,亦为黄河之最,它是瀑布向源侵蚀切割的结果。瀑布上下基岩上,到处可见水流冲蚀槽及大大小小流水携带沙砾的掏蚀圆形坑,如壶如瓮,常年积水如镜,这便是著名的"石窝宝镜"。强烈的河流旁切作用,将原来岸边的山体硬切成河心岛,如上方的孟岛、下方的葫芦岛。"孟门夜月"之景便是月圆之夜看天上河中两月相映之夜景。

2) 克难坡景区位于公园北端,面积约7平方千米,在黄河两岸留有古黄河形成以来的各种地质遗迹。河流侧蚀作用于河床软硬相间的基岩,形成了形态各异的侧蚀洞。由于地壳的抬升和黄河的下切,在黄河两岸形成了四级河流阶地及次级冲沟瀑布,并在黄河的支流形成了深切河谷。

克难坡景区的地质遗迹是以黄土地貌为主的地质景观,主要有黄河的Ⅳ级阶地,以及阶地之下基岩顶面的水蚀洞(槽)。在南边沟中有"二龙戏珠"景观,沿山路下到黄河,沿途可看到二马营组地层剖面,还有黄河Ⅰ~Ⅳ级阶地、侵蚀三角面及侵蚀黄土地貌等。因黄土土质疏松,裂隙发育,长时间经受地表水的侵蚀、冲刷作用和重力崩塌作用,形成了各种不同的黄土地貌。其中,黄土侵蚀沟间的长条状黄土丘陵为黄土梁;流水不断沿垂直节理侵蚀和溶蚀,使黄土发生崩塌,残留的部分柱状体称为黄土柱。

3) 中市景区面积约22平方千米。第四纪中更新世(距今70万年)以来,黄河两岸堆积了多层黄土,在后期流水、风蚀等作用下形成了各种典型的黄土地貌,主要有黄土峁、梁、塬(残塬)、黄土冲沟、崖、柱、坝、落水洞等。这些黄土为人类在此居住提供了栖息之地,黄土高原上典型的黄土窑洞、黄土院落也是景区内一道优美的风景。中市景区主要景观为黄土地貌,黄土塬、梁、峁、黄土崖、墙、柱、坝及天生桥、落水洞一应俱有。除了黄土地貌外,黄土窑洞、黄土小院、枣树、榆树、槐树等这些黄土高原上的庭院、老树点缀其间,更显出黄土风情。

4) 小船窝景区面积约13平方千米。黄河形成以来,河流的流水作用在古黄河的两岸及河床上刻下了历史的印痕,孟门双岛、葫芦齐双岛、两岸侵蚀三角面、水蚀洞穴等就是黄河百万年来的杰作。小船窝古渡也是这条母亲河昔日宽广澎湃、哺育中华儿女的历史映照。小船窝景区位于黄河壶口瀑布下游,地质遗迹以河流侵蚀地质作用遗迹为主。从黄河铁桥上向南可看到靠西岸有两个石质小岛,那就是著名的孟门双岛。在春秋时期,它与河流西岸的山体是相连的,河流的下蚀作用把这两个小岛与西侧山体分开了,如今贫水期,小岛与西岸沙滩相连,洪水期就成了河中的"离堆山"。孟门双岛月夜观景是壶口的著名风景,称"孟门夜月"。月夜站在岛上,举头一轮明月,低头月随浪移,故有"山随波影动,月照浪花浮"之诗句。传说中这两个岛是神石,它会随河水涨落而升降,水再大也淹不了它。其实孟门双岛之顶的高度与瀑布前缘是相等的,高出水面约18米,黄河到此水面宽度达200余米,黄河洪峰再大也无法淹没小岛。岛上现已筑起大禹石像,西有铁索桥通往西岸。

8.3 湖泊旅游景观欣赏

8.3.1 概念及分类

我国旅游湖泊分为高山型、高原型、低山丘陵型、平原型和城镇型。从供给者角度看，湖泊旅游是利用湖泊水文形态、生态环境、人文积淀和游乐设施提供相关服务产品；从旅游者角度看，湖泊旅游是以湖泊为依托，体验湖泊的特殊景观环境和活动。一般将湖泊旅游分为三层，包括湖面旅游（湖上旅游）的核心层、湖滨观光休闲运动的周边层、环湖观光带的扩散层。

自1986年有学者强调大湖研究的重要性以来，部分学者对以色列死海、四川高山湖泊、弗雷泽岛麦肯齐湖、芬兰东部湖泊等不同地域、不同类型的湖泊进行了资源分析和开发研究，湖泊养生、温泉养生、生态景观成了湖泊旅游产品领域的重中之重，并以此为核心探讨旅游产品开发模式。

8.3.2 湖泊旅游开发模式

据相关资料研究，湖泊旅游的发展模式大体可以分为三种，即日内瓦模式、千岛湖模式、洱海模式。

日内瓦模式，又称为综合开发模式。该类模式一般要求水面开阔、水温适宜、水质较好、水体自净能力强、周围景观多样、生态环境良好、交通条件好、可进入性强，有临近客源市场的优势等。其产品集观光、休闲、度假、疗养、运动等功能为一体，能满足游客多方面的需求。该模式的代表有瑞士日内瓦湖、新西兰陶波湖等。

千岛湖模式，又称为娱乐休闲模式。该类模式要求水体的自净能力强、面积较大、深度适合、环境优美，适合开展观光游览、水上运动及其他娱乐休闲活动。该类湖泊在相关条件具备时有向日内瓦模式发展的趋势。该模式的代表有中国的千岛湖、荷兰的艾瑟尔湖等。

洱海模式，又称为观光模式。该类模式的湖泊一般处于开发的初级阶段，或是由于水体或周边环境的生态敏感性等，目前不适合开发直接侵入水体的参与性项目。这些湖泊通常具有较高的观赏价值，山水相映、风景优美或有深厚的历史文化相映衬，适宜开展观光旅游。该模式有向千岛湖模式和日内瓦模式发展的潜力，其代表性湖泊有洱海、镜泊湖、长白山天池等。

8.3.3 湖泊度假旅游

1992年，国务院下发了关于国家旅游度假区的46号文件，并于1993年陆续批准建立12个国家旅游度假区，标志着中国度假旅游逐渐起步。从省级以上度假区分布来看，我国度假区类型主要是海滨类和湖泊类。

1. 度假旅游

旅游本是享受，度假旅游是利用假日外出以度假和休闲为主要目的和内容的，进行令精神和身体放松的康体休闲方式。综合前人的研究观点，可将度假旅游定义为：旅游者出于度假的目的，利用节假日离开常住地到异地进行的，至少在异地停留一晚的各种放松身心的旅游活动的总称。度假旅游的动机是，度假旅游者希望到一个与自己平常居住环境完全不同的地方去体验一种在日常生活中难以得到的全新生活，缓解压力，获得身心的放松和愉悦。

度假旅游多以家庭形式出现，并且希望将时间花在度假而非旅途中，这就决定了度假地离客源地通常不会太远。并且，度假的需求是周期性的，度假游客会成为旅游区的忠诚客户，人们每工作一段时间后，就自然而然需要放松。此外，度假地一旦选定并获得满意的度假感受之后，人们会比较习惯和依赖当地的自然环境。

2. 湖泊旅游度假区

湖泊旅游度假区是指依托湖泊自然景观资源形成的旅游度假区。湖泊以宁静妩媚吸引着众多游客，也可以开展以水为基地的游泳、泛舟、赛艇、潜水等一系列运动项目。在我国的国家级旅游度假区中，将近一半是滨湖旅游度假区，如广州南湖、昆明滇池、无锡太湖、杭州之江国家旅游度假区。我国开发度假旅游的湖泊区域以内陆湖泊居多，而且往往以周边的大、中城市作为主要的客源市场，因此，游客吃、住、行的费用较多发生在周边城镇，旅游区要想获得更大经济效益，只有在游、购、娱方面多做文章。

湖泊的旅游价值吸引了众多旅游者的目光，进而引起旅游经营者的注意，促使了湖泊旅游的产生。湖泊旅游从供给者即旅游企业的角度来说，是利用湖泊富于变化的水文形态、生动的自然景观、良好的生态环境、丰富的人文积淀和相关的游乐设备设施，向旅游者提供的全方位的服务产品。从旅游者的角度来说，湖泊旅游是以体验湖泊的特殊景观环境和进行以湖泊为依托的各种活动为目的的旅游经历。随着近年来休闲度假旅游的兴起，以水上运动、休闲游艇和滨湖度假酒店为代表的湖泊旅游开发，为湖泊旅游带来了前所未有的发展机遇。湖泊旅游包括两个层面上的内容：核心层是湖上旅游，是在湖泊的核心水域进行的旅游活动，包括在湖中岛屿上的观景活动，在水上进行的运动休闲活动（包括游船、游艇和其他水上运动项目），以及在水下进行的探险和观光考察活动（主要是潜水和水下观光潜艇）；扩散层是环湖游憩带，包括在湖泊依托城镇及周边区域进行的各种观光娱乐、休闲度假和商务会议等活动，这其中还包括一些以农家乐、渔家乐为主要表现形式的乡村旅游产品。

3. 湖泊度假旅游开发模式

（1）观光湖泊度假旅游。

有些湖泊由于水体及周边环境的生态敏感性等原因，不适宜开发直接进入水体和环境的参与性旅游项目，但这些湖泊具有较高的风光观赏价值，山水相映、环境优美，或有奇特的自然景观支撑，或有深厚的历史文化相映称，适合一些需要宁静地度过假期的游客。这类湖泊中，有些面积较大的湖泊旅游区，在条件允许的情况下，可以将湖泊观光和游船旅游有机结合起来，尤其是可以配备一些豪华游船，在游船上设置商店、美容厅、按摩室、蒸汽浴室、酒吧、娱乐室、游泳池、健身房、乐队、图书馆、电影院等；此外，还可以给每个船舱配备先进的视听设备、迷你吧和独立浴室以及各种使用方便的生活用品等，以使游客得到一次高级享受。乘游船旅游虽然速度慢、时间长，但是比较悠闲、舒适，整个游船像一个

"漂浮的旅馆"，很适合老年人和有充裕时间的游客。

(2) 休闲疗养湖泊度假旅游。

如果湖泊周围气候条件适合，湖区水面开阔、水质优良或拥有特殊的有益物质，则常常被用于开展度假旅游和各类休疗养项目。尤其是拥有温泉、冷泉等对于某些疾病有特殊疗效的湖泊，更有条件成为世界上著名的旅游度假区。如日本箱根的芦湖，周围温泉资源丰富，还有我国的千岛湖、广州南湖、昆明滇池、五大连池等，都成为度假旅游和休疗养的胜地。这类带有保健、康体性质的湖泊度假开发模式，除了要求湖泊区域本身的自然生态环境有益于旅游者身心健康外，也需要有一支高素质的专业服务人员队伍和先进的医疗设备设施，这样才能真正帮助旅游者通过湖泊度假改善身心状况。

(3) 体育训练及水上运动湖泊度假旅游。

当湖泊具有水体自净能力较强、不易受到污染，且水面开阔、深度适合的特点时，能够开展各种水上运动和岸上运动。这时，湖泊的主要旅游功能就是吸引水上运动的爱好者。这一类型的湖泊，既包括自然形成的湖泊，也包括为了蓄水发电、防洪、养殖、水上游乐等而挖掘的人工湖泊。水上体育旅游项目非常多，如水上跳伞、摩托艇冲浪、帆船、帆板、游泳、潜水、水上垂钓、皮划艇等。参加体育旅游，可以锻炼身体，恢复体力。近来，水上体育运动发展较快，水上体育运动项目越来越多，运动水平也越来越高。为了加强行业管理，国家体育总局成立了水上运动管理中心，下设好几个单项协会，如中国赛艇运动协会、中国皮划艇运动协会、中国帆船帆板运动协会、中国水下运动协会、中国滑水运动协会、中国摩托艇运动协会等。水上运动管理中心的成立促进了水上体育运动的发展，也带动了水上运动休闲度假旅游的发展。如北京昆明湖、南京玄武湖以及浙江千岛湖等，都是适合开展水上运动的湖泊旅游区。

(4) 特种湖泊度假旅游。

某些湖泊由于奇特的成因形成了特殊的湖底构造，有特殊的水生动植物，或有异常的现象发生，从而有特殊的研究价值，这对于探险者和科学考察者是不可抗拒的诱惑力，是开展探险考察旅游的难得之地。探险可以锻炼旅游者的意志和毅力，也可以增强旅游者解决各种困难的应变能力。开拓探险旅游一般不需要大规模投资建设旅游设施。还有一些有特殊兴趣和强烈自主性的旅游者，他们借助人力或机动交通工具，在特殊的湖泊旅游目的地或路线上实现其带有参与性或竞技性的个人体验。如潜艇旅游是近期发展起来的湖泊旅游项目，可以看到丰富多彩的湖底世界，新奇刺激。

(5) 综合度假湖泊旅游。

综合旅游开发模式是指充分挖掘湖泊的各类旅游资源，集观光、休闲、度假、运动、休疗养等功能为一体的开发模式。该类开发模式一般要求湖泊水域面积较大，水体自净能力较强，周围地形多样，生态环境良好，且地处经济发达地区，具备近邻客源市场的区位优势，交通进入性良好，还有较理想的城镇作游客接待的依托。美国和加拿大交界的五大湖区、韩国的庆州波门湖和我国的无锡太湖等，都采取的是这种综合度假旅游开发模式。由于度假产品主要吸引海内外停留时间长、消费水平高的旅游者，能充分发挥旅游设施的综合作用，经济效益高，因此，各主要湖泊旅游目的地纷纷建设各种旅游度假区或度假村、水上游乐公园以及娱乐场等。这些场所往往集度假、健身、观光、游览、娱乐、餐饮为一体，并且活动项目丰富多彩，除了游泳、跳水以外，还有豪华游艇、摩托艇、冲浪、水上竞技表演、牵引机飞行、拖曳伞飞行、高空缆车、直升机空中观光等，形成了一个全方位的立体水上休闲娱乐场所。

8.3.4 典型湖泊旅游景观欣赏

1. 世界文化景观——杭州西湖

(1) 简介。

西湖风景名胜区是国务院公布的首批国家重点风景名胜区、首批全国文明风景旅游区和国家5A级旅游景区，也是中国第41处世界遗产、东方文化名湖。西湖风景名胜区总面积为59.04平方千米（其中湖面6.5平方千米）。西湖是目前中国列入《世界遗产名录》的世界遗产中唯一一处湖泊类文化遗产，也是现今《世界遗产名录》中少数几个湖泊类遗产之一。西湖作为全球少数湖泊类世界文化遗产之一，具有非常鲜明的个性，填补了世界遗产中以突出"文化名湖"为主要价值特征的湖泊遗产空白，是对世界遗产类型的重要补充，对提升中国文化在世界的地位有积极作用。

(2) 世界遗产委员会评价。

自公元9世纪以来，西湖的湖光山色引得无数文人骚客、艺术大师吟咏兴叹、泼墨挥毫。景区内遍布庙宇、亭台、宝塔、园林，其间点缀着奇花异木、岸堤岛屿，为江南的杭州城增添了无限美景。数百年来，西湖景区对中国其他地区乃至日本和韩国的园林设计都产生了影响，在景观营造的文化传统中，西湖是对"天人合一"这一理想境界的最佳阐释。

(3) 地学旅游价值。

杭州西湖文化景观最核心的价值在于它是中国历代文化精英秉承"天人合一""寄情山水"的中国山水美学理论下所创造的景观设计杰出典范，它创始了"两堤三岛"的景观格局，拥有现存东方题名景观中最经典、最完整、最具影响力的杰出范例的"西湖十景"，展现了东方风景园林设计自13世纪以来讲求诗情画意的艺术风格，体现了中国农耕文明鼎盛时期文人士大夫在景观设计上的创造精神，是中国历史最长、影响最大的"文化名湖"。由此，它对18世纪的清代皇家园林和9世纪以来的中国、日本、朝鲜等东亚地区的景观设计和造园艺术均产生过明显的影响，在世界景观设计史上独树一帜，拥有重要地位。杭州西湖文化景观还以其自身的历史沿革——从南宋西湖十景、元代钱塘十景到清代雍正十八景、清代乾隆二十四景等，见证了东方文化体系中所特有的"题名景观"景观设计文化传统。

杭州西湖文化景观除了拥有中国古代景观史上的经典地位之外，在文化史上也拥有丰富的历史积淀。区内现存有上百处历史文化史迹，富有代表性，为中国传衍至今的佛教文化、道教文化以及忠孝、隐逸、藏书、茶禅与印学等古老、悠久的文化传统的发展与传承提供了特殊的见证，赋予了杭州西湖文化景观极为深厚的文化内涵。

(4) 旅游景观要素。

1) 自然山水。西湖自然山水由西湖的外湖、小南湖、西里湖、岳湖、北里湖五片水域与环抱于湖的北、西、南三面丘陵峰峦组成。它既是整个杭州西湖文化景观基本的自然载体，也是景观的组成要素。这一人与自然的互动过程，充分验证了杭州西湖文化景观是千年来中国传统文化精英的"精神家园"，也是中国各阶层人们世代向往的"人间天堂"。它以寄情山水的文化特性引发了数量特别巨大的文学和艺术作品，具有显著的关联性。

2) 城湖空间特征。西湖的周围空间自12世纪以来就形成了三面环山、一面临城的城湖历史关系，并传衍至今，呈现为杭州西湖文化景观极为独特的"三面云山一面城"的空间特征。

3) "两堤三岛"景观格局。"两堤三岛"是由9—19世纪期间通过多次西湖疏浚工程逐渐形成的人工产物白堤、苏堤和小瀛洲、湖心亭、阮公墩共同组成，分布于整个西湖水域，形成了一系列独特而丰富的大尺度景观观赏层次，是杭州西湖文化景观具有整体架构作用和广泛影响力的景观要素。

4) "西湖十景"。"西湖十景"是创始于南宋（13世纪），并持续演变至今的10个命名诗意的系列景观单元：苏堤春晓、曲院风荷、平湖秋月、断桥残雪、花港观鱼、柳浪闻莺、三潭印月、双峰插云、雷峰夕照、南屏晚钟。它们以世代传衍的特定观赏场所和视域范围，或依托于文物古迹，或借助于自然风光，呈现出系列型的观赏主题和情感关联，分布于西湖水域及其周边地带，是"自然与人的联合作品"，属于中国原创的山水美学景观设计传统"题名景观"留存至今的最经典、最完整、最具影响力的作品，并具有突出的文化关联特性，是杭州西湖文化景观中最具创造性和艺术典范价值的核心要素。

5) 西湖文化史迹。杭州西湖文化景观在上千年的持续演变过程中，由于政治、历史、区位的原因，更因其特有的吸引力和文化魅力，融汇和吸附了大量的中国儒释道主流文化的各类史迹，在现存上百处文化史迹中最具代表性的有14处：雷峰塔遗址、六和塔、净慈寺、灵隐寺、飞来峰造像、岳飞墓（庙）、文澜阁、抱朴道院、钱塘门遗址、清行宫遗址、舞鹤赋刻石、林逋墓、西泠印社、龙井。它们分布于湖畔周围与群山之中，承载了特别深厚和丰富多样的文化与传统，成为杭州西湖文化景观作为"文化名湖"的支撑要素。

6) 西湖特色植物。杭州西湖文化景观在植物特征上具有悠久历史和突出文化象征含义的特色植物有：始于宋代（11—13世纪）并传衍至今的沿西湖堤、岸间种桃、柳的特色景致，与"西湖十景"的四季观赏特征相应的春桃、夏荷、秋桂、冬梅，以及分布于湖西群山中承载了中国茶禅文化重要价值的传统龙井茶园及其景观。

2. 高原明珠——洱海

(1) 简介。

洱海，古代文献中曾称为叶榆泽、昆弥川、西洱河、西二河等，位于云南大理郊区，为云南省第二大淡水湖。洱海北起洱源，长约42.58千米，东西最大宽度9.0千米，湖面面积256.5平方千米，平均湖深10米，最大湖深达20米。洱海是大理"风花雪月"四景之一"洱海月"之所在，据说因形状像一个耳朵而取名为"洱海"。洱海水质优良，水产资源丰富,同时也是一个有着旖旎风光的风景区。洱海虽然称之为海,但其实是一个湖泊,据说是因为云南深居内陆,白族人民为表示对海的向往,所以称之为洱海。

(2) 秀丽风光。

洱海旅游资源的开发过程中,仰仗的是大理的悠久历史和白族的传统文化,并以苍山国家地质公园为大背景,形成了富有自然、人文气息的旅游环境,提升了原有旅游资源和旅游产品的品位,并以较为稳健的步伐开发出了以"大理风光一日游""白族三道茶""环洱海游"等为代表的旅游产品。

在风平浪静的日子里泛舟洱海,那干净透明的湖面宛如蓝天,给人以宁静而悠远的感受,让人领略那"船在碧波漂,人在画中游"的诗画一般的意境。湖内有"三岛""四洲""五湖""九曲"之胜景。三岛是金梭岛、赤文岛、天儿岛;四洲是青莎鼻、大贯础、鸳鸯、马帘;五湖是南塘湖、北塘湖、联株湖、龙湖、波洲湖;九曲是莲花曲、大激曲、皤肌曲、鹤矗曲、凤翼曲、萝肘曲、牛角曲、波作曲、高岩曲。洱海还有许多美丽的海湾,其中较大的有海东湾、挖色湾、康榔湾、双榔湾。尤其海中"三岛"使洱海变得更加绮丽。

1962 年 1 月,著名作家曹靖华游过大理之后,对大理的风、花、雪、月四景感慨万千,赋留风花雪月诗一首。

上关花,下关风,下关风吹上关花;

苍山雪,洱海月,洱海月照苍山雪。

洱海月是大理四大名景之一。明代诗人冯时可在《滇西记略》说洱海之奇在于"日月与星,比别处倍大而更明"。如果在农历十五,月明之夜泛舟洱海,其月格外的亮、格外的圆,其景令人心醉。水中,月圆如轮,浮光摇金;天空、玉镜高悬,清辉灿灿,仿佛刚从洱海中出浴。水天辉映,分不清是天月掉海,还是海月升天。此外,洱海月之所以著名,还在于洁白无瑕的苍山雪倒映在洱海中,与冰清玉洁的洱海月交相辉映,构成银苍玉洱的一大奇观。

3. 国家旅游名片——青海湖景区

(1) 简介。

青海湖是我国最大的内陆咸水湖,是青藏高原生物多样性的宝库。景区自然景观优美,加上草原、牛羊、清新的空气,配上特有的文化底蕴、夏秋宜人的气候资源,是自然观光、休闲度假、疗养康复、体育旅游的胜地。青海湖不仅是我国最大的内陆湖,也是世界上面积最大的高海拔湖泊之一。青海湖东西长约 106 千米,南北宽约 63 千米,湖周长 325 千米,储水量 742 亿立方米,最大水深 29.7 米,平均水深 17.7 米,形状似梨形。

青海湖为一新构造断陷湖,2 亿年前,这里属于古地中海的一部分,称为特提斯古海。成湖初期,青海湖属于外流淡水湖,与古黄河相通。随着青藏高原的强烈隆升,青海湖地区发生了一次强烈块断差异升降运动,湖区构造洼地下沉,形成构造断陷湖,四周强烈隆升导致日月山的隆起,堵塞了倒淌河注入黄河的出水口,倒淌河水随之由东向西流入青海湖,湖底矿物质长期受到侵蚀,不断融入其中,因而使湖水逐步咸化,成为咸水湖。

(2) 地学旅游资源特点与类型。

青海湖景区旅游资源是典型的青藏高原旅游的缩影,这里有得天独厚的高原自然景观和人文景观,还有风情浓郁的少数民族风情。景区有我国最美的湖泊——青海湖、"候鸟王国"——鸟岛、我国第一颗原子弹和氢弹的研制基地——原子城、名曲《在那遥远的地方》的诞生地——金银滩草原、西汉王莽秉政时期所设的三角城遗址——西海郡、众多的宗教寺院及宗教活动、具有浓郁藏族特色的民族风情、昆仑神话传说故事等一大批丰富的旅游资源。这些旅游资源具有类型多、品位高、功能齐、特色浓和原始性、神秘性、多样性、生态性兼容的特点。

青海湖景区艺术观赏价值主要体现在古、美、奇、特等方面。所谓古,是指景象的历史源远流长。青海湖景区历史文化沉淀深厚,各处历史遗迹、古遗址、岩画、石刻、寺院均具有悠久的历史,给人一种怀古、高雅的艺术享受。所谓美,就是旅游资源给人以美感。青海湖景区环山抱水,碧波荡漾,群鸟戏飞,草原广阔,牛羊遍地,草原藏族风情浓郁,民风淳厚。这里很多地区很少被人类"雕塑"和"改造"过,保留着大自然的本来面目,其地表形态、湖泊、草原、青山、河流、岛屿、沙地、牛羊、油菜花共同构成了一幅美妙的天然画卷,给人以原始、粗犷的自然美感受。少数民族服饰、生活习俗、住房建筑、寺院布局又使游人感受到独特的风情美和自然美。所谓奇,就是给人以新奇之感。青海湖鸟岛虽然只是弹丸之地,但最多时可云集十万余只候鸟,岛上飞鸟熙熙攘攘、遮天蔽日,是青海湖上的一大奇观。日月山不仅是青海农业区和牧业区的分界线,而且也是我国季风区和非季风区、外流区域和内流区域的分界线,是我国著名的自然地理分界线,它两侧截然不同的自然景观使人非常惊奇于大自然的变幻。在原子城,游客会惊叹于中国的科学家们竟然能在当时那么恶劣的环境和艰苦的工作条件下,满怀着爱国报国精神在最短时间内制造出中国第一颗原子弹和氢弹。融藏汉建筑风格为一体的宗教寺院及其宗教活动等众多特色十足的旅游资源,都给人以奇异的吸引力,可以使游人的好奇心得到极大的满足。所谓特,是指独有或与众不同。青海湖是中国最大的内陆湖泊,原子城是我国第一个核武器研制基地,鸟岛是我国八大鸟类自然保护区之首,青海湖沙岛是国内最大的沙雕地,这些均是青海湖景区独有的垄断性旅游资源,在国内甚至在世界旅游资源中都是难得一见的。

(3) 主要旅游景区。

二郎剑景区位于青海湖南岸,之前又被称为151基地,是中国第一个鱼雷发射试验基地,是环青海湖的旅游接待基地、民族风情体验基地。二郎剑景区以在青海湖中的特殊地理位置,以及草原、沙滩、动物为主的自然生态资源,成为青海湖旅游区的一颗明珠。二郎剑景区定位是"服务人的地方",已经建成了以观鸟台、观海桥、观海亭为组合的观赏区,以大型民族歌舞、藏族风情园等旅游项目为组合的休闲区,以游轮、水上摩托、水上自行车、自驾游艇为活动内容的水上娱乐区。

鸟岛景区又名小西山或蛋岛(因鸟蛋遍地故名),位于青海湖西岸、布哈河口以北4 000米处。岛的东头大,西头窄长,形似蝌蚪,全长1 500米,1978年以后,北、西、南三面湖底外露与陆地连在一起。鸟岛因岛上栖息数以十万计的候鸟而得名,是青海湖畔具有灵气和生机的地方。每年4月到6月间，有近十万只候鸟陆续迁徙到这里繁衍生息，是青海湖一大奇观。为了保护鸟类的世袭领地不受干扰，同时保证更多的游人可以近距离观鸟，鸟岛新建了集观鸟室、休息室、咖啡厅、多媒体展示厅为一体的多功能半掩体观鸟室，掩体通道长443米，建筑面积2 800平方米。

沙岛景区位于青海湖东北岸，景区内金沙湾、银沙湾相依相伴，太阳湖、月牙湖、芦苇湖点缀其间，金沙、银沙交相辉映，海鸟成群。水上游艇、滑沙、沙滩摩托、沙滩越野、骑马、骑骆驼是沙岛景区的特色旅游体验项目。

仙女湾景区位于青海湖北岸，是青海湖重要的湿地，也是藏族传统的祭海圣地。这里动植物品种繁多，湿地景观独具特色，是数十种鸟类钟爱的迁徙栖息之地，是天鹅的家园。

4. "人间仙境、神的花园"——喀纳斯湖

（1）简介。

喀纳斯湖是国家5A级旅游景区、国家地质公园、国家森林公园、中国自然保护区、国家自然遗产、全国低碳旅游实验区、中国最美湖泊，喀纳斯湖雪峰耸峙，绿坡墨林，湖光山色，美不胜收，被誉为"人间仙境、神的花园"。

"喀纳斯"是蒙古语，意为"美丽而神秘的湖"。喀纳斯湖位于新疆维吾尔自治区阿勒泰地区布尔津县北部，湖水来自奎屯、友谊峰等山的冰川融水和当地降水，湖面海拔1 374米，面积45.73平方千米，湖深188.5米，蓄水量达53.8亿立方米，是中国最深的冰碛堰塞湖，也是一个坐落在阿尔泰深山密林中的高山湖泊、内陆淡水湖。

（2）主要地学旅游资源。

驼颈湾位于喀纳斯湖南面1千米处，是喀纳斯湖的入水口，位于喀纳斯河发源地。喀纳斯河在这里形成了一个恰似驼颈的大拐弯，由南东转向南西，后又转向东，河流弯急谷深，水流湍急，在第一拐弯的起始处有一梭形的河心洲，在第二拐弯处形成了急流滩。河东岸为草甸，河西岸为原始森林。

变色湖位于喀纳斯湖中央。春夏时节，湖水会随着季节和天气的变化而变换颜色。从每年的四五月间开化到11月冰雪封湖，湖水在不同的季节呈现出不同的色彩。5月，冰雪消融，湖水幽暗，呈青灰色；到了6月，湖水随周山的植物泛绿，呈浅绿或碧蓝色；7月以后为洪水期，上游白湖的白色湖水大量补给，湖水由碧绿色变成微带蓝绿的乳白色；到了8月，湖水受降雨的影响，呈现出墨绿色；进入9、10月，湖水的补给明显减少，周围的植物色彩斑斓，一池翡翠色的湖水光彩夺目。

卧龙湾处在布尔津县去喀纳斯的途中，距县城140千米，是喀纳斯湖的排水口，面积约9公顷，河湾中心是一块植物茂盛的沙洲，酷似一条静卧在水中的巨龙，卧龙湾因此得名。湖四周森林茂密，湖的进水处巨石抵中，湖的泄水口有座木桥飞架东西，站在桥上向北看是如镜的卧龙湾，向南看是奔腾的喀纳斯河。

观鱼台是喀纳斯的必游点，始建于1987年。登观鱼台是喀纳斯旅游行程中最后的景点。不登观鱼台，不足以领略喀纳斯极致的美景。

8.4 温泉旅游景观欣赏

温泉旅游作为新兴的旅游主题，是温泉养生功能与休闲度假旅游的完美融合，具有低碳环保、疗养保健、治病延年、适宜多次消费、拓展旅游时间等特点，延伸产业多、带动能力强、发展潜力大，被誉为"朝阳产业中的朝阳"。温泉旅游将成为未来最盛行的旅游方式之一，同时也将逐步成为人们的一种生活方式。

8.4.1 中国发展温泉旅游的优势

1. 温泉资源丰富、类型多样、分布广泛

我国的温泉资源非常丰富，由于地处亚欧板块东部，在大陆板块运动特别是华夏和新华夏运动中受来自南面印度－澳大利亚板块及东面太平洋板块的冲击，形成了我国云南及台湾地区的高温温泉集中区，而其他地区的温泉则多是由于构造运动随着地质断层及地质破碎带的出现而形成的。

从分布区域来看，除我国台湾地区、广东、云南温泉资源最为丰富外，北京、天津、重庆、四川、西藏、内蒙古、福建、山东、河南、江西、湖南等省（市、自治区）均有温泉并已投资开发，其中既有山林温泉，也有海岛温泉。

据统计，我国自然出露的温泉数有 2 200 余处（按通常标准，水温不低于 25 摄氏度的泉水方可称为温泉，故未将低于 25 摄氏度的泉水统计在内）。如果加上人工出露的温泉数量，以及虽低于 25 摄氏度但根据其化学成分可被视作温泉和矿泉开发利用的泉水，那么，我国的温泉及温泉井可达 5 300 余处（眼）。随着勘探和钻井技术的提高，温泉资源的数量还会不断增加。

2. 随着中国经济的迅猛发展，民众对温泉旅游的消费需求旺盛

近年来，随着国家对房地产的宏观调控，集休闲度假和健康养生于一体的温泉旅游早已成为发展的热点。部分城市居民在收入增长、投资市场偏窄的情况下，将目光转向了养生保健、娱乐休闲，因此，我国温泉旅游业投资以年均 10% 左右的速度递增。随着温泉市场热度的提升，人均消费水平也不断提高。2012—2018 年，我国温泉旅游产品消费规模从 103 亿元增长到 266 亿元，2018 年复合增长率达到 20.9%。截至 2019 年，文化和旅游部宣布的 30 个国家级旅游度假区中，以温泉为主题的旅游度假区有 4 个，这也充分说明温泉在国家旅游度假形态中所占的地位。

8.4.2 温泉旅游的发展阶段

我国温泉旅游的发展共经历五个阶段，由最初的工人温泉疗养院到现在的温泉景区、主题温泉等产品，其在产品形式、产品定位等方面都更加丰富，能充分满足用户的需求。

第一阶段，中华人民共和国成立至改革开放时期为以公休疗养形式出现的温泉疗养阶段，政府机构、企事业单位、专业工会、部队、厂矿等在温泉地建立各种工人温泉疗养院。

这个时期多为室内温泉，尚不具备温泉度假的功能。

第二阶段，20世纪80年代初至90年代中期为由公费休养性质转变到休闲度假性质的温泉沐浴阶段。随着社会主义市场经济体制的建立、旅游业的发展和医疗制度的改革，人们对休闲、娱乐、保健等旅游的需求逐步增加，部分疗养院开始对外开放，温泉地由休疗养逐渐向休闲度假旅游发展，一批集观光、度假、休闲、娱乐、保健、会议为一体的多功能温泉度假区开始出现。该阶段的温泉度假以室内温泉为主，以温泉宾馆和温泉医院为主要开发形式，休闲因素开始初步融入温泉开发，标志着我国温泉旅游事业开始真正的发展。

第三阶段，20世纪90年代中期开始至20世纪末为以综合性的旅游休闲活动聚集形成的温泉度假旅游阶段。20世纪90年代以来，随着我国旅游业逐渐由观光旅游向休闲度假旅游转变，以观光娱乐、休闲度假、保健疗养等功能为主的大型综合温泉度假区（度假村、度假城）在全国特别是南方地区不断涌现，温泉度假开发开始成为一种热潮，标志着我国温泉利用步入一个新的阶段。这个阶段温泉度假以较大型的温泉度假村、度假城为开发形式，除继续深入开发保健功能外，更加突出休闲功能。如建设个性化的温泉池，提供专业的美容和理疗服务，建设设备精良的健身馆和其他体育运动场地，提供专业健身教练等，呈现出规模大、功能复合、注重环境氛围的营造、旅游设施和旅游项目配套齐全、档次高、温泉形态和产品多样化、游客类型多样化、开发投资模式多样化等特点。

第四阶段，21世纪初的10年为从以休闲旅游为主向以温泉养生度假为主转变的阶段。健康是全人类的共同追求，随着人们生活水平的提高，科学的休闲养生概念也被提到空前高度，休闲养生成为人们的生活时尚。健康投资作为温泉度假的价值所在，已经成为该阶段温泉度假的重要消费理念。

第五阶段，2010年以后，温泉度假百花齐放。此阶段的温泉市场呈现多元化的格局，温泉市场日益细分，提供的服务更加专业，产品模式和形式更具多样化。

8.4.3 我国温泉旅游的发展趋势

1. 温泉成为休闲度假旅游的重要基础资源

随着我国经济的持续发展和人们旅游观念的不断变化，旅游业正从观光旅游向休闲度假旅游转变，国内的休闲度假旅游需求快速增长。随着休闲度假市场的快速发展，温泉产品因为自身的诸多优势走在休闲度假旅游的前列。基于温泉资源基础开发的温泉旅游综合体是一种完全不同于观光旅游的新兴产品类型，可以满足旅游者对休闲度假的需求。温泉旅游集旅游、休闲、健身、娱乐于一体，成为休闲度假旅游的一大热点。

2. 温泉旅游规模持续上升

伴随着中国经济的持续稳定增长，日益富裕的消费者对温泉旅游的消费能力大幅提升，温泉消费群体的规模呈加速上升趋势，直接促成近年来国内温泉旅游行业快速发展的市场景象。温泉旅游投资规模日益扩大，旅游产业的综合功能越来越为各级政府所认识，旅游业的发展显示出促进经济社会全面协调可持续发展、推动产业结构优化升级、推动消费和扩大内需等特殊功能，加大旅游投入成为各地普遍性的认识。目前，我国大部分省（市、自治区）都对旅游业做出了明确的战略定位。各地密集出台的旅游产业发展政策是对国家旅游产业政策的有力实践，并形成了强力支撑。旅游业已成为全球最大的新兴产业之一，而温泉旅游业则是新兴产业中的朝阳产业，温泉旅游投资在全国各地成为旅游投资的重点领域。

3. 行业发展逐步规范化

随着我国温泉旅游产业的蓬勃发展，以假乱真、以次充好、行业标准和监管力度缺失等问题逐渐显现，影响着整个行业的健康持续发展。温泉旅游行业的规范化、标准化和协调沟通问题正受到业界的高度关注。2009年6月18日，中国旅游协会温泉旅游分会成立，会员单位有150多家，遍布全国各温泉省份。分会在指导温泉旅游行业健康发展、制定行业标准等方面发挥着积极的作用。2011年，国家旅游局发布的《温泉企业服务质量等级划分与评定》提出了对温泉企业的泉质要求、温泉水质卫生要求和经营场所的空气质量要求，明确了星级的划分条件、服务质量和运营规范，并开展了多期温泉行业标准培训，有力地促进了温泉旅游行业的健康发展。

8.4.4 典型的国家级温泉旅游度假区

1. 南京汤山温泉旅游度假区

南京汤山温泉旅游度假区位于南京市江宁区汤山街道，规划面积29.74平方千米，是集碑、泉、洞、湖、寺为一体，融人文景观与自然风光为一体的国家级旅游度假区。汤山温泉旅游度假区是世界著名的温泉疗养区，居中国四大温泉疗养区之首，是中国唯一获得欧洲、日本温泉水质国际双认证的温泉，有"千年圣汤，养生天堂"之美誉。

汤山，古名"温泉"，因温泉而得名，已有1 500多年的历史。千年前，汤山温泉就曾于南北朝萧梁时期成为皇家的御用温泉。自南朝以来，众多达官显宦、文人雅士来此游览沐浴，南北朝萧梁时期被皇帝封为"圣泉"。汤山温泉日出水量5千吨，常年水温60~65摄氏度，含30多种矿物质和微量元素，对皮肤病、关节炎、风湿、高血压等多种顽疾疗效显著，最适合发展温泉疗养、健身娱乐、温泉度假等项目。

汤山温泉度假区2008年1月被国土资源部授予"中国温泉开发利用示范区"称号；2008年10月被评为"中国十大温泉休闲基地"；2010年10月被评为"中国最佳休闲温泉"；2011年11月被评为"中国十大休闲胜地"；2011年12月被评为"中国温泉之乡"；2012年10月被授予"世界著名温泉小镇"称号；2014年被评为"中国最佳休闲度假旅游目的地"；2015年10月成为首批国家级旅游度假区。

2. 灰汤温泉国际旅游度假区

度假区地处宁乡市西南与湘乡市交界处，位于中国著名的长沙—花明楼—韶山这一红色旅游线上。由于灰汤锅子塘中有温泉的掺入，冬春季节塘水不冷，适宜动植物生长，久而久之，在塘底沉积了较多的灰色淤泥，又由于池塘东北部有热水涌出并伴有大量色白如玉的气泡冒出，所以池塘被当地人叫作"灰汤锅子"，温泉被叫作"汤泉""沸玉泉"。又由于三国时蜀国宰相蒋琬在此饮过马，所以也叫"饮马泉"。

灰汤温泉属高温碱性,矿化度为 0.222~0.32 每升,含有对人体有益的钼、铜、锌等 29 种微量元素,素有"天然药泉"之称,对治疗多种皮肤病及关节炎等慢性疾病有奇效。据当地医疗部门对近 4 万例患者临床观察,温泉具有消炎、镇静、安神、调节生理机能、改善心血管功能等药物无法替代的神奇功效,对运动消化、血液循环、神经系统的多种慢性疾病具有独特的疗效。它既是宝贵的热能资源,又是一种难得的医用矿泉水。又因汤泉中含有氡气,地震研究科学家们可依据氡气的变化,为预测、预报地震提供可靠的依据。

3. 尧山温泉旅游度假区

尧山温泉坐落于河南省尧山大佛风景区内,投资规模大、规划档次高、综合配套设施齐备,是集温泉养生、特色餐饮、康体保健于一体的"佛禅"主题文化养生汤泉。

8.5 海洋旅游景观欣赏

我国是海洋资源大国,近年来旅游行业蓬勃发展,海洋旅游逐渐成为重要的旅游资源。从目前全球范围内旅游行业格局来看,现代化旅游行业对旅游资源的要求相对严格,更倾向于展现个性,并尽可能地提供大量挑战自我的项目。同时,海洋旅游行业受自身旅游资源独特性的影响,受到越来越多现代旅游者的关注及重视,而如何妥善合理地开发海洋旅游资源,成为现代化休闲旅游资源开发行业的热点问题。积极主动地寻求海洋旅游资源的开发道路,可促进海洋经济及社会经济的持续发展。

8.5.1 海洋旅游资源的类型

根据海洋旅游资源的特点,参照旅游资源分类的国家标准体系,结合前人的研究成果,可将海洋旅游资源划分为自然和人文两个主类,进一步划分为地、水、生、天、遗、建、商、人八个亚类,共 60 个基本类型,如表 8-2 所示。

表 8-2 海洋旅游资源的分类

主类	亚类	基本类型
自然海洋旅游资源	地文景观	沿海山丘、海底山脉、海底火山、海震、海岛、洞穴、海底矿产、峡谷、沙滩、礁石、奇特山石、地质遗迹、生物化石
	海水景观	海浪、涌潮、水质、暗河、涡流、沼泽、冰海
	生物景观	滨海生物、浮游生物、浅海生物、中海生物、深海生物、海生生物栖息地、生物自产物、海生生物迁移景观
	天象气候	海市蜃楼、海上日月星辰、光环云雾观测点、物候景观、海上冰山
人文海洋旅游资源	遗迹遗址	古代航海文化遗址遗迹、海战遗址遗迹、海洋城市遗址遗迹、海洋古籍文献
	建筑设施	灯塔、港口、庙会、鱼市、海洋工业、运输业、各类海洋场馆、海洋宗教场所
	旅游商品	海鲜产品、海产药草、海洋工艺品、海洋旅游日用品、娱乐休闲用品、海洋纪念品
	人文活动	渔民生活、航海文化、滨海习俗、海洋节庆、海洋体育活动、传统技艺、海洋知识、海洋文学作品、海洋会展、表演、科学考察

8.5.2 海洋旅游产品

结合国际海洋旅游产品开发现状，我国海洋旅游可开发产品可归纳为纵横两大体系：一是由水上模块、陆地模块、水陆兼容模块及空中模块组成的空间立体交叉板块体系；二是由海洋观光、海洋休闲、滨海度假等常规旅游产品和各种专项海洋旅游产品所构成的产品功能平行互补体系，如表8-3所示。

表8-3 我国海洋旅游产品体系

模块	类型	产品	市场
水体产品	观光类	海上旅游产品：观光巡游、海上观岛…… 海岛旅游产品：海岛观光、海岛生态观光…… 远洋旅游产品：海洋风光游……	各类旅游群体
水体产品	竞技类	水上旅游产品：水上摩托车、水上单车、水上打靶、水上飞机、帆船、快艇、冲浪…… 海底旅游产品：潜水、潜航、海底探奇……	年轻一族
水体产品	休闲度假类	海岛旅游产品：岛礁垂钓、海岛垂钓…… 海岸线旅游产品：海岸垂钓…… 近海旅游产品：赶海、出海捕鱼……	都市白领、退休人群、垂钓爱好者
水体产品	高科技	海底观光、远洋游、海底观光隧道……	学生及有关科研人员
陆地产品	观光类	海滨自然风光游、海洋工业游（如港口参观）、鸟类观赏、观潮探秘、体验性观光航运业、渔人码头游、野外漫游……	各类旅游群体
陆地产品	人文类	历史人文型：自然保护区游、海洋名胜古迹游、海洋历史遗迹游…… 民风民俗型：海岛民俗游、海洋宗教文化游（观看海洋宗教祭奠）、渔家民俗游…… 科普知识型：海洋博物馆游、海洋生物馆、海洋科技馆、海洋文化游、海洋书市、渔业博物院、海洋夏令营…… 商务娱乐型：海洋商务游、沙雕游、海洋公园游……	各类旅游群体
陆地产品	休闲度假类	健康疗养型：营养药膳、温泉浴、海水浴、沙滩日光浴、泥浴、沙浴、气功疗养…… 娱乐活动型：高尔夫、马术、海滩拾贝、听潮…… 度假型：渔乡风情游、海上丝路游、海洋生态游……	都市白领人群、商业活动组织者
陆地产品	竞技类	各种沙滩球类运动、沙滩拔河、跳伞、滑沙、摔跤、足球、排球、健美操、射击……	学生族
陆地产品	节庆类	海洋节、海洋饮食文化……	各类旅游人群
陆地产品	纪念品类	海洋土特产和工艺美术品，如海贝、奇石、珍珠……	各类旅游人群
陆地产品	购物类餐饮类	海洋水产品、海洋保健品、鲜活海鲜……	各类旅游人群
陆地产品	高端消费类	海滨房产、海洋景观房产……	高端消费群体

续表

模块	类型	产品	市场
水陆兼容产品	娱乐和科考类	渔家乐、水下考古……	学生及科研群体
空中产品	竞技与探险类	空中览海、热气球、滑翔艇、蹦极、海上跳伞……	年轻人群

8.5.3 典型海洋旅游景观欣赏

海洋景观旅游资源系统是与海洋有关（含海岛、海岸）的具有旅游价值的资源系统。"洋"是海洋的主体，"海"是海洋的边缘部分。从海岸到大洋依次出现海滩（潮间带）、大陆架、大陆坡、大陆隆、海沟、深海盆地及洋中脊等海洋地貌单元。海洋根据所处的不同位置可分为内陆海、陆缘海、陆间海、闭海、残海、大洋等。海洋在不同的气候条件，有不同的海岸地貌景观、不同的海岸滩涂景观，不同的海洋物理化学条件与生物条件便形成了一个不同类型、功能各异、景观万千的海洋旅游资源系统。

1. 北戴河

北戴河景区地处秦皇岛市北戴河区东部沿海，东北至鸽子窝公园，是著名的观鸟胜地，被誉为"观鸟的麦加"，是国家 4A 级旅游景区。戴河、恒河等入海口形成的泥滩、潟湖以及滞缓的河道，被国际湿地保护公约命名为"北戴河湿地"，并受到国家保护。良好的生态环境，使这里成为鸟类的乐园，成为从西伯利亚、中国北部与中国南部、菲律宾、澳大利亚之间迁徙的候鸟的一个驿站。春秋两季，候鸟迁徙，丹顶鹤、白鹳等成群结队从空中飞过，且飞且鸣，成为一大奇观。春夏之交，鸽子窝一带的大潮坪、滩涂，到处可看到鸟群觅食，悠闲自在，怡然自得。

北戴河鸽子窝公园又称鹰角公园。由于地层断裂所形成的临海悬崖上有一巨石形似雄鹰屹立，故名鹰角石。该石高 20 余米，过去常有成群的鸽子或朝暮相聚或窝于石缝之中，鸽子窝因此得名。鸽子窝公园是观赏海上日出的最佳之处，每逢夏日清晨，这里云集数万名游客观赏"红日浴海"的奇景。1985 年，在园内东南临海崖顶处，建起了一条 50 米长的仿古建筑——望海长廊，廊内彩绘了 100 多幅传统壁画。长廊南部建有书阁，专供名人名家及游客题诗作画之用，书阁的西侧建有碑廊和碑亭。公园西海滩有人工湖一座，湖中水榭曲桥、亭子等是游客休憩、游玩的场所。公园内放养着 600 余只广场鸽，可同游客戏耍、合影。立长廊，观沧海，赏红日喷薄欲出，看海上渔帆点点，鸽子窝公园定会使游客青睐有加。

联峰山景区位于北戴河海滨风景区西部，因状似莲蓬，故又名莲蓬山。其傍海东西横列 5 千米，恰似大海的锦绣屏风。联峰山山峦俊秀，林深谷幽，奇石怪洞，比比皆是。各式楼房别墅，掩映在松涛之中，别有情趣。联峰山景区山海相映、花木繁茂、幽雅恬静、如诗如画，古今游人多有吟咏。

怪楼奇园位于北戴河海滨黑石路上，园名是我国著名漫画家华君武所题，它是根据闻名遐迩的北戴河海滨东山园艺场院内的老怪楼的建筑风格兴建的，承历史之精华，博彩园内外景点之长处，结合奇与怪的新构思，共设置奇景、怪景 99 处。怪楼内有山石瀑布、楼道索桥、多门多屋，真假难辨；人身怪兽，天外来客，巨石灯罩，美人戏水；水晶宫晶莹剔透；镜中有缘，倒行逆施；奇园中青松翠柏、绿树成荫、百花齐放、百鸟争鸣、叠水涌泉、暗道通幽，使人感到奇趣横生。在这个迷幻多彩的世界里，亦真亦幻的感觉时刻相伴，仿佛置身在多姿多彩的童话世界，令人童趣大发，乐不思归。

怪楼中可以走钢丝、踏花桩，其乐无穷；步一百单八登，随仙人过海，步嫦娥奔月，抚金龙盘柱，直上"刺云天"，秀丽风光尽收眼底。奇园内可以走发音路，听奇桶声；在芳沁架下，乘凉品磨；与仙人会棋，共研残局。夏日夜晚，可以观赏火树银花的夜园，欣赏彩色喷泉、发光巨石，令人目不暇接。

2002 年 4 月，经国家体育总局，并征得第二十九届奥运会组委会同意，秦皇岛市为奥运会建设滨海大道，并冠以"奥林匹克大道"名称。奥林匹克大道位于北戴河旅游度假区的中心地带，南起中海滩的月季园，北至滨海大道的鸽子窝海滩，长 3 千米、宽 90 米的步行主体大街是全国唯一的以奥林匹克命名的街道。北戴河区委、区政府决定在奥林匹克大道东侧建设奥林匹克公园。

奥林匹克公园以科技奥运、人文奥运、绿色奥运为设计理念，通过浮雕、雕像、喷泉、冠军手足印等多种形式展现奥运发展史，成为人们健身、娱乐、观赏的精神乐园。公园建有集速度轮滑、轮滑球、花样轮滑、平地花式等为一体的国际标准化轮滑场地，还有适合不同年龄人群活动的各种球类、棋类等体育、休闲配套服务设施。

公园主要景观有主题雕像、音乐喷泉、单体雕像、奥林匹克浮雕墙（全长 312.61 米，均高 2.7 米，采用珍珠黑花岗岩石材雕刻，无论展示规模、形式以及内容均为世界仅有），以及 30 位在奥运会获得冠军的中国运动员的掌印、足印及签名，生动地展示了奥林匹克发展史，弘扬了奥林匹克精神。

2. 舟山群岛沿岸

舟山群岛是中国最大的群岛，位于杭州湾东面，上海市东南，宁波市东北，由超过 1 390 个大小岛屿组成。舟山群岛相当于中国海岛总数的 20%，分布海域面积 22 000 平方千米，主要岛屿有舟山岛、衢山岛、六横岛、岱山岛、朱家尖岛、金塘岛、鼠浪湖岛、鲁家峙岛等。其中，1 平方千米以上的岛屿 58 个，占该群岛总面积的 96.9%。

舟山群岛风光秀丽，气候宜人。这里秀岩嶙峋，奇石林立，异礁遍布，拥有两个国家海上一级风景区。著名岛景有海天佛国普陀山、海上雁荡朱家尖、海上蓬莱岱山等。东海观音山峰峦叠翠，山上山下美景相连，人称东海第二佛教名山。岛上奇岩异洞随处可见，山峰终年云雾笼罩。枸记山岛巨石耸立，摩崖石刻处处可见；黄龙岛上有两块奇石，如同两块元宝落在山崖；大洋山岛溪流穿洞而过，水声潺潺，美丽的景点数不胜数。

桃花岛是舟山群岛的主要景区之一，主要景点有塔湾金沙、安期峰、大佛岩、悬鹁鸪岛、海岛植物园等。

思考题

1. 举例说明河流旅游产品的开发途径。
2. 结合实例谈谈湖泊自然风景体系及其游憩管理。

3. 分析黄果树瀑布旅游景区存在的问题及对策。
4. 谈谈外国温泉旅游产业发展及对我国的启示。
5. 谈谈我国海洋旅游业存在的问题及对策。

推荐阅读书目

［1］陈诗才. 自然风景旅游［M］. 北京：地震出版社，1993.

［2］曹诗图，胡绍华，阚如良. 长江三峡区域旅游发展研究［M］. 武汉：长江出版社，2007.

［3］姜文来. 水资源价值论［M］. 北京：科学出版社，1999.

［4］乔清举. 河流的文化生命［M］. 郑州：黄河水利出版社，2007.

［5］谭见安. 温泉旅游之科学［M］. 北京：中国建筑工业出版社，2011.

［6］吴必虎. 区域旅游规划原理［M］. 北京：中国旅游出版社，2001.

［7］谢彦君. 基础旅游学［M］. 3版. 北京：中国旅游出版社，2011.

第 9 章

气候气象旅游景观欣赏

本章概要

本章首先介绍了气候气象旅游景观的类型、特点、时空差异和地学美学，分析了宜人气候的特征，并选择了江南烟雨、中国凉都六盘水为气候景观的代表进行了欣赏；其次阐释了冰雪旅游景观文化、冰雪旅游概念及特征和类型，简要介绍了中国十大冰雪旅游胜地的特点；最后叙述了冰川旅游景观的概念、形成过程、冰川运动及其作用，并介绍了中国冰川概况和中国最美的六大冰川。

关键性词语

气候天象、宜人气候、江南烟雨、中国凉都六盘水、冰雪旅游景观、冰川旅游景观、冰川运动、中国最美冰川。

9.1 气候气象旅游景观概述

气候气象旅游资源是指具有能满足人们正常生理需求和特殊的心理需求功能的气象景观和气候条件。

9.1.1 景观类型

1. 气象型景观

气象泛指大气现象，即大气中冷、热、干、湿、风、云、雨、雪、霜、雾、雷、电、光、霞等天气现象。这些天气现象本身就具有特定的审美及观赏价值，有能够吸引旅游者进行旅游活动的特性，因而气象景观成为自然旅游景观的一分子。

（1）雨景。雨景是指当细雨来临时，与当地特有的景观形成的一副细雨绵绵的景色，而非在暴雨来时的场景。巴山夜雨和江南烟雨都是较为著名的雨景。巴山夜雨，是皓月当空时细雨霏霏的景象，夜雨透彻空灵，给人一种凄凉的伤感之情，"巴山夜雨秋长池"，诗人李商隐用诗句印证了巴山蜀水的苍凉空阔与迷蒙；江南烟雨如丝，烟雾缭绕，令人琢磨不透，使远山近水呈现一派空蒙、时隐时现的景象。因此，雨景总是能让游人产生不一样的心情。

（2）云雾。雾是悬浮于近地面空气中的大量水滴或冰晶，而云则是水汽凝结而成，一般都飘散在天空中。对于旅游景观而言，云景和雾景都是伴随着产生的，云雾是两者在一起结合周边地形及地势产生的另一种新的景观资源。当然，云雾也可单独形成一种景观资源，如云海。两者都带给人一种飘忽不定、变化万般的感觉。在我国，几座著名的旅游名山都有云海，如庐山云海，带给人一种流云飞雾、飘逸淡雅的柔情，再加上庐山瀑布，不禁让人想到"日照香炉生紫烟，遥看瀑布挂前川"的虚无缥缈与飞流直下的壮丽景观，令人无限遐想，而云雾景观也给人们营造了一种身处仙境的感受。

（3）冰雪。冰雪是高寒地区或寒冷季节才能见到的气象景观。我国江南在冬季寒潮来临之际才可能降雪，白茫茫的雪与高大壮丽的雪山仍是南方人们心目中的雪景形象。走在小路上撑着一把小伞，看着雪花飘落，又是另一番风景。雪景带给人们的是一种纯洁高贵的形象，它本身的独特与其他自然景观相结合形成奇观的景色。我国著名的雪景有杭州的"断桥残雪"、长沙的"江天暮雪"、北京的"西山晴雪"等。冰城哈尔滨的冰雪景观也是一绝，每年的冰雪节都举行大型冰雕、冰灯和雪雕的展出活动。此外，滑雪、滑冰等旅游活动在近年来大受欢迎，这些雪景景观以及对冰雕、雪雕、滑雪、滑冰等旅游活动的欣赏，已经成为冬季旅游的热点。

各季除冰雪之外，还有雾凇。雾凇俗称树挂，它是形成于树枝上或其他地物迎风面上的白色疏松的微小冰晶或冰粒，是北方冬季可以见到的一种类似霜降的自然现象，是一种冰雪美景，在南方的高山地区也是常见的。较为著名的雾凇景观有吉林雾凇。

2. 气候型景观

气候指在某一时段内大量出现的天气过程的综合。气候景观是指日月星辰运动及其产生的各种天气现象的景观，如日出日落、月出月落、月相等。气候的变化又反映了一个地区的天气状况是冷是热，因此又可分为避暑型气候和避寒型气候。此外，气候的变化会直接影响到地貌、水文和动植物以及各种人文景观的变化。气候景观是一种普通又具有特色的自然旅游景观。

（1）日出日落。由于地球的自转产生了昼夜交替的现象，因此出现了日出与日落的景象。每一天都有日出和日落，而因为各地自然环境的差异，日出与日落的形与色也会产生变化。

日出观赏胜地是名山、海滨等景点。站在高山上时，视野开阔，可以看到太阳从地平线上缓缓升起，耀眼的光线照耀着大地、燃烧着天空；而在海滨地区欣赏日出时，能看见太阳从东方的海平面升起，红云燃烧着天空一角，景象壮观令人难以想象。黄山光明顶之清凉台、泰山岱顶之探海石观日亭等都是著名的观日出之地。

每当傍晚时分，太阳都会在西方渐渐落到地平面以下，而接近地平线的地方，红光照射云层，群峰和烟云被披上了多彩的霞光，形成了霞海。"夕阳无限好"道出了晚霞带给我们的奇妙感受。

（2）避寒和避暑型胜地。旅游业的飞速发展反映了人们在享乐层面的需求。在我国，气候类型复杂多样，因地域的差异，各地气候各不相同，如北方的大雪纷飞、南方的艳阳高照。在冬季，人们往往会选择温暖的南方地区去避寒，著名的避寒胜地有海南的三亚、海口，广西北海和云南的西双版纳等。在炎热的夏季，我国许多城市都出现高温天气，因而人们都向往一个凉爽的夏季。我国著名的避暑胜地有承德避暑山庄、浙江莫干山、江西庐山、河南鸡公山、河北北戴河等。中国气象学会向贵州六盘水颁发了证书，六盘水成为中国第一个气象资源优势得到首肯的城市，夏季平均气温只有 19 摄氏度，成为新兴避暑胜地。

9.1.2 景观地学特点

1. 地域性

地理纬度、海陆分布、地形起伏，对大范围气候的形成起着决定性作用。气候的地带性分布，使各地的气象气候旅游资源具有鲜明的地域性。一些特殊景象必须在特定场合与地点才会显现，如雾凇出现在松花江沿岸；地处热带的海南岛，年平均气温 23~25 摄氏度，终年长夏无冬，四季常青，是我国冬季避寒的最佳场所。

2. 季节性

温度、湿度等诸气象要素，都有规律性的日变化和年度化。不同的气象景观在一年内的出现，也有明显的季节变化。如被誉为黄山四绝之一的云海，波涛翻滚、此起彼伏、飘忽不定，吸引众多的仰慕者去一睹它的风采，然而如愿者为数不多，原因在于云海的展现也有季节差异，年平均 40 天的云海，主要出现在 11 月至次年 5 月。

3. 瞬变性

大气中的各种物理现象和物理过程，往往变化迅速，只有把握时机，才能如愿以偿。如四川峨眉山，人们苦攀登顶，总想一睹"佛光"。事实上，"佛光"一般出现在日出后、日落前的一小段时间，瞬变性大，游客能观赏到的概率很小。

4. 组合性

气象景观一般无实体，多数只能为配景，作为旅游产品开发，常常要与其他旅游资源相组合。如我国处于热带、长夏无冬的地域不少，但并不都能开发成避寒之地。海南岛之所以能成为避寒胜地，除气候条件优越外，蓝天、碧水、沙滩、黎族风情、五指山风光等，都是重要的支撑点与组合要素。

5. 借景性

气候气象景观的出现常常要与其他一些旅游资源相配合，以其他景观为背景，如高山云海、海上日出、沙漠蜃景、名山佛光等。

9.1.3 旅游季节性与时空分布规律

旅游客流在时间和空间上分布的不平衡现象，除了旅游资源和旅游设施的差异外，气象和气候的影响是基本的因素。由于气象和气候的影响,在世界各国范围内都出现了一些旅游热线和热点,同时也出现了一些冷线和冷点,形成了游客分布的不均衡性。如地中海沿岸、加勒比海一带,我国的广州、昆明等地区,除了风光美丽外,宜人的气候是其成为旅游热点的重要原因。另外,气候因素的影响,使许多风景旅游地在不同的节令具有不同的游览价值,从而出现了旅游的淡季和旺季。如杭州西湖,春秋两季为旅游高峰季节,游人如织,但夏冬两季则游人稀少,淡旺季十分明显。陆林等将海滨型与山岳型旅游地客流季节性进行比较研究,分析了三亚、北海、普陀山等海滨岛屿型旅游地和黄山、九华山等山岳型旅游地的国内客流季节性特征。从旅游客流季节分布曲线看,三亚、九华山分别表现为"二峰两谷"和"双峰双谷"型,北海、普陀山、黄山均表现为"二峰二谷"型。从旅游客流集中指数 R 值看,黄山的 R 值最大,近年平均为 5.7;三亚的 R 值最小,近年平均为 1.3;并且黄山、三亚的 R 值变化幅度较小,具有一定的稳定性;北海、普陀山、九华山的 R 值介于黄山、三亚之间,近年来总体呈下降趋势。比较分析 5 处旅游地客流季节变化成因,发现它们均受自然季节性因素和社会季节性因素的影响。季节性因素主要包括气候的舒适性、降水等,对海滨(岛)型旅游地而言,海水温度、热带气旋活动的影响也很重要。分析认为,自然季节性因素是造成以自然吸引物或自然-文化吸引物为特征的旅游地客流季节变化的主导因素,社会季节性因素只是在自然季节性因素造成的旅游季节变化上的叠加作用。

9.1.4　景观地学美

1. 变化美

在众多景观中,气候景观的变化是最显著的,它与自然现象有着密切联系,风云、阴晴等都存在着瞬时变化,之前还是晴空万里,在瞬间就可以狂风大起、乌云密布、倾盆大雨。气候的变化通常影响着景观的明亮度,能使旅游者体验到变化多姿的旅游景观色彩。彩霞、日出、日落、佛光等奇特自然景观都是变化非常快的气候气象景观,对其进行观测时要把握好时间,捕捉到最佳的观赏时间。

2. 差异美

我国的地形、气候类型复杂多样,海陆分布差异较大,因此,不同的地区气候特征不一样,形成的景观也存在差异。同一季节、同一时间,我国的不同地区、不同地形等都存在着差异,"人间四月芳菲尽,山寺桃花始盛开"描写了因海拔差异引起的地域景观的差异性。更有在冬季时,北方大雪纷飞的景象和南方艳阳高照的强烈对比,都是气候景观差异性的表现。

3. 整体美

在日常生活中,旅游者的旅游活动不仅仅是欣赏一种景观,当多种旅游景观组合在一起时,会给旅游者截然不同的视觉体验。因此,气候气象景观常常与山、水、植物等旅游景观组合成一体,使景观变得迷幻、缥缈和变化莫测。如黄山的奇松、怪石与云海连成一体,使黄山添加了一层朦胧、缥缈、多变的色彩。

9.1.5 宜人气候

宜人气候（舒适气候或适宜性气候）通常指在无须借助消寒或避暑装备与设施的自然状态下，人体感觉冷暖适度的气候条件。作为一种福利性资源，宜人气候是生命福祉、人体健康和工作效率等的重要环境保障。当气候条件处于使人体感觉冷暖适宜的一个或多个舒适等级时，即为宜人气候。

四季交替的规律和区域差异的现实，使得气候舒适域并不是固定空间。一方面，由于地球公转、四季交替的自然规律，在我国这一较大地理区域内气候舒适域出现的空间范围并不固定，而是在一年的不同时间以不同的空间位置、面积大小等出现，并随太阳回归的周期往复产生年内的规律性涨落。另一方面，因为我国地域广阔，气候类型复杂多样，区域间的差异性会导致各地区在一年中出现为气候舒适域的稳定时段数、持续舒适时长、季节分配集中性等时间特点各异，体现为各区域宜人气候承担不同的功能（如气候舒适域冬季涌现能带来避寒功能，夏季涌现可支撑避暑功能）。因此，着眼于全国的气候舒适域的时空涌现特点的探究，既能挖掘宜人气候的时空变化规律，为区域气候舒适性评价研究等相关科研领域提供一定的理论依据，也能在受宜人气候影响的人居环境建设（如建筑设计、城市规划）和人类生产生活（如度假旅游地区位选择、季节性旅游客流调控和区域度假旅游业持续发展等）实践应用中提供基础性的参考价值。

目前，关于区域气候舒适性的评价研究主要有两方面：气候舒适度评价和气候舒适期计算。气候舒适度评价是对区域气候舒适性"质"的表达，气候舒适期计算是对宜人气候资源持续时间长短的量化，而测度模型和评价标准是完整的气候舒适性评价研究的量化基础。

潜在气候舒适域和非气候舒适域的分布格局为：中国大陆地势第二、三级阶梯为气候舒适域涌现的潜在区域，全年无气候舒适域涌现的区域集中在以青藏高原为主的第一级阶梯和高纬度的部分山区。从空间上看，其"重心"的年内变化为：中国大陆舒适域重心呈现"8"字形的季节性空间涨落规律。表示连续舒适时长的长期、中期和短期型气候舒适域空间分布特点是：全年来看，长期型气候舒适域只分布在云南南部局地；中期型气候舒适域以胡焕庸线两侧交叉地带和新疆两盆地区分布为主，此外，在海南岛和雷州半岛地区，以及东南沿海福建东北地区局部涌现；东南经济发达且人口众多的大部分省区为短期型气候舒适域。表示季节集中性的避暑、避寒等类型气候舒适域的空间分布特点是：避寒空间狭小——只有海南和云南局部地区为避寒不避暑型气候舒适域；避暑空间广大——避暑不避寒型气候舒适域集中在中国大陆地势第二级阶梯的中高海拔地区（除四川盆地）和东北平原；此外，东部省区中具有夏季气候优越性的山地地区，如重庆巫山、福建武夷山、安徽黄山等也成为避暑型气候舒适域。

9.1.6 典型气候气象旅游景观欣赏

1. 江南烟雨

江南按气候条件划分为长江到南陵一带，处于亚热带向暖温带过渡的地带，又有长江水系，降水丰富，气候温暖湿润，四季分明。在春季，江南地区春雨绵绵，朦胧缥缈，很是温和；在夏季，江南地区处于江淮准静止锋地带，西伯利亚南下的冷锋与海洋上北上的暖锋在江淮地区相遇，双方势均力敌，形成梅雨天气，再加上江南地区独特的风情，便出现了江南烟雨这一奇妙的景观。对雨景的欣赏从唐朝时期开始盛行，并出现大量描写雨景的诗词，大多带着一种忧郁与轻柔，总能让人不经意就深陷其中。

根据江南地区的气候，江南烟雨又有春雨和梅雨之分，二者出现的时间是有区别的。江南春雨一般出现于3月份到4月份，江南的春雨可以说是真正意义上的烟雨，细雨朦胧、缥缈，还温和轻柔。江南的春雨道出了"清明时节雨纷纷，路上行人欲断魂"的景况，细雨纷纷，让行人不自觉融入其中，再加上暮春时节，万物丛生，又是一道亮丽的风景线。

"黄梅时节家家雨，青草池塘处处蛙"生动又形象地描写了长江中下游地区6月中旬到7月中旬或下旬的梅雨天气，这是长江中下游地区特有的一种天气现象。在梅雨时节，道路上飘逸着梅子的清香，飘飘洒洒的雨滴洒落在人们的心头，空气中弥漫着的是绵绵细雨的凉爽和青草与花的清香。

2. 中国凉都——六盘水

六盘水位于贵州省西南部，临近云南。六盘水属于喀斯特地貌，主要以山地、丘陵为主，此外还有高原、盆地等；气候属于亚热带季风性湿润气候，温暖湿润，但因为海拔较高，周围都是高原和山地，年平均气温维持在13~14摄氏度，7月最高均温为19.8~22摄氏度，1月最低均温在3~6.3摄氏度。

2012年，国家将文化旅游发展创新区列为贵州省5个战略定位之一，贵州省文化旅游产业首次上升到国家层面，其中，"中国凉都·六盘水"定位为全省重点打造的旅游休闲度假胜地之一。

9.2 冰雪旅游景观

冰雪是高寒地区或寒冷季节才能见到的气象景观。我国江南在冬季寒潮来临之际才可能降雪，断桥残雪就是西湖胜景之一。冰雪旅游有"白色旅游"之称。素有"冰城"之称的哈尔滨，每年冰雪节都举行大型冰雕、冰灯和雪雕的展出活动。

9.2.1 冰雪文化

冰雪景观是冰雪文化的重要组成部分，是寒冷地区人与自然的对话和沟通方式，并伴随着寒冷地区人们的生产和生活发展而来。虽然冰雪景观是一个相对较新的艺术，冰雪文化在我国历史悠久。20世纪中叶，在新疆阿勒泰市汗德尕特蒙古族乡沟谷的1号岩画棚内，人们发现了绘有滑雪狩猎内容的岩画，其中，第动物形象与滑雪人形象的线条图形，这是已知的我国范围内较早的料。经考古学家的初步鉴定，该岩画属于旧石器时代晚期，距今已国时期的《山海经·海内经》关于冰雪文化有一段记载，其"以下有毛。马蹄善走。"郭璞注引《诗含神雾》说："马蹄自志·魏书·乌丸鲜卑东夷传》裴松之在注引《魏略》时亦马胫国,其人音声似雁鹜,膝以下生毛,马胫马蹄,不骑马,而走疾焉。"膝以下有毛、马蹄善走、马蹄自鞭其蹄、日行三百里等,是对滑雪板、滑雪动作以及滑雪速度的一种描述。宋人周密《武林旧事·卷三》"赏雪"有云:"禁中赏雪,多御明远楼下。后苑进大小雪狮儿,并以金铃彩缕为饰,且作雪花、雪灯、雪山之类,及滴酥为花及诸事件,并以金盆盛进,以供赏玩。"明代张岱在其《陶庵梦忆》一书中描述:"天启六年十二月,大雪深三尺许。晚霁,……余坐一小羊头车,拖冰凌而归。"

中华民族在两江流域的肥沃平原繁衍生息,而冰雪文化则是发源于中华文明的北方之地,作为中华民族大家庭重要成员的北方少数民族,因气候地理环境的影响,形成了各种不同形式的冰雪文化形式,如赫哲族滑雪和打爬犁、鄂伦春族滑雪和皮爬犁、鄂温克族滑雪和赛爬犁、朝鲜族坐雪爬犁等。这些形式多样的冰雪文化,发展成为上述少数民族中传统的冰雪运动、地域文化和独特风景。

冰雪景观是当代冰雪文化的主要形式之一,在世界范围内形成了以中国哈尔滨、日本札幌、加拿大魁北克和北欧挪威等为主的冰雪景观聚集地。另外,韩国、美国、法国等世界上很多符合条件的国家和地区,每年都会举办举世瞩目的冰雪文化节,涉及冰雪景观、冰雪娱乐、冰雪运动等多种冰雪文化形式。我国当代的冰雪文化自 1963 年的哈尔滨兆麟公园冰灯游园会肇始,各地区根据地区、气候和地理特点,于自然中采集冰块,进行艺术加工,制作成冰雕和冰灯等冰雪景观环境艺术品,提供给市民和游客观赏游玩。冰雪景观美化了人居环境、丰富了城市文化内涵、拉动了旅游产业发展,已成为哈尔滨等城市当代新型城镇化发展的重要组成部分。哈尔滨冰雪大世界、太阳岛雪博会和牡丹江雪乡特色小镇等地的冰雪景观,作为当代冰雪文化的杰出代表,常表现为冰灯、冰雕、雪雕、冰雪建筑、冰雪景观环境体验等,其中,冰雕雪雕是开发最早、最为成熟的景观艺术形式。

9.2.2 冰雪旅游

冰雪旅游属于生态旅游范畴,是以冰雪气候旅游资源为主要的旅游吸引物,体验冰雪文化内涵的所有旅游活动形式的总称,是一项极具参与性、体验性和刺激性的旅游产品。冰雪旅游很大程度上依赖天然的冰雪资源,通过滑雪等体育竞技活动以及雪景欣赏等观赏性活动吸引游客。冰雪旅游主要集中在欧美国家,如加拿大、瑞士等地都是著名的冰雪旅游胜地。我国冰雪资源丰富的地域集中在东北和西北,新疆的阿勒泰是滑雪最早的发源地。新疆丝绸之路国际度假区入选"2017—2018 冰雪季滑雪旅游区十强",是第十三届全国冬季运动会高山滑雪赛场及闭幕式举办地,目前已成为中国具有举办国际赛事能力的滑雪度假区,被誉为最温暖滑雪度假胜地。

1. 冰雪旅游的特征

(1) 参与性。

冰雪旅游的参与性,一方面由冰雪旅游的起源决定,对冰雪资源的开发利用最早是自古老民族的日常活动;另一方面由游客的旅游需求决定,在寒冷的冬季,仅仅是观赏冰雪美景是不够的,游客们更期望能够参与冰雪运动,在冰天雪地里痛快

(2) 体验性。

在东北,游客可以看到北国风光,千里冰封,万里雪飘,纵情于白雪之间,体验冰雪旅游真谛,尽情享受冰情雪韵;在林海雪原间激情滑雪,尽享自由快感;在无垠的雪原冰湖上驾驭雪地摩托飞驰,体味北国银白世界的神韵;在辽阔的雪原上跨上骏马驰骋,感受游牧民族的生活情趣;坐狗爬犁奔跑在冰雪上,饱览北国风光。

(3) 时间长。

冰雪旅游具有极强的参与性和体验性,使游客的游玩时间相对较长,从而带来较高的旅游消费。冰雪旅游相对于传统的观光旅游而言,属于高消费的旅游活动,如参与滑雪运动需要在装备等方面付出一定的成本,而度假旅游更需要担负较高的餐饮、住宿费用。此外,冰雪旅游拥有较高的重游率,回头客多,重复消费率较高。尤其是滑雪运动,作为一项体育活动,很多人有可能成为滑雪的终身爱好者。

(4) 依赖性。

冰雪旅游的开发对资源具有较强的依赖性,必须同时具备寒冷的气候条件和适宜的地形条件。有条件开展冰雪旅游的国家和地区,在地理位置上,其旅游区必须处于寒温带或中温带,每年的 1 月份和 2 月份的平均气温为 $-30 \sim 18$ 摄氏度,且山地面积多于平地,一般是坡度平缓,雪期长。如果只是具备了寒冷的气候条件,但是缺少坡度适宜的山地,便无法建设滑雪场,山地众多而纬度偏低也没有可能出现自然降雪。

(5) 健身性。

滑雪运动是冰雪旅游的重要组成部分。参加体育活动,可以锻炼身体、消除疲劳、有利于健康。对于长期居住和工作在城市里的人们,可以调节快节奏工作带来的压力,有助于摆脱生活的单调与烦恼。在得天独厚的冰雪环境中锻炼身体,既可以增强人们的御寒能力,提高体质,又可达到放松心情、调节生理和健身休闲的目的。

2. 冰雪旅游的类型

(1) 冰雕(展)以冰为原材料,按照具体的需求分为装饰冰雕、注酒冰雕、婚礼冰雕、冰雕容器、冰雕酒吧、节日冰雕等多种形式。国内较为出名的有每年一次的哈尔滨冰雕节、冰雕大赛等。

(2) 冰灯融冰雕艺术和灯光艺术为一体,分为室内冰灯展和室外冰灯展。如地坛冰灯展,是常年室内冰灯展,融入了中外雕塑艺术的精华,展出面积约 1 500 平方米,共有作品 30 余组,100 余件。作品有反映中国传统民间故事的十二生肖、东北三宝、五谷丰登等,有小朋友喜欢的童话故事人物,如白雪公主和七个小矮人、猴子捞月亮等,还有著名的天安门城楼、华表、具有异国风情和欧陆情缘的冰建筑,非常特别的是还有南方冬天难得一见的树挂、冰凌等东北自然冰雪风光。又如哈尔滨冰灯节,在公园展出,旅游者除了可以参观一年一度的冰灯节外,还可以加入东北令人目不暇接的各类雪上活动,如乘冰帆、打冰橇、溜冰、滑雪或参加冰上婚礼、冰雪文艺晚会等等。

(3) 瀑布在寒冷季节凝结成美丽的冰瀑,如北京京东第一瀑布在冬季凝结为冰瀑,还有四川九寨沟冰瀑、辽宁龙潭冰瀑等。

（4）雪雕又称雪塑，是把用雪制成的雪坯通过雕刻塑造出的立体造型艺术，与冰灯、冰雕并称冰雪雕塑艺术。压缩的雪坯有硬度，可以雕刻，加上雪有黏度，又可堆塑，使雪塑既有石雕的粗犷敦厚风格，又有冰雕的细腻圆润特点，形式厚重，空间感强，银白圣洁，富有光泽，雅俗共赏。尽管雪雕的寿命和其他雕塑作品相比十分短暂，但雪雕作品比石雕、泥雕更有灵气。2019年12月23日，第二十一届哈尔滨冰雪大世界正式开园，园区总占地面积60万平方米，用20余万立方米的冰和雪打造出一座冰雪主题公园，共计21个冰雪景观群，园区互动娱乐项目20余处，冰雪赛事、冰雪娱乐等活动连续不断。此外，园区进一步升级景观，首次打造东西向600米主轴线，设置东西两大舞台结构；主塔首次采用"双子塔"设计，气势恢宏；采用充气膜加喷射复合冰的方式建造环形冰雪餐吧；首次将冰建的观景功能与娱乐功能相结合，设置单车城堡、滑梯城堡、迷宫城堡、生肖城堡四大主题城堡；首次引入互动灯光控制技术，提高了动态灯光比例，实现人与景观的互动、景观光效与声效的互动、光效与游客运动的互动；首次实现园区主要景观的灯光联动。

（5）雾凇俗称树挂，是北方冬季可以见到的一种类似霜降的自然现象，是一种冰雪美景，是由于雾中无数零摄氏度以下而尚未结冰的雾滴随风在树枝等物体上不断积聚冻粘的结果，表现为白色不透明的粒状结构沉积物。雾凇现象在我国北方是很普遍的，在南方高山地区也很常见，只要雾中有过冷却水滴就可形成。吉林的雾凇号称中国四大自然奇观之一，每年都吸引数万中外游客远道而来。

（6）冰上竞技运动项目主要包括速度滑冰、短道速滑、花样滑冰、冰球、雪橇运动，以及冰车、冰壶等运动项目。雪上竞技运动项目主要包括单板滑雪、双板滑雪、自由式滑雪、高山滑雪、越野滑雪、跳台滑雪、飞雪、花样滑雪、特技滑雪、雪上芭蕾、技巧速降、带翅滑雪、多项滑雪、森林滑雪等现代滑雪项目。其他休闲运动类项目主要指的是除竞技运动项目之外的与冰雪相关的运动休闲类项目，如攀冰、冰上风火轮、登雪山、仿真滑雪、仿真溜冰、雪地足球、冰钓、冬泳等。

（7）节庆是景区提高自身知名度和吸引力的重要砝码，冰雪旅游也不例外，尤其是结合各地民俗而打造的一些节庆类冰雪活动，更是为冰雪旅游拓展了更大的市场。和冰雪旅游相关的节庆有冰雪旅游节、冰雕艺术节、雪雕艺术博览会、冰灯节、冰瀑节、冰钓节等。

（8）冰雪旅游场（园）集观光与娱乐为一体，是一个综合性冰雪休闲之地，它往往包含多种娱乐场所，如攀沙岩、滑雪场、冰球场及雪地摩托车等高档娱乐项目设施。其本身作为吸引物，是较为独立的冰雪旅游项目，对地区甚至全国都有较大吸引力。如大兴安岭加格达奇冰雪游乐园，景区内依托冰雪的游乐项目有：雪上游乐项目如雪地爬犁、马拉雪橇、狗拉雪橇、雪圈、雪地摩托、雪地自行车、雪地卡丁车、雪地滚球、雪雕、打雪仗等；冰上游乐项目如冰爬犁、冰壶、冰橇、冰帆、冰猴、冰上单刃滑车、冰上卡丁车、冰上坦克车等；其他游乐项目如雪地飞车、滑雪体感机等游戏机、游乐机。

（9）冰雪演艺类活动包括冰雪文艺演出、冰上舞蹈、冰上体操、冰上模特秀、冰雪驯兽等。如冰雪节开幕的以冰雪为主题的文艺演出，包括冰上舞蹈，如冰上芭蕾、冰上交际舞等。

第九届哈尔滨冰雪大世界文艺表演中，冰雪大世界首次与北方森林动物园合作推出"北方冰雪驯兽表演"，雄狮与猛虎在冰雪中一展凶猛与狂傲，黑熊的诙谐令游客捧腹大笑，小猪在驯兽员的指挥下乖巧可爱，冰上演艺的丰富延伸更是将冰雪演艺推向高潮。

随着休闲旅游的兴起，冰雪旅游也开始冲破传统的冰雪观光，演绎着新的体验方式，如冬季采摘、雪地温泉、冰雪酒店、冰雪博物馆、冰雪高尔夫、雪上飞碟、雪地射箭等。

9.2.3 中国十大冰雪旅游胜地

1. 雪乡——中国冬天最浪漫的童话小镇

雪乡其实不是一个正式的称呼，它的学名叫双峰林场，位于黑龙江省海林市西南部，是大海林林业局下属的一个林场。这里雪期长，降雪频繁，积雪期长达7个月，雪量堪称中国之最，且雪质好，素有"中国雪乡"的美誉。

雪乡堆积着层层叠叠的积雪，百余户居民区犹如一座相连的"雪屋"，房舍随物具形的积雪在风力的作用下可达1米厚，其状好似奔马、卧兔、神龟、巨蘑……，千姿百态，仿佛是天上的朵朵白云飘落。雪乡从初冬冰花乍放的清晰，到早春雾凇涓流的婉约，无时无刻不散发着雪的神韵。

2. 雾凇岛——奇特树上挂满晶莹雪花

雾凇岛是吉林省松花江面上的一座小岛，环岛沿岸有乌拉街镇韩屯、曾通屯等村落。这里是雾凇最为集中的地方，也是观赏和拍摄雾凇的最佳地，当地有"赏雾凇，到曾通"之说。冬季这里几乎天天有树挂，有时一连几天也不掉落。这里树形奇特，沿江的垂柳挂满了洁白晶莹的霜花，江风吹拂银丝闪烁，景色既野又美。

3. 长白山——中国的新雪乡

冬天的长白山，雪期长、雪量大、雪质好，堪称中国的新雪乡，是北国大地上的一幅水墨画。山峰、池水、森林、草地都覆盖着白雪，洁白、静谧、深厚，纯净到没有一丝杂质，万树银花，洁白的雪浪此起彼伏，分外生动，仿佛一个白色天国。在长白山国际度假区有亚洲一流的滑雪场，还有温暖融心的雪域温泉，在佛库伦冰雪世界可以玩冰上碰碰车、冰上自行车、冰球、冰壶、雪橇、马爬犁、雪地高尔夫、狩猎等雪上运动，总之，能想象到的一切雪上乐趣在长白山都可以找到。

4. 北极村——中国最北端的魅力雪村

漠河北极村一般说来是我国大陆最北端的临江村庄，与俄罗斯阿穆尔州的伊格娜恩依诺村隔江相望。还有一个真正意义上更北的村庄——北红村，中国最北点默默伫立在乌苏里浅滩的一角。最北的邮局、最北一家、最北哨所、最北金融机构……，从踏上漠河的这片土地开始，就不由自主地开启了一场寻北的征程。漠河冬季的历史极端最低气温曾达零下52.3摄氏度，零下40摄氏度以下的低温更是家常便饭。

如果想在北极村体验最朴素和最地道的东北人家生活，那就一定要往旧村里走了。旧村环境与北红村相当，木屋、木栅栏、木柴堆，还有那些在白雪映衬下显得分外红的灯笼，都充满着浓浓的东北味。在这里，可以找到很多特有的乐趣，如和当地人一块去凿冰下网捕鱼、去圣诞邮局写下最北边的问候等第二年圣诞寄给自己、找到各种写着"北"的石头、在结冰的江面上滑冰、到乌苏里浅滩寻找祖国最北点、吃一碗滋补营养的鳕鱼炖豆腐、带回一袋大兴安岭的榛子等，一切让人感到乐趣无穷。

5. 哈尔滨——充满冰雪奇缘的冰城

"冰城"哈尔滨，素来有"东方小巴黎"的美誉，滑雪赏冰再好不过。冰雪大世界是哈尔滨冬天最热门的地方，它的冰雕原材料都取自松花江，由此雕成各式各样栩栩如生的冰雕、巧夺天工的冰灯，让人忍不住去亲近，其中，1 000 米高的冰滑梯不可错过，还有世纪大钟，每个人都可讨一个新年好彩头。

雪博会有各种各样的雪雕，它们体积庞大，是众多雪雕师一起合作的杰作，每一件都栩栩如生，难得一见。当然，除了冰雪大世界和雪博会，冬天来哈尔滨还可以逛俄罗斯风情街道，寻觅古老建筑，如中央大街、果戈理大街、圣索菲亚教堂、呼兰天主教堂，在雪的映衬下就像来到雪的童话世界，温暖浪漫。还可以到松花江上感受天然的冰场、皑皑的白雪，让人仿佛置身于冰雪奇缘里的场景。

6. 伊春——如梦如幻的雪国仙境

有着"中国林都""红松故乡""森林氧吧"美誉的伊春市，地处黑龙江省东北部小兴安岭腹地，黑龙江、松花江两大水系之间，与俄罗斯隔江相望。伊春是夏天的避暑胜地，冬天银装素裹、雪玉冰清。

伊春大平台的雾凇、红星地质公园的石海、汤旺河的石林、大菁山上被雪覆盖的大风车、库尔滨河畔等，每一处都让人为之叫绝，仿佛如梦如幻的仙境。

7. 亚布力——中国滑雪的招牌地

提起亚布力，一定会想到滑雪。亚布力原名亚布洛尼，是黑龙江省尚志市的一个小镇，境内有很多滑雪场。亚布力滑雪旅游度假区是国家 4A 级景区，整个滑雪场处于群山环抱之中，林密雪厚，风景壮观。在世界公认的冰雪、森林、海洋三大旅游资源中，亚布力占有冰雪和森林两项。

8. 阿勒泰——喀纳斯美景与乌伦古湖冬捕

在新疆的阿泰勒地区，喀纳斯冬天美丽的雪景、乌伦古湖有趣的冬捕节，都是被摄影爱好者发现而受人关注的。

2006 年开始举办了首届冬博会之后，阿泰勒地区逐渐成为冬季赏雪、玩雪值得去的地方。在阿勒泰地区，冬季雪量大、雪期长、雪质好，被称为"人类滑雪最早起源地"。阿勒泰作为滑雪爱好者的天堂，目前已建成 5 个滑雪场，长达 260 米的冰滑梯落户阿勒泰市将军山滑雪场，刷新了吉尼斯纪录。

9. 呼伦贝尔——美丽的林海雪原

说起呼伦贝尔，人们首先会想到一望无际的世界第一草原——呼伦贝尔大草原。那一眼望不到边的绿色，让人惊叹。冬季，这里没有夏天的绿色清爽，没有秋天的收获金黄，而是一望无际的茫茫银白。婀娜的雾凇，蒸腾的不冻河，天下第一曲水——莫日格勒河，额尔古纳湿地、莫尔道嘎森林公园、中国冷极根河，还可在大兴安岭森林寻找生活在冷极的中国最后一个狩猎部落——敖鲁古雅鄂温克族部落。关于雪的一切想象，都可以在这里找到。

10. 西藏——天堂的雪是最美的

多数人都在夏天去西藏，然而被称为雪域高原的西藏，冬天才是最迷人的，无论何处都染上了雪的白，冷峻、素雅、迷醉人心。拉萨、大昭寺、林芝、色拉季山、南迦巴瓦、巴松措……，任何一个地方都会让人想起"千回百转始初见，疑似仙境在人间"。冬天去西藏，可以避免拥挤，可以看到最美最神圣的高原雪景，可以享受其他地方没有的雪山温泉，而且还比较温暖，甚至比冬天的北京暖和。

9.3 冰川旅游景观

9.3.1 冰川的概念与形成过程

冰川是地球寒冷地区多年降雪集聚，经过变质作用形成而长期存在并具有运动特性的自然冰体。地表一定厚度的积雪，经过一系列的物理变化过程以后，变成具有可塑性、缓慢流动的冰体，这种流动的冰体称为冰川。不流动的冰体称为冰川冰。

冰川形成必须具备一个条件，就是积雪区的高度超过雪线。雪线是每年降雪刚好当年融化完的海拔高度，又称为固态降水的零平衡线。一个地区积雪区如果没有超过雪线，就不可能有冰川。

雪花一落到地上就会发生变化，而积雪在压力或热力作用下形成冰川冰的过程，我们称之为成冰作用。

9.3.2 冰川运动及其作用

冰川冰在重力作用下，沿着山坡慢慢流下，在流动的过程中，逐渐凝固，最后就形成了冰川。冰川的运动主要由两个部分组成，一部分的运动是冰川内部的运动，由下到上递增；另一部分的运动是冰川底部的滑动，称为"底滑"，是冰川底部因为融水的滑润而在底岩上滑动。冰川具有挖蚀作用、磨蚀作用和冰楔作用。

挖蚀作用：冰床底部或冰斗后背的基岩，沿节理反复冻融而松动，松动的基岩与冰川冻结在一起时，冰川向前运动，就把岩块拔起带走。

磨蚀作用：冰川运动时形成底部滑动，使得冻结在冰川底部的碎石突出冰外，像铁犁、锉刀一样，不断地对冰川底床进行削磨和刻蚀。

冰楔作用：在岩石裂缝内所含的冰融水，经反复冻融作用，体积时涨时缩，造成岩层破碎，成为碎块，或从两侧山坡坠落到冰川中向前移动。

冰川侵蚀产生大量松散岩屑和由山坡上崩落下来的碎屑，进入冰川体后随冰川运动向下游搬运，被搬运的岩屑叫冰碛物。冰川搬运能力极强，不仅能将冰碛物搬运到很远的距离之外，还能搬运到很高的地方。被搬运到很高很远地方的巨大冰碛砾石，称为漂砾。

冰积物是由冰川后退时所遗留的石砾造成的，因为冰融化而遗留于地面的堆积物大小不一，石块稍带有棱角、表面被磨光或带有擦痕，堆积后为不现层理，此种杂乱无层理的冰积物，常称为冰砾土。

9.3.3　中国冰川

中国的冰川，包括境内冰川和雪山，主要分布于中国西部，包括西藏、新疆、四川、云南、甘肃、青海等省（自治区）。青藏高原分布集中，主要位于喜马拉雅山、横断山、昆仑山、祁连山等诸多山脉，为很多河流的源头。由于冰川冰雪累计和融化相对稳定，确保了江源河源地区水源的稳定，长江源和黄河源均发源于雪山冰川。

青藏高原冰川主要集中于：一是藏东南，即念青唐古拉山东南段纳木错湖周围，著名的有南迦巴瓦雪峰和加拉白垒雪峰，有西藏境内最长的恰青冰川；二是喜马拉雅山脉东段的羊卓雍错附近区域、横断山脉的贡嘎山周围，以海洋性冰川为主；三是珠穆朗玛峰周围地区有名的绒布冰川，这一带以冰塔林壮观而著称。青藏高原地区的冰川特点是雪线高，东绒布冰川最高雪线达到海拔 6 200 米。

在气候变暖、气温升高的影响下，自 20 世纪 90 年代以来，中国冰川呈现出全面、加速退缩的趋势。与 20 世纪 50 年代相比，中国冰川有 82.2% 处在退缩状态，总面积缩小了约 18%。与大型冰川相比，面积小于 1 平方千米的小型冰川对气候变化的响应更加显著。这意味着在未来几十年，占中国冰川总数 80% 以上的面积小于 1 平方千米的小型冰川将面临消失的风险。

9.3.4　中国最美六大冰川

2005 年 10 月，由《中国国家地理》主办，全国 34 家媒体协办的"中国最美的地方"评选活动选出了中国最美六大冰川，分别为米堆冰川、特拉木坎力冰川、透明梦柯冰川、绒布冰川、海螺沟冰川、托木尔冰川。

1. 米堆冰川

米堆冰川位于藏东南的念青唐古拉山与伯舒拉岭的接合部，这里是我国最大的季风海洋性冰川的分布区。米堆冰川位于波密县玉普乡米美、米堆两村，主峰海拔 6 800 米，雪线海拔只有 4 600 米，末端海拔只有 2 400 米。冰川下段已穿行于针阔叶混交林带，为西藏最重要的海洋性冰川之一。米堆冰川常年雪光闪耀，景色神奇迷人。这是典型的现代季风型温性冰川，类型齐全，尤以巨大的冰盆、众多雪崩、陡峭巨大的冰瀑布、消融区上游的冰面弧拱构造，以及冰川末端的冰湖和农田、村庄共存为特点。米堆冰川在米堆河的上游，米堆河是雅鲁藏布江下游的二级支流，它在川藏公路 84 千米道班处，从帕隆藏布南岸汇入帕隆藏布江。米堆冰川发育在源头海拔 6 000 米左右的雪山，雪山上有两个巨大的围椅状冰盆。发生频繁的雪崩奇观、巨大的冰瀑布奇观、发育完全美丽的弧拱奇观，成就了米堆川藏公路，如今已成为帕隆藏布"西藏江南"旅游路线中重要的旅游景点。

2. 特拉木坎力冰川

特拉木坎力冰川位于喀喇昆仑山脉的特拉木坎力峰（海拔7 441米）下，长约28千米，面积为124.53平方千米，末端高度为4 520米，雪线高度为5 390米。冰川最奇异的自然景观是高达数十米的冰塔林，自海拔5 200米处发育向下至冰川末端，长度在11千米以上。冰川上的连座冰塔形成一座座冰峰，甚是壮观；冰峰下常伴有冰湖，碧波荡漾。冰舌上段冰面洁净，冰塔及各种冰雕形态随处可见。

3. 透明梦柯冰川

透明梦柯冰川位于甘肃省肃北县祁连山区大雪山北坡老虎沟内，长10.1千米，面积21.9平方千米，是祁连山区最大的山谷冰川。透明梦柯冰川规模较大，冰面景象丰富、变幻奇特，突兀的雪峰险峻嶙峋，纵横交错的冰谷曲折迂回，冰洞神幻奇妙，冰壁高耸陡峭，冰瀑好似银河倒挂，冰谷、冰蘑菇、冰斗、冰瀑布、冰裂缝等特有冰川地貌在这里随处可见，各种景观惟妙惟肖。冰川两侧巍巍雪山，皑皑帷幔。向上行进，雄浑、壮阔的冰川尽在脚下，辽阔的雪原一览无垠。雄浑、壮阔、旷达是透明梦柯冰川的特色。

4. 绒布冰川

绒布冰川位于珠穆朗玛峰山脚下，长达26千米，平均厚度达120米，最厚处超过300米，冰舌平均宽14千米，面积达86.89平方千米。冰川上有千姿百态、瑰丽罕见的冰塔林、冰茸、冰桥、冰塔等，千奇百怪，被评为中国最美六大冰川之首。

5. 海螺沟冰川

海螺沟冰川位于四川省甘孜藏族自治州东南部，贡嘎山东坡，是青藏高原东缘的极高山地。晶莹的现代冰川从高峻的山谷铺泻而下，将寂静的山谷装点成玉洁冰清的琼楼玉宇；巨大的冰洞、险峻的冰桥，使人如入神话中的水晶宫。

6. 托木尔冰川

托木尔冰川位于天山西部温宿县境内，是中国最大的现代冰川区，海拔7 435米，为天山第一峰，被列为国家综合自然保护区。冰川上常形成消融区热喀斯特现象，水深莫测的冰面湖，数百米深的冰裂缝，还有浅蓝绿色的冰溶洞、冰蘑菇、冰下河道等相当发育的冰川奇景，大量冰川融水由冰舌末端的冰洞流出。山上天气多变，有时晴空万里，却突然"雷声"震天，雪尘滚滚，飞泻而下，掀起数十米高的雪浪，这就是雪崩。高山探险家们若晚上躺在帐篷里，听着冰河的流水声伴着被冰水冲动的滚石沉闷的降降声，别具风味。

思考题

1. 结合实例分析气候旅游及其舒适度。
2. 分析北京冬奥会视域下全国冰雪旅游的发展机遇及策略。
3. 结合实例谈冰川旅游深度开发的路径。
4. 分析世界冰川旅游发展对我国冰川旅游发展的启示。

推荐阅读书目

[1] 丁永建. 寒区水文导论 [M]. 北京：科学出版社，2017.

[2] 金传达. 细说二十四节气 [M]. 北京：气象出版社，2016.

[3] 沈永平，王国亚，魏文寿等. 冰雪灾害 [M]. 北京：气象出版社，2009

[4] 王铮. 理论经济地理学 [M]. 北京：科学出版社，2002.

[5] 周淑贞. 气象学与气候学 [M]. 北京：高等教育出版社，1999.

参 考 文 献

[1] 保继刚,楚义芳. 旅游地理学 [M]. 北京:高等教育出版社,1999.
[2] 曹诗图,胡绍华,阙如良. 长江三峡区域旅游发展研究 [M]. 武汉:长江出版社,2007.
[3] 陈安泽. 中国喀斯特石林景观研究 [M]. 北京:科学出版社,2011.
[4] 陈安泽. 旅游地学概论 [M]. 北京:北京大学出版社,1991.
[5] 陈传康,刘振礼. 旅游资源鉴赏与开发 [M]. 上海:同济大学出版社,1990.
[6] 陈茂勋. 旅游地学与旅游发展新论 [M]. 成都:四川科学技术出版社,2006.
[7] 陈诗才. 自然风景旅游 [M]. 北京:地震出版社,1993.
[8] 程胜利,劳子强,张翼,等. 嵩山地质博览 [M]. 北京:地质出版社,2003.
[9] 丁永建. 寒区水文导论 [M]. 北京:科学出版社,2017.
[10] 董枝明. 走进恐龙世界 [M]. 北京:知识出版社,2000.
[11] 费荣梅,景松岩. 野生动物产品学 [M]. 哈尔滨:东北林业大学出版社,2002.
[12] 冯天驷. 中国地质旅游资源 [M]. 北京:地质出版社,1998.
[13] 郭福生,李晓勇,姜勇彪,等. 龙虎山丹霞地貌与旅游开发 [M]. 北京:地质出版社,2012.
[14] 何宇彬. 中国喀斯特水研究 [M]. 上海:同济大学出版社,1997.
[15] 黄楚兴,杨世瑜. 岩溶旅游地质 [M]. 北京:冶金工业出版社,2008.
[16] 黄定华. 普通地质学 [M]. 北京:高等教育出版社,2005.
[17] 黄进. 丹霞山地貌 [M]. 北京:科学出版社,2010.
[18] 黄镇国,蔡福祥,韩中元等. 雷琼火山 [M]. 北京:科学出版社,1993.
[19] 姜文来. 水资源价值论 [M]. 北京:科学出版社,1999.
[20] 蒋志文,陈爱林. 澄江动物群国家地质公园基础地质及考察指南 [M]. 昆明:云南民族出版社,2008.
[21] 李先源,智丽. 观赏植物学 [M]. 重庆:西南大学出版社,2007.
[22] 李燕琴,张茵,彭建. 旅游资源学 [M]. 北京:北京交通大学出版社,2007.
[23] 刘嘉麒. 中国火山 [M]. 北京:科学出版社,1999.
[24] 卢耀如. 岩溶——奇峰异洞世界 [M]. 北京:清华大学出版社,2001.
[25] 卢云亭,王建军. 生态旅游学 [M]. 北京:旅游教育出版社,2001.
[26] 彭华. 中国红石公园——丹霞山 [M]. 北京:地质出版社,2004.

[27] 彭顺生. 世界遗产旅游概论 [M]. 北京：中国旅游出版社, 2008.

[28] 乔清举. 河流的文化生命 [M]. 郑州：黄河水利出版社, 2007.

[29] 覃建雄. 地质公园与可持续发展 [M]. 成都：四川科学技术出版社, 2006.

[30] 宋林华. 喀斯特与洞穴风景旅游资源研究 [M]. 北京：地震出版社, 1994.

[31] 孙克勤. 世界文化与自然遗产概论 [M]. 武汉：中国地质大学出版社, 2016.

[32] 沙润. 旅游景观审美 [M]. 南京：南京师范大学出版社, 2005.

[33] 谭见安. 温泉旅游之科学 [M]. 北京：中国建筑工业出版社, 2011.

[34] 吴必虎. 区域旅游规划原理 [M]. 北京：中国旅游出版社, 2004.

[35] 王湘. 旅游环境学 [M]. 北京：中国环境科学出版社, 2001.

[36] 辛建荣. 旅游地学原理 [M]. 武汉：中国地质大学出版社, 2006.

[37] 熊康宁, 肖时珍, 陈浒等. 世界遗产与赤水丹霞景观 [M]. 北京：高等教育出版社, 2012.

[38] 徐泉清, 孙志宏. 中国旅游地质 [M]. 北京：地质出版社, 1998.

[39] 谢彦君. 基础旅游学 [M]. 3版. 北京：中国旅游出版社, 2011.

[40] 杨桂华, 钟林生, 明庆忠. 生态旅游 [M]. 北京：高等教育出版社, 2000.

[41] 邹统钎. 旅游景区开发与管理 [M]. 北京：清华大学出版社, 2004.

[42] 周淑贞. 气象学与气候学 [M]. 北京：高等教育出版社, 1999.

[43] 朱学稳. 桂林岩溶 [M]. 上海：上海科学技术出版社, 1988.

[44] 赵绍鸿. 森林美学 [M]. 北京：北京大学出版社, 2009.

[45] 赵元龙. 贵州——古生物王国 [M]. 贵阳：贵州科技出版社, 2002.

[46] 保继刚. 喀斯特石林旅游开发空间竞争研究 [J]. 经济地理, 1994, 14 (3): 93-96.

[47] 曹光杰. 泰山景区旅游资源评价与开发探讨 [J]. 国土资源科技管理, 2003, 20 (3): 29-32.

[48] 蔡庆, 熊继红. 哈尔滨冰雪旅游现状与可持续发展研究 [J]. 特区经济, 2012 (7): 186-188.

[49] 车震宇, 唐雪琼. 我国中小型湖泊旅游度假区开发现状分析 [J]. 旅游学刊, 2004, (2): 45-49.

[50] 陈安泽. 中国国家地质公园建设的若干问题 [J]. 资源·产业, 2003, 5 (1): 58-64.

[51] 陈安泽. 中国喀斯特旅游资源类型划分及旅游价值初步研究 [J]. 南方国土资源, 2003 (11): 254-284.

[52] 陈慧, 闫业超, 岳书平, 等. 中国避暑型气候的地域类型及其时空分布特征 [J]. 地理科学进展, 2015, 34 (2): 175-184.

[53] 陈品冬, 熊康宁, 肖时珍. 中国荔波锥状喀斯特世界自然遗产价值全球对比分析 [J]. 地理研究, 2013, 32 (8): 1517-1527.

[54] 陈奇. 世界遗产地旅游资源评估——以石林风景区为例 [D]. 昆明：云南财经大学, 2015.

[55] 陈姗姗, 李琳琳. 丹霞地貌造型景观成因初探 [J]. 能源研究与管理, 2017 (4):

62-65.

[56] 陈同滨, 傅晶, 刘剑. 世界遗产杭州西湖文化景观突出普遍价值研究 [J]. 风景园林, 2012 (2): 68-71.

[57] 陈伟海. 重庆武隆喀斯特地质遗迹评价及形式演化研究 [D]. 北京: 中国地质大学. 2011.

[58] 陈鑫峰, 王雁. 森林美剖析——主论森林植物的形式美 [J]. 林业科学, 2001, 37 (2): 122-131.

[59] 程兴火, 喻晓雁. 植物在生态旅游中的作用及其功能评价 [J]. 西部林业科学, 2006, 35 (1): 56-61.

[60] 丛莎莎. 我国世界双重遗产旅游资源开发研究——以泰山风景区为例 [D]. 南京: 南京师范大学, 2008.

[61] 杜芳娟, 陈品冬. 荔波世界自然遗产地的景观美学特征分析 [C]. 熊康宁, 梁玉华, 郑建. 现代地理科学与贵州社会经济会议论文集. 贵阳: 贵州科技出版社, 2009.

[62] 杜芳娟, 熊康宁, 先青平. 赤水-习水丹霞景观美学价值与对比分析 [J]. 贵州师范大学学报 (自然科学版), 2008, 26 (1): 26-29.

[63] 丁萌. 地质公园共享价值体系研究——以石林世界地质公园为例 [D]. 昆明: 昆明理工大学, 2013.

[64] 杜正静, 潘进军, 赵卫华, 等. 中国旅游气候适宜性评价研究 [J]. 气象与环境科学, 2018, 41 (4): 17-26.

[65] 樊大勇, 高贤明, 杜彦君, 等. 神农架世界自然遗产地落叶木本植物多样性及其代表性 [J]. 生物多样性, 2017, 25 (5): 498-503.

[66] 樊隽轩, 李超, 侯旭东. 《国际年代地层表》 (2018/08 版) [J]. 地层学杂志, 2018, 42 (4): 365-370.

[67] 冯利华. 厅堂状洞穴的形成机制 [C]. 中国地理学会地貌专业委员会《喀斯特地貌与洞穴研究》编辑组. 喀斯特地貌与洞穴研究. 北京: 科学出版社, 1990.

[68] 高科. 野生动物旅游: 概念、类型与研究框架 [J]. 生态经济, 2012 (6): 137-140.

[69] 高香琴. 梵净山水青冈林的全球对比分析与世界遗产价值 [D]. 贵阳: 贵州师范大学, 2018.

[70] 贵旋. 浅论中国旅游洞穴类型 [J]. 贵州师范大学学报 (自然版), 2001, 19 (2): 82-86.

[71] 郭来喜, 李玎. 地学, 现代高端旅游发展之根基 [J]. 贵州地质, 2017, 34 (4): 225-230.

[72] 郭婧. 中国恐龙类地质公园恐龙化石的科学特征及其价值 [D]. 北京: 中国地质大学, 2009.

[73] 郭笑天. 秀美与壮美的完美融合——试析万峰林的美学价值 [J]. 兴义民族师范学院学报, 2017 (1): 44-47.

[74] 巩杰生. 中国的海洋旅游资源 [J]. 黑龙江地质, 2001, 12 (4): 27-36.

[75] 龚明权. 黄河壶口瀑布国家地质公园旅游资源评价 [D]. 北京: 中国地质大

学,2006.
[76] 贺成全. 论世界及我国火山旅游资源的开发利用[J]. 世界地理研究,2002,11(3):66-70.
[77] 何发林,黄新结,李晓勇. 江西龙虎山世界地质公园丹霞旅游景观赏析[J]. 江西地质,2015,16(3):229-234.
[78] 黄静. 天气舒适度的分析和应用[J]. 气象,2001,27(11):47-51.
[79] 韩顺法. 湖泊型旅游度假区的开发研究[D]. 南京:南京师范大学,2015.
[80] 胡冀珍. 禄丰恐龙化石资源旅游价值及开发浅析[J]. 昆明学院学报,2006(S1):5-7.
[81] 胡中华,郭福生. 龙虎山世界地质公园丹霞景观特征及其科学价值[J]. 资源调查与环境,2010,31(1):71-77.
[82] 姜勇彪,郭福生,胡中华,等. 龙虎山世界地质公园地学旅游资源及其特征分析[J]. 东华理工大学学报(社会科学版),2009,28(1):23-28.
[83] 简王华. 乐业大石围天坑溶洞群旅游资源特征及其综合生态开发[J]. 世界地理研究,2002,11(2):80-87.
[84] 金远欢. 瀑布景观的综合美学评价研究——以黄果树瀑布群为例[J]. 旅游学刊,1990,5(4):38-44.
[85] 孔阳阳. 武汉市水体旅游资源开发与保护机制研究[D]. 武汉:华中师范大学,2016.
[86] 李冬玲. 滇西北湖泊旅游可持续发展研究[D]. 大理:大理大学,2016.
[87] 李航飞. 对崀山丹霞地貌旅游开发的几点思考[J]. 云南地理环境研究,2006,18(5):104-107.
[88] 李佳丽,谢小平,王永栋,等. 中国古生物化石产地分布特征与保护[J]. 资源开发与市场,2018,34(4):479-484.
[89] 李娜. 自然保护区植物旅游资源分类与评价研究[D]. 北京:北京林业大学,2011.
[90] 李坡,朱文孝. 卷曲石成因探讨[C]. 宋林华,丁怀元,张发明. 喀斯特洞穴风景旅游资源研究. 北京:地震出版社,1994.
[91] 李如友. 地质公园旅游产品开发研究——以广西乐业大石围天坑群国家地质公园为例[J]. 安徽农业科学,2009,37(9):4207-4208+4239.
[92] 李燊. 涠洲岛火山地质公园景观的保护开发策略研究[J]. 科学咨询,2018(49):160-164.
[93] 李兴中,王立亭,陈跃康. 贵州喀斯特石林景观评价及开发利用建议[J]. 贵州地质,2009,26(3):224-228.
[94] 李扬. 澄江动物群国家地质公园旅游地质资源评价[D]. 昆明:昆明理工大学,2013.
[95] 李洋. 嵩山世界地质公园地质特征与旅游资源保护开发[D]. 北京:中国地质大学,2014.
[96] 刘安乐,杨承玥,明庆忠. 西部山区城市山地旅游资源空间结构研究——以六盘水市为例[J]. 六盘水师范学院学报,2017,29(6):1-6.

[97] 刘春林. 云南大小石林景区景观特征及景观协调性研究 [D]. 昆明：昆明理工大学，2017.

[98] 刘宏盈，程道品，叶晔. 桂林喀斯特景观分类与评价研究 [J]. 广西师范学院学报（自然科学版），2006（23）：12-17.

[99] 刘肖威. 哈尔滨冰雪旅游可持续发展研究 [D]. 哈尔滨：哈尔滨工业大学，2007.

[100] 刘利，邰志娟. 长白山国家级自然保护区生物多样性现状与保护 [J]. 长春师范学院学报，2008（5）：16-22.

[101] 刘美玲. 广东丹霞山生态旅游发展研究 [D]. 广州：仲恺农业工程学院，2016. 9.

[102] 刘晓农. 我国温泉旅游的发展路径 [J]. 湖南科技大学学报（社会科学版），2019，22（6）：179-184.

[103] 刘新圣，李松志，莫申国. 庐山植物旅游资源及其开发利用 [J]. 南方园艺，2015，26（4）：56-69.

[104] 罗德仁. 黄果树瀑布群成因初探 [J]. 贵州地质，1987，4（1）：99-102.

[105] 罗时琴，贺卫，卢兰，等. 贵州喀斯特洞穴价值分析与旅游开发对策研究 [J]，中国人口·资源与环境，2011，21（12）：226-229.

[106] 罗轶. 中国大陆气候舒适域的季节涨落与类型分布 [D]. 上海：华东师范大学，2018.

[107] 骆永菊. 三峡库区旅游资源特色优势及开发支撑框架构建研究 [J]. 经济师，2004（11）：148.

[108] 龙秋萍. 广西北部湾涠洲岛风景资源调查与评价 [D]. 南宁：广西大学，2017. 6

[109] 吕飞. 大同火山群国家地质公园旅游开发研究 [D]. 太原：山西大学，2015.

[110] 马恒玮. 关于旅游地学若干理论名词概念的探讨 [J]. 旅游学刊，1988（S1）：3-58.

[111] 马归燕. 茂兰自然保护区蝶类新纪录 [J]. 山地农业生物学报，2001，20（1）：154-156.

[112] 缪瑞彬，肖寅妹，刘永顺，等. 五大连池火山地质旅游资源特色研究 [J]. 首都师范大学学报（自然科学版），2010，31（2）：47-53.

[113] 孟彩萍. 黄河壶口瀑布地质遗迹资源及其旅游开发利用研究 [D]. 西安：陕西师范大学，2003.

[114] 欧阳杰，黄进. 中国丹霞地貌空间分布的探讨 [J]. 地理空间信息，2011，9（6）：55-59.

[115] 彭善池. 全球标准层型剖面和点位（"金钉子"）和中国的"金钉子"研究 [J]. 地学前缘，2014，21（2）：8-26.

[116] 熊康宁. 中国南方喀斯特——荔波锥状喀斯特生态过程与生物多样性 [M]. 贵阳：贵州人民出版社，2006.

[117] 谌妍. 梵净山世界自然遗产提名地突出普遍价值保护管理研究 [D]. 贵阳：贵州师范大学，2017.

[118] 宋东涛，宋秋，宋芳. 旅游景观系统刍论 [J]. 乐山师范学院学报，2001（3）：82-85.

[119] 宋晓婷. 庐山风景名胜区旅游产品提升研究 [D]. 桂林：广西师范大学，2017．4.
[120] 孙长远，周淑敏. 地质公园与地学旅游 [J]. 石家庄经济学院学报，2005（1）：124－126.
[121] 孙婉莹. 自然保护区野生动物旅游资源评价方法探索 [D]. 北京：北京林业大学，2012.
[122] 孙玉琴，甘胜军. 我国海洋旅游产品体系构建及上海的选择 [J]. 企业经济，2010（3）：143－145.
[123] 田雪娇. 黄河三峡风景名胜区旅游资源价值评估和客源市场研究 [D]. 兰州：兰州大学，2007．5.
[124] 田毓仁，刘成东，严兆彬，等. 浙江省江山市江郎山地质遗迹资源特征及成景机制探讨 [J]. 地球学报，2010，31（4）：585－592.
[125] 王静. 喀斯特溶洞景观保护研究 [C] //中国地理学会自然地理专业委员会. 自然地理学与生态建设. 北京：气象出版社，2006.
[126] 王科，连建功. 我国水体旅游开发研究 [J]. 国土资源科技管理，2007，24（6）：142－144.
[127] 王玲. 国内外冰雪旅游开发与研究述评 [J]. 生态经济，2010（3）：66－69＋127.
[128] 王明琴. 浅析黑龙江冰雪旅游与其经济发展 [J]. 北方经贸，2000（2）：220－221.
[129] 王睿苓. 云南禄丰恐龙国家地质公园地质遗迹资源调查及发展模式研究 [D]. 北京：中国地质大学，2015.
[130] 王顺辉. 试论当代冰雪景观设计的基本特征 [J]. 新疆艺术学院学报，2018，17（2）：45－50.
[131] 王薇华，胡久常. 火山旅游资源及其开发利用研究 [J]. 资源产业，2006（6）：61－63.
[132] 汪啸风，陈孝红，王传尚，等. 关岭生物群的特征和科学意义 [J]. 中国地质，2001，28（2）：6－10.
[133] 王雪，孙作玉，鲁昊，等. 关岭生物群遗产价值分析 [J]. 遗产与保护研究，2019，3（4）：19－24.
[134] 王宇轩. 寒武系第二统和第三统间界线候选层型剖面——乌溜－曾家崖剖面的继续研究 [D]. 贵州：贵州大学，2008.
[135] 王泽宇，曹坤，徐静，等. 中国海洋资源开发强度时空格局演化及影响因素分析 [J]. 资源开发与市场，2018，34（12）：1655－1661.
[136] 魏鸿雁，陶卓民，潘坤友. 国内外河流旅游研究进展与展望 [J]. 资源开发与市场，2016，32（12）：1532－1536.
[137] 韦新良，周国模，余树全. 森林景观分类系统初探 [J]. 中南林业调查规划，1997，16（3）：41－44.
[138] 吴必虎. 论旅游景观 [J]. 社会科学家，1978（4）：73－76.
[139] 吴金梅. 创新背景下中国冰雪旅游发展分析 [J]. 知与行，2017（3）：117－120.
[140] 吴章文，吴天松，汪清蓉，等. 旅游气象气候研究现状 [J]. 中南林学院学报，1998（2）：3－5.

[141] 夏必琴, 陆林, 孙晓玲. 我国湖泊旅游: 开发、问题与展望 [J]. 安徽师范大学学报 (自然科学版), 2008, 31 (4): 391-394.

[142] 肖时珍. 中国南方喀斯特发育特征与世界自然遗产价值研究 [D]. 贵阳: 贵州师范大学, 2007.

[143] 邢乐澄. 试论观赏性古生物化石的科学意义及景观价值 [J]. 安徽地质, 1997, 7 (3): 77-79.

[144] 谢朝娟. 腾冲火山国家地质公园旅游产品深度开发研究 [D]. 成都: 成都理工大学, 2012.

[145] 谢婷. 新疆喀纳斯景区文化与旅游融合发展研究 [D]. 兰州: 西北师范大学, 2015.

[146] 熊康宁, 肖时珍, 刘子琦, 等. "中国南方喀斯特"的世界自然遗产价值对比分析 [J]. 中国工程科学, 2008 (4): 17-28.

[147] 徐春堂. 气象旅游资源的开发与利用 [J]. 枣庄学院学报. 2005, 22 (2): 82-86.

[148] 徐红罡. 中国非消费型野生动物旅游若干问题研究 [J]. 地理与地理信息科学, 2004 (20): 83-86.

[149] 徐金蓉, 李奎, 刘建, 等. 中国恐龙化石资源及其评价 [J]. 国土资源科技管理, 2014 (2): 8-16.

[150] 杨汉奎, 朱文孝, 黄仁海. 云贵高原喀斯特瀑布的特征 [J]. 中国岩溶, 1984 (2): 89-96.

[151] 杨明德, 梁虹. 喀斯特峡谷景观资源的旅游评价 [J]. 贵州师范大学学报 (自然科学版), 2000, 18 (4): 1-4.

[152] 杨晓霞, 向旭, 袁道先. 喀斯特洞穴旅游研究综述 [J]. 中国岩溶, 2007, 26 (4): 369-377.

[153] 杨琼. 青海湖景区旅游开发研究 [D]. 西宁: 青海师范大学, 2008.

[154] 杨尚英, 李玲. 旅游气象气候研究进展 [J]. 桂林旅游高等专科学校学报, 2007, 18 (3): 430-434.

[155] 杨英昌. 卧龙自然保护区生物多样性特点及保护对策 [J]. 四川林业科技, 1994, 12: 51-54.

[156] 袁林. 水体旅游功能及开发初探 [J]. 江西社会科学, 2004 (4): 233-236.

[157] 虞虎, 陆林, 李亚娟. 湖泊型国家级风景名胜区的旅游效率特征、类型划分及其提升路径 [J]. 地理科学, 2015, 35 (10): 1247-1255.

[158] 赵元龙. 全球寒武系苗岭统和乌溜阶"金钉子"落户贵州 [J]. 贵州地质, 2018, 35 (3): 267.

[159] 赵元龙, 彭进, 杨兴莲, 等. 全球寒武系苗岭统及乌溜阶"金钉子"的确立 [J]. 贵州大学学报 (自然科学版), 2018, 35 (4): 14-15.

[160] 张朝枝. 水资源的旅游开发与保护对策初探 [J]. 经济地理, 2002, 22 (7): 245-246.

[161] 张洁. 旅游景观系统的概念研究 [J]. 桂林旅游高等专科学校学报, 2007, 18 (3): 325-328.

[162] 张宁. 积极推进地学旅游加快旅游产业发展 [J]. 资源与人居环境, 2008 (2):

19-21.

[163] 张毅. 神农架地区植物功能型景观特征及其地学响应研究 [D]. 北京: 中国地质大学, 2017.

[164] 张园. 基于游客体验下的乌鲁木齐冰雪旅游产品开发 [D]. 乌鲁木齐: 新疆大学, 2019.

[165] 钟欣梅. 中国丹霞世界自然遗产地赤水丹霞地貌形成与保护 [D]. 贵阳: 贵州师范大学, 2016.

[166] 邹亚荣, 梁超, 朱海天. 广西涠洲岛景观生态格局分析 [J]. 海洋环境科学, 2011, 30 (6): 789-791.

[167] 仲艳. 中国南方喀斯特景观美学全球对比及其世界遗产价值研究 [D]. 贵州师范大学, 2014.

[168] 周绪伦, 李振伦. 钙华洞穴的形成与保护 [J]. 中国岩溶, 2004, 23 (2): 107-112.

[169] 周学军. 中国丹霞地貌的南北差异及其旅游价值 [J]. 山地学报, 2003, 21 (2): 180-186.

[170] 朱桂田. 论我国火山旅游资源的地学特征 [J]. 南方国土资源, 2006 (3): 18-20.

[171] 朱玉柱. 嵩山世界地质公园旅游资源的保护与开发 [J]. 中国矿业, 2013, 22 (S1): 131-133.

[172] Arnould J, Price L. River magic: Extraordinary Experience and the Extended Service Encounte [J]. Journal of Consumer Research, 1993, 20 (6): 24-45.

[173] Chang C, Shirlena, Huang. Recreating Place, Replacing Memory Creative Destruction at the Singapore River [J]. Asia Pacific Viewpoint, 2005, 46 (3): 267-280.

[174] Duffus A, Dearden P. Non-Consumptive Wildlife-Oriented Recreation: A Conceptual Framework [J]. Biological Conservation, 1990 (3): 213-231.

[175] Higginbottom K, Scott N. Wildlife Tourism: A Strategic Destination Analysis [A] // Higginbottom K. Wildlife Tourism: Impacts, Management and Planning [C]. Altona, VIC, Australian: Common Ground Publishing, 2004.

[176] Josef S. River related Tourism in European Overview [J]. Geographical Journal, 1995, 35 (4): 443-458.

[177] Orams B. A Conceptual Model of Tourist-Wildlife Interaction: the Case for Education as a Management Strategy [J]. Australian Geographer, 1996 (1): 39-51.

[178] Plummer N, Wigley L. The dissolution of calcite in CO_2-Saturated Solutions at 25℃ and 1 Atmosphere Total Pressure [J]. Geochemica et Cosmochimica Acta, 1976, 40 (2): 191-202.